2012～2013

云南省社会科学院　编

The Blue Book of Yunnan

云南农村发展报告

完善集体林权制度改革　推动“森林云南”建设

主　编　郑宝华
副主编　胡　晶
　　　　张源洁

云南大学出版社
YUNNAN UNIVERSITY PRESS

目　录

·总体研究报告·

• 主题综合报告 •

• 主题专题报告 •

• 主题案例报告 •

Contents

General Report

Comprehensive reports

Special Reports

Case Reports

● 总体研究报告 ●

以高原特色农业为统领
促进云南农村又好又快发展

赵德文　张　力

2012年，既是全面实施“十二五”规划承上启下的关键一年，又是党中央和社会各界高度重视“三农”问题，连续九年以党中央、国务院名义下发有关“三农”问题一号文件的一年，是省委、省人民政府提出发展高原特色农业的第一年，更是新世纪以来我省经济发展较为复杂和严峻的一年，也是巩固发展农业农村好形势任务极为艰巨的一年。一年来，全省上下认真贯彻落实省第九次党代会精神和中央一号文件以及中央、省委农村工作会议精神，围绕“科学发展、和谐发展、跨越发展”及建设绿色经济强省、民族文化强省和中国面向西南开放桥头堡的战略目标，在经济结构战略性调整中着力夯实农业农村发展基础，在收入分配格局调整中着力促进农民增收，在保障和改善民生中着力强化农村基础设施和公共服务，不断加大强农惠农政策力度，深入推进农村改革创新，加快推进社会主义新农村建设，为促进经济长期平稳较快发展和社会和谐稳定提供有力支撑，按照“强科技保发展、强生产保供给、强民生保稳定”的农村发展总要求，紧紧围绕农民增收这一核心，着力调整农业经济结构，深入推进农村各项改革，健全完善基层服务体系，建立投入稳定增长的长效机制，实施科技增粮行动和粮食增产百亿斤计划，着力推进农民收入倍增计划，把非农就业增收作为农民收入新的增长点，加大对特困地区扶持力度，集中力量打好特困群体脱贫攻坚战，重点解决深度贫困问题，扎实有效地加快重点民生工程建设，克服了干旱、国际国内经济下滑等不利影响，确保了全年农业农村工作积极的方面发展，实现了农业增产、农民增收、农村稳定的新局面。农村经济和各项社会事业都取得了可喜成绩：农业生产持续发展、农民收入快速增长、农村社会事业全面进步、农民生活质量稳步提升、农村改革稳步推进。展望 2013 年云南农业和农村经济发展，可以说是机遇大于挑战，在党的十八大、新一轮的西部大开发战略、把云南建设成中国面向西南开放的“桥头堡”、进一步推进高原特色农业发展等利好政策的助推下，全省农业和农村经济仍将保持稳定增长的良好发展态势。

一、2012 年农村发展基本成就

（一）农业生产持续发展

2012 年省委、省人民政府把抗旱夺丰收作为中心任务来抓，政策好，天帮忙，人努力，价格好，农业和农村经济形势喜人。2012 年 1～9 月，全省农业总产值 1 472.71 亿元，同比增长 6.9%，实现农业增加值 874.30 亿元，同比增长 6.5%，高于全国 2.3 个百分点。

1. 粮食总产量大幅增加

2012 年，省委、省人民政府将抓好大春生产确保农业丰收作为全省重点督查的 20 项重大项目之一来抓，并突出科技增粮措施，落实 800 片高产创建、100 万公顷地膜覆盖、267 万公顷间套种、267 万公顷测土配方施肥和 1 000 万公顷次病虫害统防统治等措施，狠抓粮食生产，取得了可喜的效果。据国家统计局云南调查总队对云南粮食抽样调查点的秋粮踏田估产和夏粮实测，并经国家统计局核定，全年粮食产量为 1 749.1 万吨，比上年增产 75.5 万吨，增长 4.5%。其中，夏粮因灾小幅减产，国家统计局核定云南省 2012 年夏粮产量为 243.5 万吨，比上年减产 7.7 万吨，减少 3.1%。秋粮喜获丰收，根据云南调查总队开展的秋粮产量调查结果，2012 年云南省秋粮产量达 1 505.6 万吨，比上年增产 83.2 万吨，增 5.8%。云南省秋粮喜获增产的主要原因如下：

一是部署早，行动快。针对去冬今春蓄水严重不足、干旱少雨，以及小春因旱受灾的严峻形势，抓好大春生产就成为实现粮食增产的关键。云南省委、省人民政府及早谋划部署，年初就提出增粮 50 万吨、力争总产达到 1 800 万吨的目标任务。2 月 19 日，省委召开农村工作会议，全面部署了农业农村各项工作，并安排 1 000 万元对 10 个粮食生产先进州市、50 个粮食生产先进县（市、区）、100 名粮食生产先进工作者、99 名突出贡献农科人员和 50 名种粮大户进行了表彰奖励，充分调动了各级各部门重农抓粮的积极性。3 月 22 日，省人民政府召开了全省春耕生产工作现场会，省长李纪恒出席会议并对抓好今年粮食生产提出了明确要求，副省长孔垂柱就抓好春耕生产作了具体安排部署，继续开展粮食稳定增产行动；16 个州（市）人民政府的主要领导和分管领导参加了会议。会后各地迅速掀起了春耕生产高潮，抢节令抗旱播种，到 6 月 20 日，全省大春粮食作物栽插结束，在最佳节令实现满载满插。大部分地方大春播种比上年提前了 5～10 天，甚至 1 个节令。如宣威市，大春播种比上年提早 20 多天完成任务。

二是政策好，投入大。今年中央财政进一步加大了良种补贴、农资综合直补、农机购置补贴和粮食直补“四补贴”的实施力度，安排我省的补贴资金比上年增加了 15 亿多元。同时，中央财政在年初安排我省 6 000 万元高产创建资金的基础上，又在农业防灾减灾增产关键技术上给予我省 3 亿元资金用于 100 万公顷玉米覆膜补助。省级财政在年初预拨 1.5 亿元科技增粮资金基础上，再追加安排 1 亿元支持科技增粮措施的实施。今年仅中央和省级财政投入的科技增粮措施资金达到 6 亿多元，比去年增加 3 亿多元。

三是措施落实好。2012 年，全省加大了以高产创建、间套种、地膜覆盖等十大科技增粮措施力度。全省粮食高产创建完成 858 片，同比增加 113 片；完成示范面积 58.3 万公顷，同比增加 8.9 万公顷。间套种示范推广 271.5 万公顷，同比增加 4.0 万公顷。地膜覆盖完成 121.5 万公顷，同比增加 20.9 万公顷，其中地膜玉米完成 101.2 万公顷，同比增加 29.8 万公顷；以马铃薯为主的地膜覆盖 20.3 万公顷。集中育秧育苗完成 7.0 万公顷；良种推广完成 272.0 万公顷；测土配方施肥完成 285.3 万公顷；水稻精确定量栽培完成 20 多万公顷，同比增加 6.4 万公顷；病虫害综合防治完成 1 020 万公顷次，同比增加 22.7 万公顷次，病虫害处置率达到 90% 以上。在扩大科技措施推广规模的同时，针对蓄水不足导致水稻栽插困难的不利形势，各地积极调整种植结构，实施水改旱20.1万公顷，保证了大春粮食的满栽满插。同时，积极扩大晚秋作物播种到80万公顷，其中粮食作物面积53.3万公顷，为秋粮增产奠定了坚实基础。

四是气象条件好，灾害轻。省气象部门提供的资料显示，今年大春生产期间的光热水条件较好，有利于大春粮食作物的生长发育。其中，5～8月全省平均降水达644毫米，比2011年同期提高133毫米，比2010年提高39毫米，比2009年提高21毫米，降水情况为近3年来最好的一年，非常有利于玉米等旱地作物的生长。同时，3～8月全省平均气温较历年同期偏高0.7℃，较去年同期偏高0.5℃，全省基本无抽扬期低温灾害，尤其是8月份，在秋粮产量形成的关键时期，全省月平均累积日照157.6小时，较常年偏多6.5%，对秋粮开花、灌浆结实十分有利。此外，在大春作物生长期间，虽然个别地方出现了病虫害、洪涝和泥石流等灾害，但由于各地防控措施到位，抗灾救灾和恢复生产及时，灾害影响较轻。据省农业厅农情调查，截至8月底，大春作物受灾46.2万公顷，绝收3.7万公顷，分别比2011年减少了60.8万公顷和4.3万公顷。

五是行政和科技督导“双”到位。为全力抓好大春生产，省委、省人民政府派出8个抗旱促春耕督导组，由相关厅（委、办、局）领导任组长，分别包干16个州（市），加强对大春生产的检查指导。同时，为抓好十大科技措施的落实到位，由省农业厅牵头，组织省科技厅、省农科院、云南农大、云南农职学院等单位的专家教授和科技人员，组成16个春耕生产技术指导组，分片包干16个州（市），深入田间地头，开展对农民的技术培训和指导服务。各级农业部门结合“四群”教育活动，积极抽调机关干部和农技人员，深入乡村和农户，密切联系农民群众，开展大春播种技术培训和指导服务。据不完全统计，全省农业系统累计派出机关干部和农技人员50多万人次，开展培训、咨询讲座近3万场次，培训农技人员及农民550多万人次，发放科技指导“明白纸”150多万份。

2. 畜牧业平稳发展

云南省认真贯彻落实中央和省委农村工作会议精神，狠抓惠农政策，规范生产与疫病防控，强化重大项目管理，注重监测预警，正确引导生产，使畜牧业生产有效克服了干旱、养殖成本上升和猪价持续下跌等不利因素带来的困难，确保畜牧业生产继续保持平稳较快发展的势头。云南调查总队主要畜禽监测调查结果显示：2012 年前三季度，我省猪牛羊禽肉总产量同比增长 6.6%，其中猪肉增长 6.4%，牛肉增长 5.1%，羊肉增长 5.8%，禽肉增长 9.8%；实现牛奶产量同比增长 3.8%，禽蛋产量同比增长 3.7%。

一是生猪生产平稳增长。生猪出栏较快增长。有关部门的主要畜禽监测结果显示，2012 年前三季度，我省生猪出栏同比增长 5.6%。生猪存栏稳步增长。9 月末我省生猪存栏同比增长 2.2%，其中散养户同比增长 0.5%，规模户同比增长 26.8%。从存栏结构上看，9 月末待育肥猪存栏同比增长 3.8%，能繁母猪同比增长 3.2%，仔猪存栏同比减少 3.8%。

二是牛羊生产势头良好，养殖效益持续稳定。2012 年前三季度，我省牛出栏同比增长 3.1%，羊出栏同比增长 6.1%；9 月末牛存栏同比增长 3.2%，羊存栏同比增长 3.3%。

三是家禽生产较快发展，产品价格持续回升。我省家禽生产在养殖扶持政策和生产效益稳定的推动下，总体生产形势较好，生产发展步伐较快。有关部门的主要畜禽监测调查数据显示，2012 年前三季度，我省家禽出栏同比增长 9.2%，9 月末家禽存栏同比增长 2.7%。

3. 渔业生产势头良好

截止到 2012 年 10 月，全省水产养殖面积、水产品总产量、渔业经济总产值分别达 12 万公顷、39.2 万吨和 75.5 亿元，同比增幅分别为 15.7%、14.6% 和 27.2%。围绕培育 20 个万吨级水产养殖基地县、努力实现水产品总产量达到 60 万吨的目标，我省渔业部门经过对比、筛选，确定了 15 个县（区、市）建设罗非鱼基地，10 个县（区、市）建设冷水鱼基地，建设大宗淡水鱼基地 13 个，水产良种基地 6 个，特色基地 5 个；共建成库区网箱 76 公顷，冷流水池塘 50 公顷，标准化改造中低产池塘 2 200 多公顷。

4. 优势特色产业快速发展

2012 年，由于各项科技措施落实有力，全省优势特色产业继续保持强劲发展的好势头，优势特色农产品全面发展。据省农业厅的农情统计资料显示，全年蔬菜面积可达 82.3 万公顷，同比增加 5.1 万公顷，产量达 1 685 万吨以上，同比增加 130 万吨，增长 8.4%；水果面积可达 35.7 万公顷，同比增加 1.7 万公顷，产量达 510 万吨以上，增加 80 万吨，增长 18.6%；橡胶面积 54.7 万公顷，同比增加 1.7 万公顷，产干胶 40 万吨，同比增加 2 万吨，增长 5% 以上；甘蔗种植面积 34.7 万公顷，甘蔗产量 2 200 万吨，同比分别增长 4% 和 10%；茶园面积 38.3 万公顷，同比增加 0.7 万公顷，产量可达 26 万吨，同比增加 1.5 万吨，增长 6% 以上；新栽桑园 0.9 万公顷，桑园面积达到 10 万公顷，蚕种发种量 115 万张，同比增加 15 万张，增长 15%，预计产茧 4.7 万吨；咖啡面积 8.9 万公顷，同比增加 2.8 万公顷，产量 8.4 万吨，同比增加 1.4 万吨，增长 20% 以上；烤烟面积 51.9 万公顷，收购烤烟 2 174 万担，同比增长 9%。

5. 林业生产发展良好

一是造林完成情况好。截至 9 月底，全省完成营造林 46.0 万公顷，同比增加 5.7%，占年度任务的 106%；完成低效林改造 22.1 万公顷，同比增加 5.1%，占年度任务的 57%；新建木本油料基地 23.9 万公顷，同比增加 8.4%，占年度任务的 79%；完成天保工程森林管护 1 264.3 万公顷，公益林建设 5.1 万公顷；退耕还林荒山造林和封山育林 2.5 万公顷，巩固退耕还林成果造林 11.1 万公顷。

二是林业促进农民进一步增收。“云南模式”集体林权制度改革，激发了农民生产热情，橡胶、核桃、松脂等林产品产量的增加和价格的上涨，成为促进我省农民进一步增收的新亮点。云南调查总队的调查结果显示：2011 年，农民人均林业收入达 442 元，同比增长 17.1%。

6. 中低产田地改造继续深化

2012 年，省委、省人民政府提出了完成 20 万公顷以上中低产田地改造，加快“吨粮田”建设工作力度，新建喷滴灌、温室大棚等设施农业面积 1 333.3 公顷的任务。截至 11 月底，全省已完成 17.0 万公顷的中低产田地改造任务，完成任务的 85%，其中农业部门完成 2.7 万公顷，完成任务的 137%，已完成 6.3 万公顷的“吨粮田”建设，完成任务的 95%，已新建喷滴灌、温室大棚等设施农业面积 1 266.7 公顷，完成任务的 95%。

（二）农民收入快速增长

2011 年，云南省农民人均纯收入为 4 722 元，比上年增加 770 元，名义增长 19.5%，扣除价格因素实际增长 13.9%，高于全国平均水平 2.5 个百分点。2012 年，面对复杂严峻的国内外经济形势，全省各级党委、政府认真贯彻落实中央和省委、省人民政府的决策部署，以科学发展为主题，以加快经济发展方式转变为主线，狠抓中央一系列稳增长、控物价、调结构、惠民生、促和谐政策的落实，紧紧围绕年初制定的农业发展规划目标和有关“三农”工作的决策部署，突出农民增收和粮食安全两大主题，着力强化一系列推进措施，调动农民生产积极性，加强指导服务，提高技术到位率，大力开发冬季农业，促进增产增收，注重防灾减灾，减轻灾害损失，强化农资市场监管和供应，切实维护农民利益。通过全省上下齐心协力，实现了农业增产、农民增收、农村发展的局面。据本报告编写组预测，全年农民人均纯收入可达到 5 500 元左右，比上年增加 780 元，增长 16.5% 左右。主要依据如下：

1. 农民现金收入快速增长

据云南调查总队的抽样调查资料显示，2012 年 1～9 月，我省农民人均现金收入为 4 521.5 元，比上年同期的 3 879.7 元增加 641.8 元，同比增长 16.5%，增速比全国平均水平高 1.1 个百分点，居全国 31 省（区、市）第 15 位。并呈现出下列主要特点：

一是工资性收入继续保持快速增长。2012 年前三季度，全省农民人均工资性收入 1 171.3 元，同比增长 25.9%。其中，在非企业组织中劳动得到的收入 72.5 元，同比增长 12.4%，在本乡地域内劳动得到的收入 810.4 元，同比增长 29.3%，外出从业得到的收入 288.4 元，同比增长 20.7%。

二是家庭经营现金收入稳步增长。2012 年前三季度，全省农民人均家庭经营现金收入 2 802.3 元，同比增长 14.6%。分产业看，第一产业现金收入 2 380.2 元，同比增长 13.9%；第二产业现金收入 51.9 元，同比下降 27.7%；第三产业现金收入 370.2 元，同比增长 29.8%。从内容看，农产品增收势头迅猛。由于持续降雨，天气、土壤墒情对农作物生长较为有利，加之多数农产品价格继续高位运行，农业呈丰产丰收势头，前三季度，我省农民出售农产品人均现金收入 1 243.8 元，同比增加 182.7 元，增长 17.2%，其中蔬菜、甘蔗、水果和烤烟涨幅明显。从价格运行情况看，全省畜牧业产品价格稳中有升，前三季度全省猪肉价格指数累计同比上涨 6.2%，农户养殖信心增加，是牧业现金收入增长的有力保障。前三季度我省农民人均牧业现金收入 814.4 元，增长 21.7%。

三是转移性收入平稳增长。随着国家各项惠农政策力度的不断加大，良种补贴、农资综合直补等投入的增加，云南农民转移性收入平稳增长。前三季度，云南人均转移性收入 346.9 元，同比增长 4.3%，其中来自政府的补贴性收入 232 元，同比增长 10%。云南前三季度共发放综合补贴 41.7 亿元，比去年同期的 26.2 亿元增加了 15.5 亿元，对 28 个粮食主产县共发放粮食直补 1.5 亿元，比去年同期增加了 7 500 万元。

2. 农村劳动力转移步伐进一步加快

自省委、省人民政府启动实施“农村劳动力转移就业特别行动计划”以来，各州（市）、县（市、区）将农村劳动力转移就业工作列为“一把手”工程，各级各部门发挥优势形成工作合力，全省建立了专门服务农村劳动力的人力资源市场，劳动力转移就业地域进一步扩展，形成了多渠道的农村劳动力转移就业格局。特别是 2012 年以来，全省各地按照省人民政府的统一部署，积极推动农业转移人口转变为城镇居民工作。据省农村劳动力转移办公室的预计，全省全年开展农村劳动力转移培训 130 万人，完成目标任务的 130%；实现新增转移农村劳动力 115 万人，完成目标任务的 144%，2012 年年底，全省农业剩余劳动力转移总量将突破 920 万人，为全省农民人均工资性收入平稳较快增长奠定了坚实基础。

3. 主要农产品价格上涨

2012 年以来，全省农产品价格一直处于上涨态势。据云南调查总队的抽样调查，2012 年前三季度，云南农产品生产价格继续保持上涨态势，与上年同期相比累计上涨 15.6%。分行业看，受蔬菜和粮食价格上涨带动，种植业产品价格涨幅最大，累计上涨 19.3%，畜产品上涨 4.1%，渔产品上涨 7.1%，林产品下降 0.6%。其主要特点如下：

一是种植业产品生产价格继续保持上涨。前三季度，全省种植业产品价格同比上涨19.3%，从内部结构看，粮食、薯类、油料、豆类、糖料、蔬菜价格全面上涨，油料和糖料价格继续领涨，同比分别上涨19.4%和32.7%，蔬菜价格上涨23.1%。粮食价格上涨较为明显。前三季度，云南省谷物价格同比上涨6.0%。其中小麦同比上涨12.8%，稻谷上涨3.7%，玉米上涨8.9%。油料和糖料价格继续大幅上涨。其中，三季度糖料价格同比上涨25.5%，油料价格同比上涨13.9%。这一方面是由于受上半年旱情影响，云南省油菜和甘蔗大幅减产；另一方面受经济效益影响，蔗农改种其他经济作物，甘蔗种植面积收缩，为鼓励蔗农扩大种植面积，糖厂提高了收购价格。此外，三季度蔬菜价格同比上涨16.3%。这主要是因为，三季度随着雨季到来，云南省蔬菜生产得以恢复，但由于菜农农资需求增加，农资价格、用工成本、运输成本的不断上涨，受沿海地区进入台风季节影响，云南省蔬菜外调量增加，市场供应偏紧，蔬菜价格继续保持增长态势。

二是林业产品生产价格有所下降。受橡胶、松脂等林业产品价格下跌影响，前三季度云南省林业生产价格比上年同期下降0.4%。其中三季度，云南省天然橡胶价格较去年同期下降39.2%，这主要是由于天然橡胶产品需求（主要是汽车轮胎）受到欧债危机的影响有所下降，导致橡胶产品价格下跌。木材产品价格则继续上涨，三季度较去年同期上涨15.4%。

三是畜产品生产价格总体平稳。三季度，受生猪价格下跌影响，全省畜牧业产品生产价格下降7.3%。其中活猪价格同比下降10.0%，活牛价格同比上涨8.6%，活羊价格上涨18.9%。另外，肉禽价格上涨4.2%，禽蛋价格下降0.3%，奶类生产价格下降1.1%。

四是水产品生产价格基本与二季度持平。三季度，水产品价格同比上涨0.8%，前三季度累计上涨7.1%，其中草鱼、鲫鱼分别上涨2.7%、7.1%，罗非鱼和鲤鱼则分别下降3.2%、1.1%。水产品价格持续上涨主要是受猪肉价格影响，市场消费量持续增加，拉动了水产品价格的上扬。另外，渔用饲料、鱼种成本价格上涨，劳动力成本的提高，一定程度上也加大了养殖成本。

4. 农产品进出口快速增长

据海关统计，2012年1～10月，云南省共出口各类农产品95.5万吨，实现创汇15.7亿美元，分别较上年同期增长24.2%和13.9%，成为全省最大类出口商品，对全省外贸出口支撑作用显著。农产品已占同期全省外贸出口额的20.5%，同比上升3.4个百分点。其中，烟草成为全省最大出口农产品品种，出口量8万吨，创汇4亿美元，分别增长5.6%和16.6%，实现“量值齐增”，主要商品烤烟出口均价上涨6.7%，卷烟价格涨幅达26.2%，创汇效益明显增长。与此同时，全省出口各类蔬菜44.4万吨，增长35.6%，创汇3.7亿美元，下降21.9%，呈现“量增值降”态势。新鲜蔬菜及食用菌出口价格下滑明显，主要品种如蒜头出口均价下降50.7%，卷心菜下降42.8%，松茸下降34.7%，豌豆下降18.6%。

此外，由于我省的水果量多质优，深受国外市场的喜爱，所以全省出口水果17.1万吨，创汇2.9亿美元，分别增长54.2%和1.5倍，成为增长最快的出口农产品。同时，全省特色农产品出口表现抢眼，其中咖啡出口3.7万吨，创汇1.4亿美元，分别增长40.3%和15.1%，占全国咖啡出口额近八成，继续稳居龙头地位；鲜切花出口创汇4 286万美元，增长40%；果仁出口2 324万美元，增长36.9%；茶叶出口2 210万美元，增长29.1%。

除了与传统贸易伙伴继续保持贸易关系外，各企业也在积极开拓市场，全省农产品出口市场继续增多，由上年同期的87个增加到100个。其中，东盟仍是云南出口农产品最大的消费市场，农产品出口东盟8.3亿美元，增长15.3%，增速高于整体水平2.7个百分点。欧盟居次席，农产品出口欧盟3.2亿美元，增长11.5%，目前农产品成为云南对欧盟出口唯一增长的商品，市场优势不言而喻。此外，对香港农产品出口1.3亿美元，增长1.5倍，成为增长最快的市场。

（三）农民生活水平稳步提高

据云南调查总队调查结果显示，全省农村居民家庭恩格尔系数由2002年的55.9%下降到2011年的47.1%，降低了8.8个百分点。2011年农民人均生活消费支出4 000元，比2002年的1 381.5元增加了2 618.5元，年平均增长12.5%，生活水平的提高与收入的增长同步进行。2012 年 1～9 月，云南农村居民人均生活消费支出达 2 756 元，其中，食品支出 962 元，增长 17.9%；衣着支出 193 元，增长 26.5%；居住支出 548 元，增长 19.3%；家庭设备和用品支出 176 元，增长 11.4%；交通和通信支出 344 元，增长 22%；文化教育、娱乐支出 206 元，增长 39.4%；医疗保健支出 274 元，增长 21%；其他商品和服务消费支出 53 元，下降 20.6%。

耐用消费品拥有量增加，农民消费信心稳步增强。2009 年，省人民政府把家电下乡列入云南省 2009 年 20 项重点工作之一，为确保农民买得起、用得起下乡家电，云南适当提高家电下乡产品的财政补贴资金标准。对购买电视机的农户给予 3～5 年的有线电视收视费及安装补贴，对购买冰箱、洗衣机产品给予 3 年的电费补贴。下乡家电类型有彩电、电冰箱（含冷柜）、手机、洗衣机、热水器、电脑、空调、微波炉、电磁炉等 9 大类产品，产品型号多达 4 000 余种。受此影响，2011 年我省农村居民家庭设备用品人均消费支出 208.2 元，与 2002 年相比，年平均增长 19.1%；其中，机电设备消费支出 72.5 元，年平均增长 30.8%；家具类消费支出 36.5 元，年平均增长 16.8%。在满足基本生活消费的同时，农村居民也开始注重生活质量的提高，床上用品和室内装饰用品的消费支出年平均增长 11.8% 和 31.6%。我省家电下乡政策的全面实施，对于"保增长，扩内需"目标实现，对于增强农民消费信心，促进作用积极、明显。

农村居民家庭拥有的常用家用电器具有一定规模，而且增长迅速，家用汽车也走入农家。2011 年，我省农村百户居民拥有彩色电视机 101.1 台（其中近 40% 接入了有线电视网）、影碟机 55 台、移动电话 194 部、洗衣机 51 台、热水器 48.2 台（太阳能热水器的使用占到了 79%）、电冰箱 27.3 台、微波炉 7 台、抽油烟机 4 台。随着农民收入水平的提高，越来越多的现代工业产品走进了农家，使广大农民的生活质量逐年改善。到 2011 年末，我省每百户农民家庭拥有汽车（生活用）3.9 辆，摩托车 60.2 辆，家用计算机 4 台，照相机 3.2 台。农民的消费观念发生明显变化，部分家电拥有量呈现快速增长势头。

另外，农村生活环境也有较大改善，2011 年，8.7% 的农户使用水冲式厕所，37.4% 的农户使用清洁能源，农户安全用水比例达68.8%，硬质路面比例由2004年的26%提高到2011年的62.7%。

（四）社会事业发展迅速

1. 农村医疗教育事业稳步发展

农村医疗保障积极推进，农民发展型消费需求增强。随着新型农村合作医疗制度在全省的全面推进，覆盖面大幅提高，参合补贴标准稳步增加，大大降低了农民的医疗负担，农民告别了有病不敢就医的历史。2011年领取最低生活保障的比例为18.6%，农民人均生活消费支出中，医疗保健消费支出309.3元，人均报销医疗费41.5元。2012年，全省3 468万农村居民参加了新型农村合作医疗，占应参合人数的96.52%。

农村教育成效显著，儿童在校率明显提高。2011年，7~15岁儿童在校率为98%，比2002的88.5%提高了9.5个百分点，农村处于义务教育阶段的孩子上学不仅不用交纳学杂费，还有一定的营养补助。

2. 新农村建设成效显著，农民居住环境改善明显

新农村建设是中央加强“三农”工作的又一重要举措，这一强农惠农的政策措施实施以来，我省农村居民的居住条件和环境都发生了深刻变化。新农村建设政策实施的第一年即2006年，由于有了好政策的支持，我省农村居民住房条件改善需求旺盛，当年人均居住消费支出达到435.9元，比2005年增长93.0%，2011年达到了702.4元，比上年增长10.1%。2011年年末，我省农村居民人均住房面积达到30.9平方米，其中人均钢筋混凝土结构达8.8平方米，新建住房多以钢筋混凝土的楼房为主。同时，居住环境也得到了极大改善，以生活能源为例，每百户有6.8户使用沼气、27.6户用电、2.5户用燃气、8.8户用煤炭；农户安全用水比例为68.8%，硬质路面比例为62.7%。目前，云岭大地农村广大农民已基本告别了“晴天一身灰，雨天一脚泥”的生存环境。

3. 农村危房改造工程顺利推进

按照省人民政府的部署要求，省住建厅与省发改委、省财政厅联合下达预拨2012年农村危房改造中央补助资金6.5亿余元，安排下达第二批农村危房改造及地震安居工程补助资金23.8亿

余元，2012 年农村危房改造及地震安居工程省级补助缺口资金 2.3 亿余元，全省共下达农村危房国家和省级补助资金近 32.7 亿元，引导帮助全省 27.3 万户农村贫困家庭拆除重建 D 类危房。截至 10 月底，全省农村危房改造已开工 220 047 户，开工率为 80.6%；竣工 43 587 户，竣工率为 15.9%，完成总投资 79.09 亿元。

4. 农民专业合作组织发展迅速

按照全省高原特色农业推进大会的要求，2012 年省级财政加大了对农民专业合作组织的扶持力度。省农业厅、省财政厅下发了《关于下达 2012 年省级财政扶持农民专业合作组织项目资金和计划的通知》（云财农〔2012〕139 号），下达扶持资金 1 000 万元，扶持 120 个省级农民专业合作组织。截至 9 月底，全省登记注册的合作社发展到 15 097 个，农民成员 337 592 户，注册资金达 135.18 亿元，农民专业合作组织已覆盖全省全部州（市）的所有县（市、区）。

5. 广播电视村村通工程进展顺利

2012 年，按照国家和省委、省人民政府的部署和要求，全面启动了“十二五”广播电视村村通建设工程。截至 9 月底，提前 4 个月圆满完成“十二五”广播电视村村通第一批直播卫星接收设备安装调试和用户信息录入上传工程建设任务，让全省 70 个县边远“盲村”的 372 779 户农户在十八大前实现了听广播、看电视的夙愿。

6. 农村新能源工程建设取得新成绩

2012 年，省委、省人民政府提出了新建农村户用沼气池 15 万口，农村节柴改灶 10 万户，推广农村太阳能热水器 10 万台，建设农村沼气乡村服务网点 800 个的农村新能源工程建设任务。截至 11 月底，全省已新建农村户用沼气池 14 万口，农村节柴改灶 10.2 万户，推广农村太阳能热水器 11.6 万台。乡村服务网点建设进展顺利，采购合同均已签订，已完成 720 个网点的建设任务。

（五）农村改革进一步深入

1. 集体林权制度配套改革稳步推进

一是进一步明确了集体林权制度配套改革的政策措施，制定了《云南省集体林权制度改革突发事件应急预案》，省财政厅、省供销社联合出台了《云南省林农专业合作社省级示范社认定和管理办法》，形成了省委、省人民政府《关于深入推进集体林权制度配套改革的意见》。

二是林业投融资体系建设取得实质性进展。省林业厅与省资产评估协会共同筹建了“云南森林资源资产评估专业委员会”，建立了65家森林资源资产评估机构；争取到林业贴息贷款计划11.3亿元，林业贷款余额达110亿元，林权抵押贷款余额达90亿元，均创历史新高。

三是林业政策性保险范围不断扩大。政策性森林火灾保险由2011年的5个州（市）扩大到2012年上半年的15个州（市），共缴纳保费1.3亿元，投保林地2 173.3万公顷，受理报案383起，结案68起，赔付保险金516.08万元，451户森林经营者获得赔偿；野生动物公众责任保险由3个州（市）扩大到5个州(市)。

四是启动了陡坡地生态治理工程。修改完善了陡坡地生态治理实施意见，编制了全省陡坡地生态治理规划，对2012年实施的5.3万公顷陡坡地生态治理任务进行了分解，初步确定了10个连片治理区域。

2. *农村金融改革取得新进展*

2012年以来，云南各银行业金融机构大力开展农村金融产品创新，成效显著。一是林权抵押贷款余额继续位居全国第一。6月末，全省重点推进的林权抵押贷款余额为90.76亿元，较年初增长22.47%。林权抵押贷款县域覆盖率达80.62%，比上年末提高了8.53个百分点；涉及的农户和企业数分别达1.11万户和418家，比2011年年末增加了831户和93家。受益农户和企业持续增加，林业在富民增收中的作用明显增强。二是小额担保贷款余额突破100亿元。6月末，云南创业促就业小额担保贷款余额突破100亿元，达110.19亿元，其中，农村信用社在全国首创的“贷免扶补”小额担保贷款余额为50.20亿元，较年初增长19.4%。“贷免扶补”贷款模式的创新既促进了云南小额担保贷款取得突破性进展，又为农民工创业提供了有力的支持。三是农村产权抵押创新取得新突破。人民银行大理州中心支行与大理州南涧县委、县人民政府密切配合，在全省首创了“经济林木

（果）权抵押贷款”，并取得成功。6月末，已累计核发经济林木（果）权证39 160本，涉及农户39 088户，面积31 905.3公顷。经济林木（果）权证抵押贷款授信450户，金额5 640万元；实际发放贷款413户，金额5 205万元。中国人民银行红河州中心支行加强与政府及有关部门的联动，积极探索，指导中国人民银行开远市支行以及涉农金融机构创新机制，大胆尝试，推出了农村土地承包经营权质押贷款。6月末，红河州农村土地承包经营权质押贷款余额为1 430万元，同比增长43%，受益农户660户。开远市农村信用联社开办了商标质押贷款，发放贷款30万元，实现了农产品商标权质押的新突破。

3. 农村土地制度改革进一步深化

在确保农村土地集体所有的前提下，2012年，我省依据《农村土地承包法》和《农村土地承包经营权流转管理办法》，在农村土地承包经营权证和承包合同书已基本落实到户的基础上，进一步深化农村土地制度改革，积极推进农村土地承包经营权登记试点工作，探索建立土地承包经营权登记管理制度；有序推进农村土地流转，全年全省农村耕地流转面积突破33.3万公顷；加快建立健全农村土地承包经营权纠纷调处体系，全省共成立县级仲裁委员会68个，设立仲裁庭34个，土地承包纠纷调处率达到90%以上。

二、存在的主要问题和面临的重大挑战

2012年，作为党的十八大胜利召开之年，既是云南经济社会发展极不平凡的一年，也是“三农”工作历尽艰辛再创佳绩的一年。面对连续大旱和农田水利设施薄弱等挑战，云南努力在提高优质农产品比重、养殖业比重、农产品加工业比重、林产业比重、非农产业比重和非农人口比重等方面下工夫，进一步探索和开辟农民增收与农民就业的新途径，促进云南农业和农村经济健康发展。但随着工业化、城镇化的深入推进，云南农业农村基础设施滞后、农业产业化水平较低、农村社会事业薄弱、扶贫开发任务繁重、城乡差距过大、“二元体制”障碍突出等固有的困难和矛盾进一步凸显，尤其是新时期农业农村遇到一些新情况、新

问题不可低估。

（一）农民收入增长缓慢的势头还没有得到根本突破

随着改革开放的深入，国民经济持续、快速、健康发展，全省在经济增长和社会发展等方面取得了巨大成就，改革开放和经济发展让广大农民真正得到了实惠。但是，全省农村居民收入与全国的差距仍然很大，省内各州（市）之间的差距以及不同层次间的收入差距总体上呈扩大趋势，农民收入增长缓慢的势头还没有得到根本突破。

1. 云南农民收入与全国的差距依然较大

云南属西部欠发达省份，经济的发展或者说对信息的敏感程度总是比较滞后，农民收入的增长也不例外，总是低于大部分省（自治区、直辖市）的水平，因此，云南农村居民的收入水平一直低于全国平均水平。1982 年以前的计划经济时期，云南与全国农民收入的差距并不大（见表 1），以 1978 年为例，云南省的农民人均纯收入与全国平均水平的差距比仅为 1∶1.02，即云南农村居民人均纯收入仅比全国平均水平低 3 元。改革开放以后，随着家庭联产承包责任制的全面实施，大大提高了农民生产的积极性，极大地推动了农村商品经济的发展，特别是 1985 年，中共中央发出 1 号文件《关于进一步活跃农村市场的十项政策》，启动了粮食流通体制改革。农产品购销体制由统购统销走向合同定购和市场收购"双轨制"，农产品开始由统一计划走向市场。由于区位、交通、信息等滞后的影响，云南省的农民人均纯收入与全国平均水平的差距开始逐步扩大，1985 年为 1∶1.18，1990 年为 1∶1.27，1995 年扩大为 1∶1.56，2005 年进一步扩大到1∶1.59，2011 年缩小为 1∶1.48。绝对差距也由 1978 年的 3 元扩大到 2011 年的 2 255 元。

表 1　云南与全国主要年份农民人均纯收入对比表

指标＼年份	1978	1980	1985	1990	1995	2000	2005	2011
全国农民人均纯收入（元）	133.6	191.3	397.6	686.3	1 577.7	2 253.4	3 254.9	6 977.0

续表

指标\年份	1978	1980	1985	1990	1995	2000	2005	2011
云南农民人均纯收入（元）	130.6	150.1	338.3	540.2	1 011.0	1 478.6	2 041.8	4 722.0
收入比(云南为1)	1∶1.02	1∶1.30	1∶1.18	1∶1.27	1∶1.56	1∶1.52	1∶1.59	1∶1.48
绝对差距（元）	3.0	43.6	59.3	146.1	566.7	775.0	1 213.0	2 255.0
相对差距（%）	2.2	22.8	14.9	21.3	35.9	34.4	37.3	32.3

2. 云南农民收入的地区间差距在不断扩大

地区间农民收入水平的差异，主要受当地社会经济和自然环境等因素的综合作用和影响。从全省 16 个州（市）农民收入情况分析，1985 年，收入最高的玉溪市与收入最低的昭通市的级差（绝对差距）为 164 元；1990 年，收入最高的玉溪市与最低的文山州的级差扩大到 506 元；2000 年，收入最高的玉溪市与最低的丽江市的级差扩大到 1 455 元；2010 年，收入最高的是昆明市，最低的是怒江州，两者的级差为 3 805 元；2011 年，收入最高的是昆明市，最低的是怒江州，两者的级差为 4 623 元。级差分析表明，云南农民收入的区域差异还在逐渐扩大。从标准差来看，1978 年全省 16 个州（市）农民人均纯收入的标准差是 33 元，1985 年为 74 元，1990 年为 101 元，1995 年为 316 元，2000 年为 460 元，2005 年为 660 元，2010 年扩大到 951 元，2011 年扩大到 1 076 元。标准差的扩大也表明，云南各州（市）农民收入的差距也在不断拉大，详见表 2。地区间的差距在县域之间、乡域之间、村域之间更大。

表2 主要年份各州（市）农民人均纯收入（单位：元）

地区＼年份	1978	1980	1985	1990	1995	2000	2005	2010	2011
全省	131	150	338	541	1 011	1 479	2 042	3 952	4 722
昆明	150	197	394	690	1 631	2 220	3 258	5 810	6 985
曲靖	129	163	312	536	1 004	1 463	2 078	4 130	5 035
玉溪	123	158	422	736	1 609	2 337	3 314	5 747	6 616
保山	124	202	353	542	808	1 409	1 879	3 627	4 439
昭通	98	121	258	397	933	922	1 300	2 769	3 294
丽江	66	83	217	345	560	882	1 459	3 410	4 270
普洱	60	130	272	462	728	1 117	1 553	3 456	4 338
临沧	63	63	298	507	719	956	1 346	3 279	4 284
楚雄	94	147	340	565	947	1 575	2 223	3 896	4 627
红河	112	126	330	546	890	1 373	1 991	3 922	4 650
文山	72	80	314	545	660	957	1 365	2 806	3 864
版纳	162	219	338	654	1 166	1 742	2 172	4 354	5 327
大理	88	98	391	508	1 078	1 789	2 251	3 902	4 733
德宏	87	101	289	568	862	1 142	1 504	3 368	4 096
怒江	49	76	190	430	629	922	1 034	2 005	2 362
迪庆	102	119	221	300	511	1 097	1 425	3 347	4 105

（二）贫困问题依然突出

云南作为集“边疆、民族、贫困、山区”为一体的欠发达地区，贫困问题一直是中央及各级党委、政府高度重视的重要问题。从云南省第八次党代会以来，省委、省人民政府始终高度重视扶贫开发工作，多渠道筹集资金，扎实推进扶贫攻坚，产业扶贫力度逐年加大，强势推进扶贫连片开发，加大对特殊贫困群体的扶贫力度，相继出台多项支农惠农政策，努力改善贫困地区农民生产生活条件，千方百计增加农民收入，切实解决贫困地区的民生问题，全省扶贫攻坚的高位强势推动、大扶贫战略格局已经形成。全省贫困地区经济社会快速发展、农村贫困人口规模大幅减少、农民收入快速增长、农村人口素质显著提高、农民生产生活条件显著改善，扶贫攻坚可以说取得辉煌成绩。但是，贫困面广，贫困程度深的状况依然存在。按照2 300元的国家新贫困标准测算，2011年年末云南省的农村贫困人口为1 014万人，占全国农村扶贫对象总规模的比重为8.3%，位居全国第二，贫困发生率高达27.1%，比全国高近18个百分点，贫困地区农村居民的恩格尔系数为53.6%。有国家扶贫开发工作重点县73个，居全国第一，还有省级重点县7个。2011年，全省贫困地区农民人均纯收入为3 747元，比全省平均水平低975元，贫困地区农民人均生活消费支出为3 347元，比全省平均水平低653元。云南依然是全国扶贫攻坚的主战场。

（三）连续大旱的后遗症尚未根本消除

2010年云南发生特大干旱以来，省委、省人民政府痛定思痛，把加强水利基础设施建设作为农业发展的首要工作来抓，并实施了以“润滇工程”为代表的水源工程建设。2011年至2012年1～4月全省筹集投入抗旱救灾资金40.96亿元，其中中央9.55亿元、省级8.72亿元。全省投入抗旱救灾580万人次，投入4 572眼机电井、3 998处泵站、27.96万台（套）抗旱机动设备等，临时解决了556.9万人、270.4万头大牲畜的饮水困难，实现抗旱浇灌面积55.7万公顷次。但是，连续大旱的后遗症尚未根本消除，干旱问题仍然是制约农业农村发展的主要问题。2012年1～4月，全省河道平均来水量较常年偏少31%，有549条中小河流断流、673座小型水库干涸。截至5月2日，干旱造成14州（市）123个县（市、区）的897.2万人受灾，其中556.9万人、270.4万头大牲畜出现不同程度的饮水困难，全省因旱造成直接经济损失达166.3亿元。秋冬播农作物和水果、茶叶、蚕桑、橡胶、咖啡五类经济林果因旱受灾面积达84.2万公顷，成灾43.0万公顷，绝收10.9万公顷。近几年，全省每年农业因灾直接经济损失都在100亿元以上。

（四）农业发展基础依然薄弱

2010年以来，全省按照“大兴水利强基础、狠抓生产保供给、力促增收惠民生、着眼统筹添活力”的基本要求，着力夯实农业水利基础设施，不断增添农业农村发展活力，使农业发展的基础有了较大改变，但同全国相比，农业发展基础仍然还很薄弱，靠天吃饭的局面依然没有彻底改变。2011年年底，全省耕地有效灌溉面积仅占耕地面积的38.2%，比全国低了近10个百分点；高稳产农田仅占耕地面积的1/3，比全国少了10个百分点；设施农业面积仅有6.7万公顷，只占全国300万公顷的2.2%；生猪标准化圈舍饲养比例只有25%，牛羊圈舍饲养比例只有28%；地震、低温雨雪、滑坡、泥石流、干旱等自然灾害频繁发生，影响严重，农作物病虫害年均发生1 000万公顷次，农业应急体系建设滞后，每年农业因灾直接经济损失100亿元以上。全省农业科技贡献率为50%，低于全国平均水平约5个百分点；粮食作物良种覆盖率仅为70%左右，亩产258公斤，低于全国平均水平72公斤；生猪良种覆盖率仅85%，低于全国10个百分点，禽苗自给率仅为40%左右；农机耕种收综合机械化水平仅为36%，低于全国平均水平15个百分点；万人拥有农机动力仅0.55万千瓦，只有全国的一半。全省各类农业龙头企业2 410个，仅占全国总数的2.8%，其中国家级龙头企业26户，仅占全国的2.1%；农业龙头企业年销售收入1 016亿元，仅占全国的1.9%；年销售收入上亿元的农业龙头企业135家，仅占全国的1.2%，龙头企业规模小，产业链短，经济实力不强，对农户的带动能力弱，辐射面不广，抗御市场风险的能力低，对产业发展的带动能力普遍很弱。基层农技推广体系建设滞后，社会化服务能力不强。全省多数乡镇农技推广机构设施设备总体水平普遍滞后，有30%的乡镇农技推广机构租用办公用房，89%的机构无试验示范基地，57%的机构没有技术推广及办公必备仪器设备；乡镇现有农技人员知识老化、年龄老化，高职称、高学历人才偏少现象突出，全省农技推广人员具有大专以上学历的仅占67%，具有中职以上的仅占51%。

（五）农村社会事业依然落后

1. 人口素质有待提高

云南调查总队的农村住户调查资料表明，2011年年末，全省农村7～15岁失学儿童比重仍高达2.0%，农村劳动力平均受教育年限仅为 7 年，农村文盲、半文盲劳动力所占比重高达 11.5%。

2. 农村社区基础设施有待加强

到 2011 年年底，全省 13.55 万个自然村中，还有 6 万个不通自来水，3.6 万个不通公路，1 万个不通电，同时农村科普教育和法制教育滞后，不少农民环境意识、卫生意识、文明意识淡薄，垃圾乱倒、污水乱排、杂物乱堆等不文明行为比比皆是，成为制约村容村貌有效改善的重要因素。再从 80 个贫困县的情况看，2011 年年底，仍有 8.3% 的自然村不通公路，3.6% 的自然村不通电话，5.4% 的自然村未通电，5.4% 的自然村不能接收电视信号，拥有安全饮水农户的比重仅占 68.4%，拥有卫生厕所农户的比重仅占 6.2%。

3. 社会保障水平有待改善

2011 年年末，全省农村社会养老保险参保总人数为 1 295.8 万人，参保率仅为 36%。参加新型农村合作医疗的农民 3 456.25 万人，新型农村合作医疗基金累计支出总额为 57.74 亿元，累计受益 7 862.2 万人次，参合率为 96.2%，仅比上年提高 0.9 个百分点，比全国平均水平低 1.3 个百分点。2012 年，参合率达到了 96.5%，仅比上年提高了 0.3 个百分点。

三、着力推进高原特色农业发展新局面

省第九次党代会提出了建设高原特色农业的宏伟蓝图，这是在全省科学发展、和谐发展、跨越发展的大背景下提出来的一项加快农业农村经济发展的重大举措。2012 年全国“两会”期间，胡锦涛总书记在参加云南代表团分组审议时明确提出“要大力发展高原特色农业，这是云南的优势”。2012 年 6 月 21 日，省委、省人民政府召开了云南高原特色农业推进大会；8 月 7 日，省委常委会议审议通过了《关于加快高原特色农业发展的决定》（送审稿），9 月 1 日，省委、省人民政府正式印发了《关于加快高原特色农业发展的决定》。

（一）提出背景

高原特色农业是在综合考虑了云南省情及云南农业在全国和

全世界的地位作用后提出的，主要有三个背景：一是立足省情。云南具有得天独厚的地理优势、气候优势、物种优势和开放优势。地理优势：云南属低纬高原，地貌立体，山地、丘陵、盆地、河谷皆有。气候优势：有北热带、南亚热带、中亚热带、北亚热带、南温带、中温带和高原气候区7个气候类型，光热充足、雨热同期、春早冬晚，适宜多种农作物生长。物种优势：云南素有“植物王国”“动物王国”“药材宝库”“香料之乡”“天然花园”等美誉，拥有全国60%的高等植物和59%的脊椎动物种类，淡水鱼类资源占全国的42.2%。开放优势：云南位于中国西南边陲，与越南、老挝、缅甸接壤，边境线长4 060公里，拥有国家一类口岸13个，二类口岸7个，出境公路20多条，利于发展外向型农业。二是面向全国。近年来云南对农业生产规律的把握更加成熟，对自身资源优势的认识更加充分，对发展特色农业的行动更加自觉。云南优势特色产业在全国占有越来越重要的位置：咖啡、甘蔗、橡胶面积和产量居全国第一；茶叶面积居全国第一，产量居全国第二；马铃薯面积居全国第四，产量居全国第五；生猪、肉牛、肉羊、禽蛋等都处于全国前列，淡水渔业前景也很广阔。三是放眼世界。云南有着独特的气候优势，随着全球经济一体化的加快和物流基础设施的改善，云南农产品的气候优势转变为市场优势的步伐显著加快，近年来云南农产品出口呈现迅猛增长态势，连续多年保持西部第一，在国际市场的知名度不断提升。

（二）科学内涵

高原特色农业的科学内涵集中体现为“丰富多样、生态环保、安全优质、四季飘香”四大特色，这四大特色也是高原特色农业发展的四张名片。一是丰富多样。云南是全球生物多样性最为富集的地区之一，农作物种类、畜禽品种和渔业资源十分丰富，农业覆盖面广、类型多样、产品丰富，产业功能拓展性强，能够满足不同层次和不同消费群体的需求。二是生态环保。云南是国家生态保护重点区域，自然植被保持良好，发展以绿色为重点的生态农业的环境和条件十分优越，已逐步成为我国无公害、绿色、有机、优质、生态特色农产品的重要生产基地。三是安全优质。云南污染少、空气优、水质清，区域性原生态农产品生产条件优越，农业主要是露地农业、阳光农业，无公害、绿色和有机农产品让人吃着放心、安心和舒心。四是四季飘香。云南高原特色农业具有独特的四季性和立体性特征，各种农产品一年四季都能生产，季季都有农产品的芳香。

（三）建设重点

高原特色农业就是要立足优势抓特色，突出特色创品牌，提升品牌出优势。大力发展高原粮仓、特色经作、山地牧业、淡水渔业和开放农业，集中打造云糖、云茶、云胶、云菜、云花、云薯、云果、云药、云畜、云鱼等知名品牌。

——高原粮仓。大力发展优质水稻、优质玉米和优质麦类，使云南成为我国未来几年粮食产量快速提升的地区，成为我国可靠的高原粮仓。大力开展良田、良种、良法、良机、良肥、良技、良农、良防“八个良”的应用推广。“十二五”期间，重点建设66.7万公顷以上的“吨粮田”。

——特色经作。大力发展绿色生态产业和生态庄园，以茶叶、橡胶、咖啡、蚕桑、热带亚热带水果等特色种植业为重点，巩固和扩大退耕还林成果，让广大山区、半山区遍布绿色和生机。积极开展以蔬菜、冬玉米、冬马铃薯等为主要作物的冬季农业开发。“十二五”期间，实施66.7万公顷中低产茶、菜、果、桑、咖、胶园地改造，力争全省冬季农业开发面积达到166.7万公顷以上，产值突破300亿元。

——山地牧业。启动实施现代畜牧业发展“九个一百”工程，“十二五”期间，创建100个年出栏万头以上的生猪规模养殖场、100个存栏千头以上的肉牛养殖示范场、100个存栏1 000只以上的肉羊养殖示范场、100个存栏500头以上的奶牛养殖示范场、100个出栏10万羽以上的肉鸡养殖示范场、100个存栏10万羽以上的蛋鸡养殖示范场、100个666.7公顷以上高原生态牧场、100片666.7公顷以上荒坡牧草化工程，培育100个销售收入超亿元的畜产品加工企业。

——淡水渔业。积极发展淡水鱼、冷水鱼和土著鱼养殖，将云南打造成为中国西南重要的淡水渔业养殖和出口基地。“十二五”期间，发展6.7万公顷库区网箱养殖，建设一批每公顷产值1 500万元以上的高效水产养殖示范基地。围绕土著“六大名鱼”，建设示范区6片，形成6.7万公顷天然渔场。

——开放农业。大力发展外向型农业，切实加大与国内其他省份和周边国家的农业交流与合作。“十二五”期间，重点建设66.7万公顷特色农产品外销出口备案基地，启动实施50个农业科技示范园、50个跨境动植物疫病监测站建设。

（四）发展路径

1. 发挥优势突出特色

按照突出特色、发挥优势、合理布局、规模种植、面向市场、提质增效的要求，在稳定粮食生产、巩固传统产业和突出发展重点的基础上，推进优势农产品向最适宜区聚集发展，着力构建特色鲜明、重点突出、协调发展的高原特色农业产业区域战略发展格局。滇中重点发展粮食、烟草、果类、蔬菜、木本油料、蚕桑、花卉园艺、林下经济、生物制药等产业，滇东北重点发展粮食、畜牧、烟草、淡水渔业、木本油料、林下经济等产业，滇东南重点发展烟草、畜牧、果蔬、林下经济、生物制药等产业，滇西重点发展粮食、蔗糖、咖啡、木本油料等产业，滇西南重点发展茶叶、橡胶、蔗糖、淡水渔业、林下经济等产业，滇西北重点发展畜牧、木本油料、林下经济等产业。力争到“十二五”末，以区域化布局、规模化种植、规范化经营、标准化生产、品牌化经营为途径，按照“集约化、产业化、组织化、社会化”新型农业经营体系发展的要求，建成以烟、糖、茶、薯、菜、花、果、药等为重点的优质高产原料基地，使全省高原特色经济作物发展到333.3万公顷以上，其中，蔬菜86.7万公顷，马铃薯80.0万公顷，烤烟46.7万公顷，甘蔗40.0万公顷，油菜40.0万公顷，中药材20万公顷，鲜切花6.7万公顷。

2. 强化品牌延长链条

围绕延长产业链条和提高农业综合效益的目标，按照“扶优、扶强、扶特、扶大”的原则，重点打造一批自主创新能力强、产品开发链条长、精深加工水平高、处于行业领先地位的高原特色农业领军型骨干龙头企业，建设一批高标准、高质量的农产品加工园区。强化技术开发和创新，提高科技成果运用和转化率，改进加工生产工艺，不断提高产品的科技含量和附加值，提升产品精深加工水平和产品档次，努力实现农产品加工的突破和超越，使好东西真正赢得大市场、卖出好价钱，全面提升高原特色农业整体效益。把做大做强做优龙头企业与实施品牌战略相结合，重点打造云烟、云糖、云茶、云胶、云菜、云花、云果、云药、云种等在全国乃至全世界有优势、有影响、有竞争力的战略品牌，以品牌提升云南高原特色农产品"绿色、生态、营养、安全、健康"的整体形象和市场竞争力。加强市场及流通基础设施建设，构建辐射国内外的现代物流体系，加快以冷藏和低温仓储运输为重点的出口农产品冷链基础设施建设步伐，保障鲜活农产品品质。力争到2015年，全省龙头企业实现销售收入达2 500亿元以上，农产品加工转化率达到65%以上，农产品加工产值达2 000亿元以上，创建涉农云南著名商标300件以上，中国驰名商标15件以上，国家地理标志农产品100个以上，努力把云南建成西部地区重要的外向型特色产业基地和优势特色农产品出口贸易基地。

3. 创新科技提质增效

着眼于打基础、管长远，突出重点、把握关键，构筑强有力的基础设施、科技进步、装备条件、人才队伍等高原特色农业发展的四大支柱。着力实施种业发展工程，建设一批标准化、规模化、集约化的良种繁育生产基地，加快培育一批育繁推一体化的种业龙头企业，力争到2015年全省主要农作物商品化供种率提高到55%，努力把云南建设成为种质资源研发基地和面向西南开放的现代种业高地。着力加快高原特色农产品的标准体系建设，加快农产品基地备案步伐，构建农产品质量可追溯体系。着力强化基层农技推广体系建设，提高农业科技成果转化率，使全省农业科技贡献率达到55%。力争到2015年，全省50%以上的农产品产地通过无公害农产品产地认定、80%以上的"菜篮子"产品实现标准化和绿色化生产。加强农业机械化建设，力争2015年主要农作物综合机械化水平达到45%以上，促进农业生产主要由人畜劳作向提高物质技术装备水平转变。

4. 加大投入强化基础

建立高原特色农业发展投入稳定增长机制，全面落实中央和省强农惠农富农政策措施，持续增加各级财政用于"三农"的支出，新增资金主要用于对农产品质量安全、高原特色农业示范、主要特色产业、特色庄园、外销蔬菜基地、农民专业合作组织等薄弱环节的扶持。有效整合各级用于推进高原特色农业产业发展的财政资金，切实加大政银合作力度，重点对辐射带动能力强、符合产业发展规划和具有发展潜力的产业进行扶持。切实加大金融支农力度，努力通过政府投资、民间投资、平台融资、直接融资、资源换资、银行借贷、招商引资、利用外资“八资并举”，依靠产业引导、投融资平台、资源禀赋等多种途径和方式，解决好高原特色农业发展筹融资难题。进一步落实好税收、土地等优惠政策，优先安排、重点保障高原特色农业发展所需的生产、建设用地，并按规定及时办理相关手续；对从事农业生产、加工、经营、出口的个人和企业在相关土地使用、经营收益等方面实行优惠税收政策。开展高原特色农业示范县创建工作，打造高原特色农业发展典型，加快形成全省高原特色农业竞相发展、优势互补、梯次推进的良好格局。切实加强对发展高原特色农业的组织领导，建立健全联席会议制度，组建发展高原特色农业督导协调组，完善督查、奖惩机制，把高原特色农业发展成效作为对各级各有关部门进行考核和干部奖惩、任用的重要依据。

全面加快实施“兴水强滇”战略，继续推进以“润滇工程”为代表的水源工程建设以及病险水库除险加固、山区“五小水利”、小型农田水利重点县、灌区节水改造等水利工程建设，着力破解工程性缺水瓶颈制约。将水资源开发利用与产业结构调整结合起来，抓好高效节水灌溉示范园区建设，尽力做到农业产业结构调整到哪里、水利建设就延伸到哪里，使各类优势特色产业得到增产增效，为高原特色农业发展奠定坚实基础。全面加快“五小水利”建设速度，深入开展“爱心水窖”建设，力争到2015年再新建200万件以小水窖为重点的“五小水利”工程，为山区经济发展提供水源支持；切实加快以“润滇工程”为重点的水源工程建设，到“十二五”末再新增蓄水库容28亿立方米，新增总供水能力32亿立方米，水利工程蓄水总库容达到144亿立方米以上、年供水能力达到200亿立方米左右，水资源开发利用率达到9%，基本缓解水资源供需矛盾。改造中低产田地66.7万公顷、新建高标准农田66.7万公顷以上，使全省高稳产农田达333.3万公顷左右。

5. 着力开放拓展市场

立足高原丰富多样的资源优势，紧盯“国内胃口”，瞄准

“国际味觉”，积极开发一批在海内外市场具有较高知名度和较大影响力的农产品，努力培育和引进农产品出口外贸经营企业，鼓励企业以海外直销、代理、联营、加盟、连锁等现代营销方式建立营销网络，进一步拓展云南高原特色农产品的国际市场。加快推进农业招商引资，支持国内外农业大企业集团和战略投资者为主体开发建设高原特色农业园区，促进以园招商、以商建园。围绕重点领域包装策划一批经济社会效益好、就业带动能力强、示范引领作用大的高原特色农业项目，在国内外重点区域举办农业招商和农产品推介，吸引国内外农业产业化龙头企业来滇考察投资。加快通关便利化硬件、软件设施建设，简化农产品出口通关手续，扩大免检范围，提高通关效率。积极开拓东南亚、南亚、欧美、日韩等国际市场，构建面向国内和东南亚、南亚的云南国际农产品交易中心，确保与东南亚、南亚农产品贸易保持年均30%的增幅，在全国对东南亚、南亚农产品出口总额中的比例提高到25%，把云南高原特色农业建设成为开放式大产业。

6. 开发山区构建屏障

深入推进“森林云南”建设，坚持“生态建设产业化，产业发展生态化”的工作思路，着力推进林业改革发展创新，认真实施天保、退耕还林、低效林改造、陡坡地生态治理、防护林等重点生态工程，大力发展以核桃、油茶等为重点的特色经济林和以林下种养业、采集业为重点的林下经济，增强森林碳汇能力和林业综合效能。力争到2015年，全省森林覆盖率达55%以上，特色经济林发展突破666.7万公顷，其中：以核桃为主的木本油料产业400万公顷、竹子66.7万公顷、水果53.3万公顷、橡胶53.3万公顷、茶叶40万公顷、油茶33.3万公顷、蚕桑20万公顷、咖啡6.7万公顷；林下经济面积达200万公顷，新造林200万公顷以上，改造中低产林133.3万公顷，林业总产值达1 300亿元左右，使云南成为我国重要的木本油料基地、西南生态安全屏障和举世闻名的生物多样性宝库。

四、2013年云南农村发展展望

2012年，全省各级各部门在中央和省委、省人民政府的正确领导下，农业农村经济继续保持平稳较快发展，经济回升向好的发展势头得到继续巩固。面对农业农村经济发展的新挑战，在各种发展机遇面前，我省经济发展的各种有利因素和推动措施将起综合作用，初步判断：2013 年全省农业农村经济将继续保持稳定高效的发展势头，农业总产值同比增长 6% 左右；农业增加值同比增长 5% 左右；粮食总播种面积稳定在 433.3 万公顷以上，新增粮食 80 万吨，同比增长 4% 左右；农民人均纯收入达到 6 300 元，新增长 800 元左右，同比增长 14% 左右；农村贫困人口下降 80 万人；农村基础设施进一步改善，人民生活水平进一步提高，农村各项事业平稳发展。

（一）政策力度将会明显加大

党的十八大，高举中国特色社会主义伟大旗帜，以马克思主义、毛泽东思想、邓小平理论、“三个代表”重要思想、科学发展观为指导，分析了国际国内形势的发展变化，回顾总结了过去五年的工作和党的十六大以来的奋斗历程及取得的历史性成就，确立了科学发展观的历史地位，提出了夺取中国特色社会主义新胜利的基本要求，确定了全面建成小康社会和全面深化改革开放的目标，对新的时代条件下推进中国特色社会主义事业作出了全面部署，对全面提高党的建设科学化水平提出了明确要求。十八大报告描绘了全面建成小康社会、加快推进社会主义现代化的宏伟蓝图，为党和国家事业进一步发展指明了方向，是全党全国各族人民智慧的结晶，是我们党团结带领全国各族人民夺取中国特色社会主义新胜利的政治宣言和行动纲领，是马克思主义中国化的纲领性文献。特别是十八大报告高度重视“三农”工作，专题阐述了“推动城乡发展一体化”，提出了关于“三农”工作的总体要求和重点任务。十八大的胜利召开，进一步鼓舞了全省人民的斗志，这为全省农村的发展迎来了一个更加优越的建设和发展环境，为农村经济的持续、稳定、快速发展提供了政策保障，让老百姓吃上了定心丸。各级党委和政府将会以科学发展观为指导，按照十八大的部署和要求，结合各地实际，在“加大统筹城乡发展力度，增强农村发展活力，逐步缩小城乡差距，促进城乡共同繁荣。坚持工业反哺农业、城市支持农村和多予少取放活方针，加大强农惠农富农政策力度，让广大农民平等参与现代化进程、共同分享现代化成果。加快发展现代农业，增强农业综合生产能力，确保国家粮食安全和重要农产品有效供给。坚持把国家基础设施建设和社会事业发展重点放在农村，深入推进新农村建设和扶贫开发，全面改善农村生产生活条件。着力促进农民增收，保持农民收入持续较快增长。坚持和完善农村基本经营制度，依法维护农民土地承包经营权、宅基地使用权、集体收益分配权，壮大集体经济实力，发展农民专业合作和股份合作，培育新型经营主体，发展多种形式规模经营，构建集约化、专业化、组织化、社会化相结合的新型农业经营体系。改革征地制度，提高农民在土地增值收益中的分配比例。加快完善城乡发展一体化体制机制，着力在城乡规划、基础设施、公共服务等方面推进一体化，促进城乡要素平等交换和公共资源均衡配置，形成以工促农、以城带乡、工农互惠、城乡一体的新型工农、城乡关系"等方面制定出台一系列有利于农村发展的具体措施。

（二）发展基础进一步得到夯实

2012 年前三季度，云南的国内生产总值（GDP）达 6 700. 30 亿元，同比增长 12. 6%，高于全国 4. 9 个百分点，其中，第一产业增加值 874. 30 亿元，增长 6. 5%；第二产业增加值 2 928. 79 亿元，增长 14. 7%，其中全部工业增加值为 2 367. 14 亿元，增长 13. 5%，建筑业增加值为 561. 65 亿元，增长 20. 5%；第三产业增加值 2 897. 21 亿元，增长 12. 0%。1 ~ 9 月，全省规模以上工业增加值同比增长 13. 9%，其中，轻工业增长 12. 8%，重工业增长 14. 8%。9 月当月全省规模以上工业产值增加值增长 16. 8%，高于全国 7. 6 个百分点，当月增幅居全国第二位，为近 3 年来单月最高水平。全省固定资产投资（不含农户）5 195. 05 亿元，同比增长 24. 0%，高于全国 3. 5 个百分点。按三次产业分，第一产业投资 101. 01 亿元，增长 27. 2%；第二产业投资 1 819. 57 亿元，增长 28. 9%；第三产业投资 3 274. 47 亿元，增长 21. 4%。从重点行业看，工业投资 1 817. 65 亿元，增长 29. 9%，其中，电力工业投资 620. 64 亿元，增长 28. 8%，非电力工业投资 1 197. 0 亿元，增长 30. 4%；房地产投资 1 246. 98 亿元，增长 47. 7%；公路投资 439. 76 亿元，下降 22. 8%；水利、环境和公共设施管理业投资 487. 17 亿元，增长 39. 5%；教育投资 138.52 亿元，增长 50.0%。全省实现社会消费品零售总额 2 390.40 亿元，同比增长 15.7%，比全国高 1.6 个百分点；其中，城镇消费品零售额 2 020.35 亿元，增长 15.7%；乡村消费品零售额为 370.05 亿元，增长 15.5%。全省进出口贸易总额 141.21 亿美元，同比增长 17.8%，高于全国 11.6 个百分点。全省地方公共财政预算收入 950.31 亿元，比上年增加 144.90 亿元，同比增长 18.0%，高于全国 2.8 个百分点。全省地方公共财政预算支出 2 208.06 亿元，同比增长 26.8%，高于全国 4.4 个百分点，其中农林水事务支出 297.26 亿元，增长 36.2%，充分体现全省实践科学发展，加大民生和社会事业发展力度，着力改善和保障民生，让广大人民享受到公共财政带来的更多实惠。9 月末，全省金融机构人民币存款余额 17 466.55 亿元，比年初新增存款 2 110.93 亿元，同比增长 17.1%。9 月末，全省金融机构人民币贷款余额 13 497.47 亿元，新增贷款 1 376.3 亿元，同比增长 15.4%。金融对经济增长的支持进一步加强，对确保全省实现“稳增长、冲万亿、促跨越”目标发挥重要保障作用。2012 年全省国民经济发展稳回升的发展态势为 2013 年我省农业、农村经济的稳定、快速发展创造了良好的外部发展环境，为农业稳步增效、农民持续增收进一步奠定了坚实的基础。

（三）优势将得到彰显

《中共云南省委　云南省人民政府关于加快高原特色农业发展的决定》对我省推进高原特色农业发展的重大意义、发展的指导思想、主要目标、发展的四大特色、发展的原则、集中打造的六大特色农业、着力优化的区域布局、重点推进加快发展的八大行动、确保高原特色农业发展的政策措施等都作了明确的要求，特别是农业示范、农产品加工、农业科技支撑能力、农产品品牌创建、新型农业经营主体培育、农业基础设施建设、城乡流通服务体系、农产品质量安全保障能力“八大行动”的推进，必将使我省粮食、畜牧、烟草、蔗糖、茶叶、橡胶、果类、蔬菜、咖啡、蚕桑、淡水渔业、花卉园艺、生物制药、木本油料、林下经济等特色产业的优势得到进一步彰显。初步判断，到 2016 年，全省农林牧业综合产值、农民人均纯收入、农产品出口额较 2011 年将实现“三个翻番”，粮食总产量、畜牧业产值、农产品加工产值将分别突破400亿斤、2 000亿元、2 000亿元大关。

（四）城乡差距会有明显缩小

近两年，由于宏观经济形势较好，农产品价格和农民工工资呈上涨态势，以及不少地方出台的一系列富农政策，推动了农民收入的快速稳定增长。我省农民收入增速持续超过城镇居民收入增速，城乡居民收入差距由2009年的4.3∶1缩小到2011年的3.9∶1。随着各级党委政府对农业农村工作的进一步重视，随着各项统筹城乡发展、改善民生，增强农村发展活力，逐步缩小城乡差距，促进城乡共同繁荣政策措施的出台和落实，随着坚持工业反哺农业、城市支持农村和多予少取放活方针的进一步贯彻落实，强农惠农富农政策力度的扩大，财政支农惠农投入力度的不断强化，农业支持保护体系的建立健全，农村土地管理制度的进一步完善，新型农业经营体系的逐步建立和完善，农村各项社会事业的全面发展，我省农民收入还会逐年大幅增长，并且会明显快于城镇居民收入的增长速度。初步判断，2013年城乡收入差距会由2011年的3.9∶1缩小到3.5∶1。

（作者单位：国家统计局云南调查总队）

● 主题综合报告 ●

集体林权制度改革回顾与展望

郑宝华

森林资源产权制度是林业管理体制的核心。森林资源产权制度改革的成功与否直接关系到林业管理体制改革的顺利进行，因此，森林资源产权制度的改革通常被作为完善林业管理体制的一个突破口。新中国成立以来，我省同全国多数省份一样，大体上经历了20世纪50年代初的土地改革、50年代中期开始的“集体化”、80年代初的林业“三定”、90年代中期的四荒使用权有偿转让等改革。2006年开始的集体林权制度改革可以算是第五次改革。本报告对本次改革的背景、政策措施、改革成效、面临的问题、完善措施等进行了系统讨论，并对本次林改所可能产生的政策绩效作了前景展望。

一、主体改革的基本判断

从政策设计来看，本次林改分为两个阶段：第一个阶段称为主体改革，核心是依法将林地承包经营权和林木所有权通过家庭承包方式落实到本集体经济组织的农户，确立农户的林地承包经营主体地位。要实现的基本目标就是实现“山有其主，主有其权，权有其责，责有其利”，进而建立起“产权归属清晰，经营主体到位，责权划分明确，利益保障严格，流转顺畅规范，监管服务有效”的现代林业产权制度。主体改革始于2006年，2010年基本结束。

（一）改革背景

所谓的集体林产权制度改革，实质上是指集体林产权制度再安排过程中，将各项权能赋予不同主体的政策措施和手段。产权作为一个权利束，包括占有权、经营使用权、收益权和处分权（处置权）。在这产权的四个权能中，经营使用权不仅直接影响着收益权和处分权，而且是激活占有权的基本保障，经营使用权具有排他性、可交易性的物权属性，是集体林产权改革的重点和难点。因此是党和政府十分关心的改革内容。

新中国成立以前，我省森林的一部分为地主、土司和头人所有；一部分为无主天然原始林；少数村寨有小面积公有的“风水林”、柴山或小片族山、坟地①。新中国成立后，为了适应社会主义制度的需要，并充分发挥广大农民的主人翁作用，森林产权经过了几次重大变革：

1. 1951～1952 年的土地改革

由于形势的需要，当时云南对森林产权问题的处理没有按西南军政委员会颁发的《西南区土地改革中山林处理办法》的要求进行处理。没有把多数山林分到农户，更没有实现所谓的林地由封建地主所有制向农民私人所有制的转变②。土地改革工作较早的内地地区，一般是将地主的森林没收后分给农民私有或暂归乡管；边疆和扩展土地改革较晚的地区则宣布全部森林属于国有，总体上工作比较粗糙③。这实际上也就是为什么云南历史上国有森林所占比重高的一个重要原因。

2. “集体化”

农业合作化运动中，原属生产队、村寨和私人所有的山林、树木随耕地加入合作社，后又归人民公社所有，但多数没有明确四至界线，也未按有关政策规定给予农民补偿，形成山林都吃“大锅饭”的局面。1961 年 6 月，中共中央发布了《关于确定林权、保护山林和发展林业的若干政策规定》（试行草案），中共云南省委作出了《补充规定》（草案），并组织了 540 多人的工作队深入重点地区协助贯彻落实，全省 90 个县 2 683 个公社（占公社总数的 73%）开展了确定林权的工作，结果全省国有林占

① 《云南省志·林业志》编纂委员会编辑办公室：《云南林业志资料》（第六集），1989 年 12 月内部印刷，第 29 页。

② 李研新、张彰：《基于产权理论的云南省集体林权制度研究》，载《经济研究导刊》2010 年第 14 期，第 42 页。

③ 《云南省志·林业志》编纂委员会编辑办公室：《云南林业志资料》（第六集），1989 年 12 月内部印刷，第 29 页。

60%～70%，集体林占30%～40%。划归集体所有的山林，按中央规定应该确定为大队所有，因云南多数大队无力经营管理，一般采取就近包给生产队管理的办法。但由于担心管而难以获利，多数管理效果不很好。1962～1964年，为提高国有林比重，给国有森工企业的发展创造条件，在重点林区进行了复查调整。

3. 林业“三定”和“两山”

中共云南省委、云南省人民政府根据中共中央、国务院《关于保护森林发展林业若干问题的决定》（即“25条”），结合云南的实际，于1981年12月开始在全省范围内开展稳定山权林权、划定自留山、确定或完善林业生产责任制（简称林业“三定”）工作，省里培训了250多林业“三定”工作队员，组成了11个工作队，分赴全省15个地州市协助开展工作。全省共有5万多干部参与了林业“三定”工作，截止到1983年5月，全省基本完成了林业“三定”工作，调处山林权纠纷99 383起，占山林权纠纷总数的93.9%；划定了17.9万多个生产队的山林权属，占应开展林业“三定”工作生产队总数的96.8%；已划定自留山的生产队80 924个，占应划队数的55.7%；已划自留山面积587 441.3公顷，平均每户0.3公顷；已颁发山林权证和社员自留山使用证146 760份；已有129 245个生产队建立了林业生产责任制[①]。

1983年6月，中共云南省委、云南省人民政府在前两年林业“三定”工作的基础上，为进一步调动全省农民发展林业的积极性，在全省范围开展了“三山一地”（即自留山、责任山、草山和轮耕地）到户工作。全省派出了8万多人的工作队到农村基层协助开展工作。到1983年12月底，全省应开展“三山一地”到户工作的185 380个生产队，有179 531个生产队全面开展了“三山一地”到户工作，占96.8%；给3 571 921户社员划定了自留山，面积达484.1万公顷，占可划分面积的83%，平均每户1.3公顷；划分责任山633.1万公顷，占可划分面积的87%；确定轮歇地面积86.2万公顷；划分草山193.6万公顷。全省到户

① 《云南省志·林业志》编纂委员会编辑办公室：《云南林业志资料》（第六集），1989年12月内部印刷，第30页。

“三山一地”总面积为1 397.0万公顷①。

4.“四荒”使用权有偿转让

为了进一步落实森林资源的产权，1994年年初，一些县（市、区）开展了荒山、荒坡、荒滩、荒沟使用权有偿转让工作。至1998年年底，全省“四荒”使用权有偿转让工作基本结束，共有455 442个农户和单位受让了“四荒”使用权，其中农户450 000户，占98.8%；出让“四荒”使用权面积72.8万公顷，其中农村集体所有的“四荒”面积71.6万公顷，国有的1.2万公顷；收取出让金12 056.7万元，平均每公顷的出让金约为165.6元②。

虽然新中国成立后云南省的集体林权制度经历了多次改革，但仍然存在几个方面的问题。首先，集体林所有权主体不清、产权关系不明确，“公地悲剧”广泛而严重存在。最突出的表现是，林业“三定”和“三山一地”到户工作尽管落实了农户对林地的经营使用权，但林地的所有权模糊，林木所有权与林地经营使用权分离，导致森林资源的产权关系不明确。这种森林资源产权制度安排不可避免导致资源使用监督不力，偷砍盗伐现象时有发生，群众造林护林积极性不高，严重制约了林业的发展。其次，多次林改只是分山划界，缺乏细致的法规和制度，林权所有者不能自主经营，利益分配不合理，林农收益微薄或根本无收益。经营使用权流转不规范、经营机制不灵活，林地、林木私下交易情况突出，秩序混乱，政府及企事业单位征用集体林地也只与基层政府打交道、签订合同，林权所有者无权决定。最后，多次林改使林权越来越复杂，没有建立严格的林权管理资料，林权纠纷不断，社会矛盾增多，影响到当地农村的安定团结和集体林业的发展。这些问题导致森林资源质量不高、经营管理粗放，林业资源大、产业小、效益低的状况长期得不到根本改变，严重制约着云南省林业经济的发展，直接关系到林区农民的经济收益和生活水平的提高，成为诱发新一轮集体林权制度改革的最直接原因。

另外，随着耕地承包经营权的不断完善，耕地得到了充分利

① 郑宝华：《谁是社区森林的管理主体——社区森林资源权属于自主管理研究》，民族出版社2003年版，第11页。

② 郑宝华：《谁是社区森林的管理主体——社区森林资源权属于自主管理研究》，民族出版社2003年版，第11页。

用，耕地资源的潜力已经十分有限。而全国还有将近一半的人口留在农村，如何让广大农村居民获得快速而稳定的收入增长渠道已经成为考验国家和地方领导人智慧的一大挑战。如何挖掘除耕地以外土地资源的潜力势在必行。对此，除了国家的扶持政策外，最重要的就是完善经营制度，这也是全国启动集体林权制度改革的主要原因。而这一点对于云南则有着更加重要的意义，因为云南与全国平均水平相比，耕地资源更加有限，但森林资源却更加丰富，林业的发展潜力更大。有效的林权制度必将激发广大农民发展林业、开发山区的积极性。这就是《云南省关于深化集体林权制度改革的决定》所强调的：我省林业用地中集体林地占较大比重。改革开放后，通过林业“三定”工作，在一定程度上解放和发展了林业生产力。但由于产权不够明晰、使用权流转不规范、经营机制不活、利益分配不合理等原因，林农的经营主体地位没有得到有效落实，影响了林木所有者和经营者发展林业的积极性，阻碍了生产要素向林业的集聚，导致森林资源质量不高、林种结构不合理、经营管理粗放，林业大资源、小产业、低效益的状况长期得不到根本改变。深化集体林权制度改革，消除林业发展的体制机制障碍，是适应社会主义市场经济发展的必然选择；是增强林业活力、加快林业发展、有效持久增加农民收入的迫切要求；是调动社会力量参与林业开发的客观需要；是缓解林区矛盾、维护社会稳定的重要途径；是推进山区社会主义新农村建设的治本之策。

（二）政策措施

云南省委、省人民政府于2006年9月发布了《关于深化集体林权制度改革的决定》（以下简称《决定》），宣布从2006年起，用3年左右的时间，基本完成全省深化集体林权制度及其配套改革任务，实现“山有其主，主有其权，权有其责，责有其利”的目标，建立起“产权归属清晰，经营主体到位，责权划分明确，利益保障严格，流转顺畅规范，监管服务有效”的现代林业产权制度。《决定》明确了改革的指导思想、目标、重点、政策措施等具体内容。

1. 指导思想

按照建设社会主义新农村的要求，坚持保护与利用并重，坚持以家庭承包经营为主、统分结合的双层经营体制，坚持林业分类经营管理制度，进一步明晰集体林木林地所有权和使用权，放活经营权，落实处置权，确保收益权，建立和完善林业经营、林业服务、资源保护、资源流转体系，创新林业管理体制，创造良好的发展环境，调动林农和社会各界的积极性，把林业建设成全省国民经济的重要产业，增加农民收入，促进生态、经济和社会协调发展。

2. 总体目标

用3年左右的时间，基本完成全省深化集体林权制度及其配套改革任务，实现“山有其主，主有其权，权有其责，责有其利”的目标，建立起“产权归属清晰，经营主体到位，责权划分明确，利益保障严格，流转顺畅规范，监管服务有效”的现代林业产权制度；建立起初步适应林业产业发展需要的要素市场，形成社会化服务体系和有效的森林管护体系；建立起政企分开、政资分开、政事分开、政府与中介组织分开，社会管理和公共服务职能强，行政审批环节少，运行规范的林业行政管理体制，营造良好的发展环境，促进我省林业生态建设和产业发展。

3. 基本原则

要坚持6项原则，处理好6个重大关系：坚持“增量、增效、增收”的原则，处理好生态保护与产业发展的关系；坚持统筹兼顾的原则，处理好集体与林农的利益关系；坚持“大稳定、小调整”的原则，处理好历史与现实的关系；坚持分类指导的原则，处理好统一部署与因地制宜的关系；坚持“公开、公平、公正”的原则，处理好尊重群众意愿与规范操作的关系；坚持质量与进度相统一的原则，处理好改革与稳定的关系。

4. 范　围

我省深化集体林权制度改革的范围是集体商品林，包括非天保工程区的集体商品林木、林地及宜林荒山、荒地，天保工程区的集体人工商品林木及宜林荒山、荒地等。对权属尚未明晰的集体林中的商品林木、林地，要通过改革，确权发证，明晰产权；对已明晰权属的自留山、责任山，实行家庭承包经营的经济林，国有、外资、民营企事业单位和个人依据合同取得的集体林地使用权或林木使用权、所有权，应予以稳定完善；对权属有争议的林木、林地，通过协商能够明确权属的，一并予以改革。对经县级以上人民政府规划界定的生态公益林和纳入国家天保工程区的天然林，暂不列入本次改革范围，但应换发全国统一的林权证，继续执行国家的天然林保护政策和公益林管护政策。在省委、省政府2007年11月发布的《关于进一步加大集体林权制度改革力度和稳定推进配套改革的意见》（以下简称《意见》）中又提出，根据国家有关政策、结合云南实际，原定集体商品林改革范围调整扩大为全部集体林。

5. 内　容

落实经营主体的“四权”是深化集体林权制度改革的核心内容，包括明确林木林地的所有权或使用权；放活林地经营权；落实林木处置权；保障经营主体的收益权。并按照“依法行政、规范管理、强化服务、廉洁高效”的要求，建立以管理、执法、服务三大职能为主的新型林业管理体系，逐步建立林权确认、转让交易、办证登记、行政审批和信息发布等一站式的管理服务中心，为林业改革与发展提供优质的行政管理环境。整合执法力量，组建相对独立、集中统一的林业综合行政执法机构，规范执法程序，落实执法责任，为林业改革与发展提供良好的法制环境。

6. 主要工作

查清资源底数，夯实深化改革的基础；依法确权发证，切实为林权所有者提供法律保障；放活经营权，完善林木采伐管理制度；完善扶持政策，多渠道增加林业投入。充分发挥公共财政的导向作用，引导鼓励多种经济成分参与林业建设，努力形成政府引导、市场推进、多元投入、社会参与的林业投融资机制。要在稳定完善林业“三定”、“三山一地”和“四荒使用权有偿转让”的基础上，通过承包经营、折股量化、股权到户（联户）等形式，把集体林木所有权和林木林地使用权明晰到户（联户）或其他经营主体，进行林权登记，换发、核发林权证，保护林权证的法律效力。

7. 保持政策的连续性

自留山继续实行“生不增、死不减”、长期无偿使用、允许继承的政策。自留山、责任山已“两山并一山”的，若多数群众有要求，允许按当时政策予以区分。林业“三定”时未划定自留山的，大多数群众要求划定自留山且集体山林条件允许的，可按当时政策补划自留山。被集体收回的自留山上种植的林木，要落实“谁造谁有”政策。林木采伐后，林地的使用权归还原主。分包到户的责任山的承包期限顺延 50～70 年，山上林木归责任山业主所有，承包期内允许继承。责任山应适当收取林地使用费。面积、四至界线不清楚的，在明晰确认的基础上，完善承包合同。被集体收归统一经营而群众要求以责任山形式承包经营的，应当予以恢复。经村民会议或村民代表会议讨论通过，对集体林地可以实行“分股不分山，分利不分林”的经营模式，但要将现有林地、林木折股分配给集体内部成员均等持有，财务单独核算，收益按股分配。也可实行有偿转让经营，将现有山林评估作价，通过公开招标租赁、拍卖等方式，优先转让给集体经济组织内部成员、联产承包，或其他社会经营主体承包，转让收益由集体内部成员平均分配及用于公益事业。

8. *方法步骤*

先行试点，逐步推开。2006 年先在罗平、屏边、砚山、景谷、永平、腾冲、潞西（现为芒市）、兰坪、云县等 9 个县（市）试点，总结经验，完善措施，为全省全面推开改革奠定基础。省级相关单位抽调人员，组成指导组驻点帮助试点县工作。从 2007 年开始，在全省全面推进集体林权制度改革及其相关配套改革。改革分为五个阶段：宣传发动，开展培训；调查摸底，制订方案；落实权属，核发证书；配套改革，建章立制；检查验收，总结完善。

（三）基本成效

1. *扎扎实实地宣传了党的方针政策*

宣传工作和群众工作是农村工作的基础，也是我党群众路线的优势所在。本次林改与以往林改差别最大的地方之一就是认认真真和扎扎实实地做好了宣传发动工作，不仅广泛宣传了本次集体林权制度改革的意义、目标、内容和政策措施，而且把广泛发动群众积极参与林改，让广大农民都做明白人作为改革的重要突破口。各地都采取了多层次、多形式、多渠道的宣传方式，并对林改工作队员和村民进行培训，宣传面之广、参加人数之多，都创历史纪录。截至 2010 年年底主体改革基本完成之时，全省共投入林改资金 13.46 亿元，成立林改组织机构 17.02 万个，参加林改的工作人员76.01万人。编写组针对全省16个完成州（市）30个县（市、区）30个村委会的1 554个样本农户的抽样调查结果发现，34.9%的样本农户参与了宣传发动工作。这个比例虽不是很高，但足以发挥一传十、十传百的扩散效应。另外，此次宣传不同于以往，更多的是干部直接宣传的。高达83.4%的样本农户认为是通过村干部的宣传才知晓林改情况的，相比之下，传统的通过电视、广播等媒体及亲朋好友相互告知的比例不是很高，合计仅占16.6%，见表1。许多村民表示："我们看电视虽然知道要搞林改，但具体政策是怎么说的还是上面的干部和村干部来宣传的。"

表1　样本农户获得林改信息的渠道

知晓渠道	有效样本	占百分比（%）
看电视	101	6.5
听广播	22	1.4
村干部宣传	1 295	83.4
亲朋好友告知	96	6.2
其他	39	2.5
合计	1 553	100.0

2. 进一步明晰了集体林产权制度

此次林改之所以把落实林权作为主体改革的主要内容，其用意就在于要让农户像拥有耕地承包经营权那样拥有林地的使用权。同时，此次林改首次明确了林农对林木的所有权，这是确立农民经营主体地位的核心，是最重要的权能。另外，此次林改的一个突出重点，就是把产权到户作为重中之重来抓，把林权勘查作为产权到户的一项基础工作来抓，把林权证到户作为核权发证的重要成果来抓，把调处林权纠纷作为落实林权的首要任务来抓，这既有力地推进了林改工作，又对明晰产权起到了推动作用。据有关部门提供的资料，截止到2010年年底主体改革基本完成之时，全省完成集体林确权面积1 767.2万公顷，占全省集体林面积的 91.0%，确权率达 97.1%[①]、均山到户率达 88.5%，调处林权纠纷 16.3 万起，调处率达 98.7%，主体改革任务基本完成。到 2011 年年底，全省林地确权面积达到 1 800.0 万公顷，确权率进一步提高到 98.9%，均山到户率达 92.4%，宗地发证率达 98.6%。更重要的不仅仅是从数量上第一次明确了农户对林地的使用权以及对林木的所有权，而且使农户获得了更加完整的产权。不仅多数农户获得了全国统一的林权证，而且明确了他们对林木的所有权、处分权和依法经营的收益权。另外，农户在承包经营期内，除具有一般土地承包经营权所具有的转让、入股、抵押或者以其他方式流转的权利外，还具有 2008 年中央 10 号文件规定的出租、转包和合作开发等权利。从这个意义上可以说，云南的本次林改是新中国成立以来，当然也是中国历史上第一次落实了农户对森林资源所具有的较完整权利。

3. 调动了广大农民发展林业的积极性

林改赋予了广大农民对森林资源的基本权能，初步实现了“山定权、林定根、人定心”的政策目标，从而调动了广大林农和社会各界发展林业的积极性。各地到处呈现“争山争苗”造林的喜人现象，“管好自己的山、守好自家的林”已成为广大农民的自觉行动，一些农户以自家山林为资本与企业联营，一些地方积极探索以林权抵押贷款、林权抵押担保等为主要形式的林业投融资体制改革，政府引导、社会参与、业主自筹、金融支持、多元投入的林业投融资机制逐步形成。根据编写组组织的问卷调查结果分析，有超过 54% 的样本农户认为自家在林业上的投入增加了，而减少的只有不到 2% 的样本农户，详见表 2。农民造林积极性提高最显著的标志是造林面积不断增加，从林改前每年 150～500千公顷连年增加，2009 年突破700 千公顷（1 000 万亩）大关，创历史最高水平，2012 年更可望达到970 千公顷以上，将再创历史最好水平，见图 1。自 2008 年以来，全省完成各类造林面积达 368.67 千公顷，是 2003～2007 年 5 年的 2.6 倍，同时，还改造低效林 648.0 千公顷，年均管护天然林 1 260 万公顷，实施公益林生态效益补偿 866.67 万公顷，新建农村户用沼气池 109

① 按全省集体林面积 1 820.0 万公顷计算。也有的报告中认为云南的林业用地面积为 2 426.7 万公顷，其中集体所有的林业用地占 80.1%，即集体所有的林业用地面积为 1 943.7 万公顷。

万口，节柴改灶 73 万户，推广太阳能热水器 31 万台。根据抽样调查和测算，通过 5 年努力，全省新增森林覆盖率 1 个百分点以上，达到 54% 以上，活立木蓄积增加 0. 88 亿立方米以上，达到 18 亿立方米以上。

表 2　样本农户林业投入的变化

投入变化	有效样本	占百分比（%）
增加了	787	54. 2
减少了	24	1. 7
没有变化	622	42. 9
其他（说不清）	18	1. 2
合计	1 451	100. 0

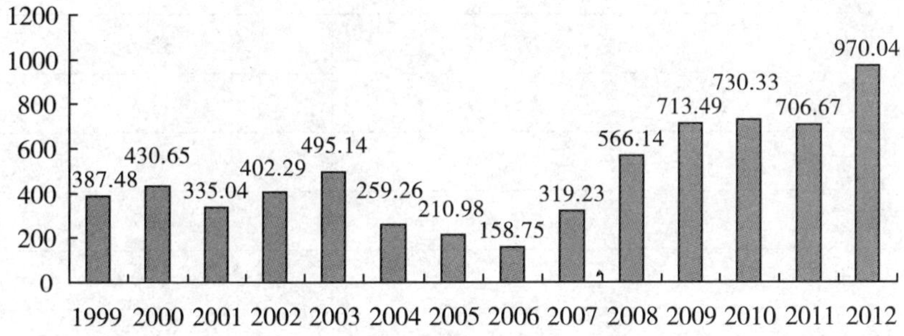

图 1　1999 年以来我省每年新造林面积变化情况（单位：千公顷）

4. 拓展了农民的增收渠道

林权明晰到户后，林农依托森林资源发展林业生产，开展多种经营，开辟了新的增收渠道，收入水平明显增加，山区"温饱靠耕地、致富靠山林"已逐步成为现实。据有关部门提供的资料，林改之前的 2005 年，全省林业产值只有 252 亿元，每亩林地的产值不到 70 元；2011 年，全省林业产值达到 689 亿元，比 2005 年增加了 1. 73 倍，年均增长速度为 18. 3%，比全省农业总产值年均增长速度快了 4. 6 个百分点。而按照省统计局提供的数字，2011 年全省林业产值为 245. 67 亿元，比 2005 年的 105. 53 亿元增加了 1. 3 倍多，年均增长速度为 15. 1%，也比农业产值速度快了1.4个百分点①。2012年，全省林业总产值将突破800亿元，已经正在成为农民增收和农村发展的新的支撑点。根据问卷调查结果，林改后农户涉林收入明显增加的约占20%的样本农户，有所增加的占了近1/3，合计超过了一半，而收入减少的只有1%多一点的农户，详见表3。样本农户户均涉林收入4 352.6元，占家庭经济收入的17.4%，仅次于种养业收入（31.0%）和劳务收入（27.4%），列第三位。在1 427个有效样本中，没有林业收入的占23.1%，林业收入1 000元以下的占23.2%，1 000～4 999元的占27.7%，5 000～9 999元的占10.8%，超过10 000元的占7.6%。有的农户涉林收入超过了10万元。

表3　样本农户涉林收入变化情况

投入变化	有效样本	占百分比（%）
明显增加	271	18.7
增加	473	32.6
没有变化	651	44.9
减少	18	1.2
明显减少	8	0.7
其他	28	1.9
合计	1 449	100.0

5. 减少了林权纠纷

本次林改调处林权纠纷16.3万起，比林业“三定”时调处的林权纠纷多出了6.4万起，许多历史遗留问题得到了妥善处理。这既有本次林改工作较深入的原因，也有广大林农积极参与的原因，还有一些高科技如GPS定位系统的使用等方面的原因。林改纠纷的调处与大量减少，既提高了林改本身的安全性，也为缓和邻里矛盾创造了条件。编写组所作的问卷调查结果表明，在

① 云南省人民政府办公厅、云南省统计局：《云南领导干部经济工作手册2006》，云南出版集团公司、云南人民出版社2006年版，第39页；云南省人民政府办公厅、云南省统计局、国家统计局云南调查总队：《云南领导干部手册2012》，云南出版集团公司、云南人民出版社2012年版，第114页。

1 437 个有效样本中，有多达 960 个样本农户认为林改以前存在与林业相关的纠纷，高达 66.8%，认为没有纠纷的只有 477 个样本，占 33.2%。在认为存在纠纷的样本农户中，认为有林权纠纷的多达 847 个样本，占认为存在纠纷的样本农户数的 88.2%，占全部有效样本的 58.9%；认为存在经济纠纷的为 86 个样本，占认为存在纠纷的样本农户数的 9.0%；认为存在其他纠纷的为 27 个样本，占认为存在纠纷的样本农户数的 2.8%，占总有效样本的 1.9%。林改后林权纠纷明显减少，在 1 434 个有效样本中，认为明显减少的有 829 个样本，占有效样本的 57.8%；认为跟原来的差不多的有 466 个样本，占 32.5%；认为比以前增加的有 93 个样本，占 6.5%；另有 46 个样本认为还说不清，占 3.2%。

6. 壮大了村集体经济

一方面，部分原来没有作为自留山和责任山的森林到户后，村集体可以收取一定的使用费，成为村级经济的一个来源；另一方面，林改后村集体造林开支和管护山林的费用大大减少。另外，村集体还通过参与现有集体统一管理森林的收益分成，确保村集体有持续稳定的收入来源。这样一来，不仅解决了“空壳村”的许多问题，而且使村民与村组干部的关系得到改善或更加融洽，森林案件呈下降趋势。一些地方还通过林改的二次收益分配，举办了一些集体福利事业，促进了农村社会的和谐发展。

（四）存在问题

主体改革在试点过程中，由于宣传到位、经费保障充分、群众热情参与等因素，成效非常明显。然而在随后的推进过程中，由于经费、人力资源的缺乏和时间的限制，很多地方暴露出群众参与不足、林地划分不公平、边界纠纷未能及时解决等一系列问题，同时，一些地方采取强制措施，将山林权强行分到户，在完成均山到户的政策目标的同时，不仅违背了林农的意愿，而且给配套改革和后续经营管理埋下了许多隐患。

1. 宣传发动工作欠到位

结合林改工作的有效开展，各级各部门利用电视、广播、横幅、板报、标语等媒介开展宣传活动，向广大干部群众宣传林改的重大意义、政策和程序等，一定程度上调动了群众参与林改的积极性、主动性，营造了支持林改、参与林改的良好氛围。但由于林改工作时间紧，任务重，一些地方缺乏对干部和技术人员的培训或培训力度不大，一些基层干部对林改的意义认识不统一，对林改政策还没有完全吃深吃透，存在"等、停、靠"现象，宣传发动工作不够扎实，尤其是对部分外出务工人员的政策宣传更不够到位，严重影响了林改的进度和质量。正如前面提到的，编写组所进行的16个州（市）的问卷调查结果表明：只有34.9%的样本农户是通过参加由村组干部组织的各种宣传会议知晓林改的，也就难免对林改的实质有比较全面和准确的认识，在1 552个有效样本中，有185人认为是重新划分所有权，占11.9%；有644人认为是重新划分使用权和所有权，占41.5%；有477人认为只是重新核实和换发林权证，占30.7%；还有183人不知道林改是做什么的，占11.8%，详见表4。

表4　样本农户对林改性质的认识

	有效样本	占百分比
重新划分所有权	185	11.9
重新划分使用权和所有权	644	41.5
重新核实和换发林权证	477	30.7
不清楚	183	11.8
其他	63	4.1
合计	1 552	100.0

更为重要的是，作为林改宣传主体之一的村组干部也不完全能够准确和全面认识此次林改的主要内容。在所调查的175个村组干部中，有18人认为是重新划分所有权，占10.3%；有95人认为是重新划分使用权和所有权，占54.3%；有45人认为只是重新核实和换发林权证，占25.7%；还有17人不知道林改是做什么的，占9.7%。可想而知，通过他们传达给村民的信息到底有多少是准确的。

2. 农民参与程度不高

与以往几次林改相比，本次林改的村民参与程度较高，但与耕地承包经营权制度改革相比，本次林改的村民参与程度仍较低。编写组的问卷调查结果显示：只有58.7%的样本农户承认他们参加过林改，尽管他们对林改结果的评价以及对是否拿到林权证等问题的回答都给予了肯定回应，例如86.1%的样本农户承认拿到了林权证。也就是说，很多样本农户虽然清楚林改的结果，但他们并没有参与林改的过程。这在一定程度上说明，很多地方的林改都是以县乡干部和村组干部为主完成的，有些地方可能是村组干部全权包办了，少数地方也有可能只是换发了林权证。这个意义上的林改所产生的结果，当然只能是政府主导的产权明晰，尽管这种改革对社区带来的影响和社区对这些影响的反应尚无法估计，但其产生正面的推动作用令人怀疑。

调查结果发现，如果我们将村民参与林改分为四个主要环节，即参与宣传动员工作、参与分山方式和具体分山方法的制定、参与实地分山和参与纠纷调处，那么社区参与程度最高的是实地上山分山，有60.1%的样本农户参与过，而参与程度最低的是调处纠纷和制定分山方式和方法，分别只有14.7%和25.3%，参与过宣传发动的只有34.9%。村民参与林权纠纷调处程度低并不一定是坏事，因为发生林权纠纷时一般只会有纠纷双方和村组干部参与，参与者越少，说明纠纷越少。而参与制定分山方式和方法的程度低，只能说明普通林农在社区层面的林改实施方案决策中没有占据主导地位。另外，林农参与程度的高低也与林改的工作程序及方法步骤等有关，比如，对于林改方式来讲，除了政策规定外，权利大都掌握在村组干部手中，农户参与水平就很低，而具体分山办法，由于政策没有明确规定，村民参与的空间就大些，参与的程度也就会高些，见表5。当然，这也与村民对林改的关心程度有关。

表5　林改分山方式和具体分山办法决策方式的差别

决策方式	林改方式的提出（%）	具体分山办法的提出（%）
全体村民	16.8	72.7
村干部	37.0	15.3
文件规定	41.4	9.3
其他	4.7	2.7
合计	100.0	100.0

3. 完成均山到户率目标难度较大

最初，省委、省政府的《决定》及各地的有关实施方案都允许采取均山到户和均股到户两种办法，但中发〔2008〕10 号文件《中共中央国务院关于全面推进集体林权制度改革的意见》（以下简称《意见》）颁布执行后，均山到户变成了主要方法，且作为各地验收的重要指标，不仅增加了林改工作本身的难度，而且给随后的配套改革埋下了许多隐患。尽管从统计数据来看，全省均山到户率高达 92.4%，但实际情况并不一定如此“理想”。我们编写组在滇西某县的一个镇的调查中发现，全镇 14 个村委会中，真正实现均山到户的只有一个村委会，其他 13 个村委会都只是少数农户，用于应付上级检查。在与地方干部和农户的座谈中，大家也对均山到户有不同的看法：多数人认为均山到户不仅难度大，而且没有必要。而相反，均股均利到户，让几个农户共同拥有一片山林的产权安排对于调动农户合作发展林业的作用会更加显著。他们提到了几个值得注意的原因：一是我省将集体所有的生态公益林也纳入了此次林改工作中，要将集体生态公益林均山到户既没有必要，也很困难。由于云南特殊的地理因素，生态公益林地形地貌复杂，即使使用高科技也无法准确分山到户。二是滇中及滇东北地区的一些村森林面积有限，均山到户后林农获得的林地面积少，宗数多，给管理利用带来许多问题，群众积极性不高。三是部分乡镇林业“三定”和“三山一地”时没有将林权落实到户或者随后收归集体管理，多数群众已在原集体山上开荒种树，户均面积差别很大，现在要均山到户与谁种谁有产生矛盾，且均山还涉及距离远近、森林好坏等问题，均山到户阻力很大。四是林业“三定”和“三山一地”到户后村民之间私下有了林地流转行为，且有的已经种上了树，现在要重新均山到户难度很大。五是 20 世纪 90 年代中期将一部分“四荒”使用权和低价值林地的使用权出让给了非本村居民或单位，且大多数已种上树，群众要求收回的呼声很高，也影响到林地均山到户工作。六是一些地方的林地山高路远，个体经营困难，较适合集体经营或者个体承包经营，大多数群众也希望集体经营或者承包出去，要强制性均山到户阻力也很大。

4. 一些林权纠纷仍然存在

一是少数历史遗留问题调处难度大。我省林权制度改革具有较强的历史性，不仅到本次林改以前没有完全落实林权，而且在集体和国有之间变化很大，一些在新中国成立以前就存在的林权纠纷处理难度很大，尽管我们现在的林权纠纷调处率已经接近99.0%，剩下的纠纷不超过2 000件，却都是些重大的和难以解决的。这些纠纷对于落实林权并保证森林资源的有效管理的危害极大。当然，还值得注意的是，本次林改也可能产生新的林权纠纷，比如政策规定，集体林地已经流转承包的，要尊重原有承包合同，但由于当时的承包费用很低，甚至有的就是干部私自决定的，群众意见很大，本次林改借机要求提高承包费或者废除承包合同，于是承包方和发包方产生了矛盾冲突，形成新的林权纠纷。再比如，一些地方迫于均山到户的政策要求，将面积很小的林地划分到农户，但由于在1∶50 000的地图上无法标示出来，便将几个农户的多宗地合并在一起办一个林权证，尽管从目前来说大家都知道，但已经有农户担心过几年忘了怎么办？持证农户不承认是几个农户一起办的一个林权证又怎么办等问题。

二、配套改革的重点和面临的挑战

（一）客观要求

1. 集体林权制度是一个有机整体

集体林权制度是以林权为基础的森林资源产权安排、合理处置和有效利用的一系列制度规范。在整个林权制度中，产权配置制度是核心和基础，但不是唯一，围绕产权制度如何得到合理处置和森林资源得到有效利用的制度安排不仅是林权制度的一部分，而且是影响产权制度效率的关键。对于我国的集体林产权制度改革来说，在“明晰产权、放活经营权、落实处置权和确保收益权”四项重大改革任务中，明晰产权是主体改革的主要工作，但不是林权制度改革的全部，为了实现“资源增长、农民增收、生态良好、林区和谐”的改革目标，如何“放活经营权、落实处置权和确保收益权”不仅是本次集体林权制度改革与以往改革的不同之处，而且是改革的重要组成部分。而“放活经营权、落实处置权和确保收益权”也正是配套改革的主要内容，由此也决定了配套改革的必要性和重要性。

2. 配套改革是集体林产权制度改革的重要组成部分

新一轮集体林产权制度改革，不仅把明晰产权作为改革的重要任务，而且把产权的有效利用作为改革的根本目标，即要实现“资源增长、农民增收、生态良好、林区和谐”。两者之间的关系可以理解为鸡和蛋的关系，产权配置制度好比蛋，没有好的产权配置制度，鸡蛋无法增长；而围绕产权配置制度如何发挥效率的制度安排好比鸡，它们是鸡蛋能否增长、是否能够产出来并最终发挥其作用的关键。从这个意义上讲，我们将此次集体林权制度改革分为主体改革和配套改革，并不完全意味着主体改革就比配套改革重要，之所以用主体改革来描述产权配置制度是因为过去的森林资源产权配置不甚清晰，是改革的起点；而配套改革则是改革的终点。两者相得益彰，互不可分。只有主体改革使森林资源本身的产权配置清晰了，才能为配套改革提供基础；而只有配套改革搞好了，才能真正建立起安全、合理、有效的产权制度体系，森林资源才能最终得到有效保护和利用，也才能真正实现“资源增长、农民增收、生态良好、林区和谐”的目标。

3. 配套改革比主体改革难度更大

主体改革只涉及产权制度自身如何配置及各项权能如何界定，更多的工作主要在社区层面以及地方政府；而配套改革则涉及与林权制度相关的方方面面，不仅包括国家利益与个人利益的协调，而且涉及经济效益、社会效益和生态效益之间的最大化，因此涉及的相关利益群体更多，不仅有林农，而且有社区、地方政府以及中央政府。这些相关利益群体之间的利益博弈成分更大，这就使得改革的难度远比主体改革要大得多。一方面，各相关利益群体之间的利益协调难度很大；另一方面，各个地方的实际情况千差万别，制度设计和实施本身的难度较大；更重要的是，这些制度之间的相互制约性远比主体改革所涉及的制度要大得多。拿采伐限额制度来讲，它不仅是保障收益权的关键，而且是检验处置权和占有权实现程度的重要指标，从林农的角度讲，当然是彻底废除了更好；从地方政府讲，则希望获得更多的控制权，以实现森林资源的经济效益最大化，但中央政府则还要考虑生态安全的因素。

（二）改革重点

省委、省政府的《决定》和中央的《意见》都明确了集体林权制度配套改革的内容和重点。《意见》把放活经营权、落实处置权、保障收益权、强化管理作为配套改革的重点；《决定》除强调放活经营权、落实处置权、保证收益权、加强管理外，还强调要建立“四大服务体系”、完善管理体制、强化政策扶持等内容。

1. 放活经营权

强调遵循林地所有权和使用权相分离的原则，在集体林地所有权性质、林地用途不变的前提下，按照“依法、自愿、有偿、规范”的原则，鼓励林木所有权、林地使用权有序流转，通过承包、租赁、转让、拍卖、股份合作等多种形式，建立以林农为主的多元化市场经营主体，开展多种经营，推进林业生产的规模化。放活经营权的核心是让林木所有者有权支配林木的处置权，为此，实施多年的采伐限额管理制度成为一个制度屏障，《决定》要求县级林业主管部门根据国家批准的年森林采伐限额，编制商品林年度木材生产计划，并逐级汇总上报省级林业主管部门批准后执行。竹材采伐不纳入采伐限额管理。抚育间伐人工用材林胸径小于10厘米（含10厘米）的林木，不纳入木材生产计划管理。人工培育的珍贵树种用材林，按一般树种商品林进行管理。企业或个人营造的商品用材林和工业原料林，由所有者根据经营目标确定采伐林木的年限，林业主管部门应按森林经营方案优先保证其采伐限额和木材生产计划。

2. 落实处置权

要求对已明晰权属的自留山、责任山及外资、民营企业等单位和个人营造的林木及附着物、林下资源，依法落实业主处置权益。对集体、个人、企业经营林木的采伐许可证，由业主申请，县级林业主管部门对符合条件的即报即批。全面实行采伐指标分配公示制，把木材采伐指标的分配纳入政务公开、村务公开，接受群众监督。林地和林木使用权可以依法继承、抵押、担保、入股，可以作为合资、合作的出资或合作条件。

3. 保障收益权

要求依法保护林权所有者的林地使用权、林木所有权、林木采伐处置权、林地林木流转权、森林景观经营权、林下资源开发利用权和林产品收益权等合法权益。鼓励林产品产销直接见面，减少中间环节，打破垄断经营和地区封锁。严格执行国家和省的各项林业税费优惠政策，取消对林农和其他林木经营者的各种不合理收费，切实减轻经营者的负担。

4. 创新林业管理体制

要按照“依法行政、规范管理、强化服务、廉洁高效”的要求，建立以管理、执法、服务三大职能为主的新型林业管理体系，逐步建立林权确认、转让交易、办证登记、行政审批和信息发布等一站式的管理服务中心，为林业改革与发展提供优质的行政管理环境。整合执法力量，组建相对独立、集中统一的林业综合行政执法机构，规范执法程序，落实执法责任，为林业改革与发展提供良好的法制环境。

5. 建立健全“四大服务体系”

四大服务体系即林业经营体系、林业服务体系、森林资源“三防”体系和森林资源流转体系。

林业经营体系。积极引导林农在自主自愿和明确利益分配的基础上，采取家庭联合经营、委托经营、合作制、股份制等形式，组建新的林业经营实体，提高抵抗灾害、抵御风险和市场竞争能力。扶持和培养涉及林业的各类专业合作社和专业协会等中介组织。大力推进资本与林地的联合，采取租赁、合作、联办等形式，引进大公司、大集团与林农合作建基地，形成“公司+基地+农户”等产供销一条龙、贸工林一体化的林业产业发展格局，实现规模经营。

林业服务体系。抓紧建立完善的金融、科技和产业服务体系，搭建政企、农企、银企、科企合作平台，为林业经营主体提供优质服务。积极促成相关金融机构与林业发展的对接与合作，共同构建林业融资信用平台。加强省、州（市）、县（市、区）、乡（镇）四级林业技术推广服务网络体系建设，促进林业科技成果转化。加强对林农的技术和技能培训，兴办多种形式的林业科技咨询、科技服务中介机构，促进科技兴林。加强林业标准化体系建设，推行质量标准认证。

森林资源“三防”体系。引导农民建立民间护林防火和病虫害防治组织，完善森林灾害应急反应机制和防治服务网络，逐步形成政府主导下的以森林防火、病虫害防治和禁止乱砍滥伐为主的群防群治体系。健全保护森林资源的各项规章制度，引导各地制定实施村规民约，提高村民的自律意识和自我管理水平。积极探索生态公益林管护的有效形式，走严格保护与合理利用相结合的路子。严格森林和野生动植物资源的保护管理。

森林资源流转体系。依照有关政策法规，推进森林、林木所有权、使用权和林地使用权流转具体办法的有效实施。对荒山、荒地依法流转给民营企业和个人进行造林的，可以通过承包、租赁和继承等方式取得林地使用权。加快培育林业要素市场，推进商品林产权交易。建立森林资源资产评估机构，规范森林资源转让的信息发布、资产评估、林权变更。

6. 完善扶持政策

充分发挥公共财政的导向作用，引导鼓励多种经济成分参与林业建设，努力形成政府引导、市场推进、多元投入、社会参与的林业投融资机制。各级政府要加大对林业的投入，把公益林的建设管理和重大林业基础设施建设的投资纳入政府年度投资计划统筹安排，建立长期稳定的投入增长机制。整合相关专项资金，重点支持生态保护、优良品种繁育、森林防火和病虫害防治、科研开发和科技推广服务。逐步建立森林生态效益补偿机制，多渠道筹措森林生态效益补偿专项资金，用于公益林补偿。以工代赈、农业综合开发等财政支农资金，对林业投入的份额要逐年增加。继续对林业实行长期限、低利息的信贷扶持政策。加强与国家开发银行、农业银行、农业发展银行和农村信用社等金融机构合作，积极争取金融信贷扶持，建立低利率、长周期的林业贷款制度。积极探索开展林权抵押贷款、担保等林业投融资改革。参照小额信贷和联保贷款政策，扩大面向林业生产经营者的小额信贷和联保贷款。争取保险部门扩大森林资源资产保险的新品种，提高林农的抗风险能力。

（三）取得的成效

1. 林地林木流转工作得以逐步规范

2008 年 12 月 15 日颁布试行的《云南省集体林地林木流转管理办法》（试行）和 2010 年 7 月 30 日省人大常委会通过的《云南省林地管理条例》，对林权证的登记申请、变更、林权争议、林权流转数量、流转方式、流转合同和流转程序等方面作出了明确规定。同时，我省也在逐步搭建和完善全省的林权管理及林产业管理信息系统平台，加紧建立健全省、州（市）和县（市、区）三级林权登记管理信息系统，采用统一的管理制度、统一的管理软件、统一的网络平台，规范有序地管理全省的林权、林地流转，实现全省林权流转及林产业的网络化、数字化管理，建立面向社会和涉林企业，面向金融部门、产权交易机构、保险机构、评估机构等的全方位的现代林业管理与服务信息化平台。截至2012年年底，全省已建立林权管理服务中心130家，初步搭建了省、州（市）、县（市、区）三级林权登记管理体系。

同时，为建立可以覆盖全省范围、统一、开放、规范、有序的林权交易市场，推动林权交易市场的健康发展，保护林权交易各方的合法权益，还依托云南省产权交易有限公司成立了林权管理服务中心。交易中心借助林业系统深入乡镇的林业管理服务体系，遍布全省各县（市、区）的林权管理服务中心，以及云南省产权交易有限公司覆盖全省的产权交易网络，初步搭建起了林权流通、资本对接的平台。到2012年，全省流转林地将达到近70万公顷，流转金额将超过25亿元。

2. 林权抵押贷款业务取得实质性进展

目前，有关部门已经率全国之先制定出台了《云南省农村信用社联合社　云南省林业厅关于农户林权抵押小额贷款业务指导意见的通知》《云南省农村信用社法人客户林权抵押贷款管理办法》（试行）《云南银行业林权抵押贷款管理暂行办法》《云南省人民政府办公厅关于加快推进林权抵押贷款工作的意见》《人行昆明中心支行　云南省林业厅　云南省金融办公室　云南银监局　云南保监局关于进一步做好2012年林权抵押贷款工作的通知》等政策规定，对推进林权抵押贷款工作作出了明确的政策安排和任务分解。在这些政策措施的作用下，林权抵押贷款有序推进。全省按照“全面铺开、重点推进”的原则，除在30个县（市、区）进行重点推进外，逐步扩大到其他有条件的县（市、区）。到2012年年底，已经有14家银行业金融机构开办了林权抵押贷款业务，全省林权抵押贷款余额突破100亿元大关，稳居全国第一，全省林权抵押贷款已覆盖全省16州（市）的104个县（市、区），覆盖面为80.62%。

在推广林权抵押贷款业务的同时，还通过其他抵押担保方式增加对林业的投入。此外，还成立了云南省林业投资公司，拓宽了林业投资渠道。总之，云南金融支持林业发展的大好局面初步显现，并受到了中国银行业监督委员会的充分肯定，不仅在云南召开了全国林权抵押贷款座谈会，还以云南的办法为样板起草了《林权抵押贷款管理办法》。

3. 森林资源资产评估制度建设得到了加强

一是颁布实施了《云南省森林资源资产评估管理暂行办法》，对有效解决森林资源资产评估不规范以及林权抵押贷款面临的抵押林权评估难、协作机制不完善等困难和问题起到积极的推进作用。二是开展了森林资源资产评估咨询人员培训，取得合格证书的有800多人，基本保证了全省各州（市）、县（市、区）都能够有3至4名经过培训并取得合格证书的咨询人员。三是根据《财政部、国家林业局关于印发森林资源资产评估管理暂行规定的通知》的有关精神，拟定了《云南省森林资源资产评估机构及专家认定管理暂行办法》，即将认定一批森林资源资产评估专家，并积极筹备成立“云南省森林资源资产评估专业委员会”，负责制定适合我省的森林资源资产评估技术标准和操作规程。

4. 林农专业合作组织发展迅速

首先，为了推动我省林农专业合作组织的发展，省人民政府出台了《关于推进林农专业合作社发展的意见》，明确了发展林农专业合作社的重要意义、指导思想、基本原则，以及推进林农专业合作社的要求和保障措施等内容，并拟定2012年和2015年的具体目标。计划到2012年，全省林农专业合作社达到3 000个以上，覆盖50%以上的乡（镇），有30%以上的涉林农户加入林农专业合作社，有50%左右的主要林产品通过林农专业合作社组织加工和销售；建立省级示范林农专业合作社300个以上。到2015年，全省林农专业合作社达到5 000个以上，覆盖70%以上的乡（镇），有50%以上的涉林农户加入林农专业合作社；建立省级示范林农专业合作社800个以上。省林业厅和省供销社还联合下发了《关于加快发展林农专业合作社的实施意见》以及《云南省林农专业合作社章程（示范本）》（试行），对加快推进我省林农专业合作社提出了具体的意见和相关要求。

其次，积极争取中央和省级财政加大对林农专业合作社的扶持力度，国家林业局将我省保山市腾冲县等 8 个县（市、区）作为全国的农民林业专业合作社示范县。省有关部门也积极支持各地探索扶持发展林农专业合作社的路子，创新体制机制，完善标准体系，优化发展环境，加快培育一批产业化发展、特色化经营、规范化管理、品牌化产品、标准化服务的示范林农合作社，促进林农专业合作组织更快更好地发展。省林业厅、财政厅和供销社制定了《云南省林农专业合作社省级示范社认定和管理办法》。截止到 2011 年年底，全省共成立了林农专业合作社 2 024 个。

5. 森林生态效益补偿资金得到积极落实

在认真落实国家生态公益林补助资金的基础上，2009 年，省人民政府下发了《关于印发云南省地方公益林管理办法》，决定对省级重点生态公益林，由省级财政筹集资金，按照每亩每年 5 元的标准给予补偿。2010 年，国家进一步加大了补偿力度，将国家级公益林补偿标准提高到每年每亩 10 元，我省按照“管好公益林，用好补偿金”的要求，全省实施森林生态效益补偿面积达 616.54 万公顷、补偿资金 60 912.64 万元，其中国家级公益林面积 301.17 万公顷，补偿基金 37 325 万元，覆盖 128 个县（市、区），惠及 583 万农村人口；省级公益林面积 315.37 万公顷，补偿资金 23 587.64 万元，覆盖 126 个县（市、区），惠及 1 297 万农村人口。到 2011 年，进一步扩大生态公益林补偿范围，提高补偿标准，全省 1 186.3 万公顷国家和省级公益林，已纳入森林生态效益补偿 884.68 万公顷，拨付补偿资金 112 211.64 万元；其余 301.62 万公顷公益林全部纳入天保工程管护补助。2012 年，纳入生态公益林补助的林地面积超过了 866.67 万公顷。

6. 森林火灾保险项目试点顺利启动并全面推开

2010 年，云南争取到中央支持，被列入全国森林火灾保险试点省份。《云南省政策性森林火灾保险试点方案》获得省人民政府批准，并在昆明、曲靖、玉溪、普洱、大理先行开展试点工作。根据两类林（即公益林和商品林）区划、以县为单位按 1.0‰的费率、6 000 元/公顷的保险金额（即每公顷 6 元的保费）统一投保。公益林由财政统一全额投保，其中宣威市（省直管试点市）中央财政补助 50%，省级财政承担 40%，宣威市财政承担 10%，其他地区中央财政补助 50%，省财政承担 25%，州

（市）、县（区、市）财政承担25%；商品林由财政承担70%的保费统一投保，其中宣威市（省直管试点市）中央财政补助30%，省级财政承担30%，宣威市财政承担10%，其他地区中央财政补助30%，省级财政承担25%，州（市）、县（区、市）财政承担15%，林业经营者承担30%，但林业经营者可以自主选择是否参保。2010年，全省通过政府采购选定了阳光财产保险股份有限公司云南分公司为承保保险公司，为853.33万公顷林地投保，投入保费总计4 362.65万元（中央财政投入1 983.03万元、省财政投入1 297.82万元、州县财政投入971.4万元、林业经营者投入110.4万元）。2011年，森林火灾保险制度进一步完善，通过公开招标，选定以人保财险云南分公司为主承保人，太平洋财险云南分公司、阳光财险云南分公司等5家保险公司为共保人的共保联合体，与省林业厅签订了《云南省2011年森林火灾保险试点项目协议》。按照“风险共担、利益共享、分区服务”的原则共同承保云南省2011年森林火灾保险试点项目。保险覆盖全省15个州（市）的123个县（市、区）（西双版纳州及丽江市玉龙、宁蒗、永胜3县除外），保险期一年（一年一签），保费总计13 036万元（中央和省财政投入9 915.15多万元）。公益林由财政统一全额投保，商品林保费财政承担85%，林业经营者承担15%。全省投保林地面积达2 173.33万公顷，占全省林地面积的88%；涉及林业经营者820多万户，占全省林农总户数的95%左右。2012年，政策性森林火灾保险工作在全省15个州市全面开展，共缴保费1.3亿元，投保林地面积达2 173.33万公顷，占全省林地面积的88%，涉及林业经营者820多万户，占全省林农总户数的95%左右，创建了“保费最低、公开招标、赔付及时、成效明显”的云南模式，实现了“政府得民心、林农得实惠、生态得保护、保险得发展”的目标。

7. 林木采伐管理试点有序开展

目前，全省共有19个县（市）开展了采伐管理改革试点工作（含腾冲等15个国家级试点县和马关等4个省级试点县）。试点改革的内容主要包括以下几个方面：一是取消采伐限额消耗结构，不再实行商品材、非商品材限额。二是商品林、公益林采伐限额实行分类管理。商品林采伐限额有结余的，报省级林业主管部门批准同意，可结转使用。人工林采伐可以占用天然林采伐限额，商品林抚育采伐和其他采伐可以占用主伐限额。除主伐限额外，其他各分项限额不足的，可以相互占用。非规划林地上的林木，以及苗圃内人工繁育用于城镇绿化的林木，不纳入采伐限额管理。三是森林采伐限额改为按蓄积量单项控制，森林经营者对伐前、伐中、伐后生产行为自主管理，林业主管部门提供技术指导和服务。组织开展了森林经营规划和森林经营方案编制，逐步实现依据森林经营方案确定森林采伐限额。四是取消省级年度木材生产计划，实行木材生产计划备案制，县级林业主管部门采用"自下而上"的方式自行制订木材生产计划，逐级上报省林业主管部门备案后执行。五是县级林业主管部门根据当地林业生产实际自行制定各树种的出材率，报省林业主管部门备案。商品林主伐年龄由州（市）林业主管部门自行确定。六是实行林木采伐公示制度，提高采伐指标管理的透明度，接受社会各界对采伐管理的广泛监督。

（四）面临的挑战

1. 林地经营权流转问题

据有关统计数据，到2012年，全省流转林地经营权面积将达到70.0万公顷。耿马县、宁蒗县和隆阳区成为流转面积最多的3个县（区）。虽然流转面积逐年增加、流转相关法律法规逐渐规范，但林地流转中林农利益保障和生态环境保护问题依然十分严峻，主要表现在以下几个方面：私下流转普遍存在，合同纠纷、利益纠纷不断，隐患无穷；一些大公司和企业借林地经营权流转之名，行占山圈地之实；部分地方政府在林地经营权流转中直接介入，导致群体事件不断爆发；林地经营权流转后种植品种单一化和土地利用方式变更等问题严重，不仅造成林业经营管理方面的许多问题，而且将造成严重的生态后果；等等。

2. 林权抵押贷款问题

森林资源的资产评估制度刚刚建立，但森林资源资产评估的实质性进展缓慢，进而导致金融机构办理抵押贷款时缺乏科学依据和可行标准，不仅增加了金融机构的借贷风险，也限制了林业融资规模的持续扩大。另一方面，林权抵押贷款门槛高、渠道单一，资产评估成本高等问题也导致林农，尤其是小林农获得林权抵押贷款的机会大大降低。最终结果是，尽管云南是全国林权抵押贷款余额最高的省份，但林农发展林业的金融支持仍然是个大问题。

3. 林业保险问题

目前除森林火灾保险外，尚无其他林业保险，缺乏专门从事林业保险的机构，无灾害损失评估体系和勘察定损机制。加之林农风险意识淡薄，保险公司服务网络不够健全等因素，也限制了林业保险业的发展。从政策层面讲，保费和赔付标准、险种、投保和收益主体确定等方面，都有待进一步探索和不断完善，除森林火险以外的其他险种明显不足，保险费用的确定是否合理，财政承担的保费实行拼盘制等问题，都是对拓展林业保险业务的极大考验。

4. 生态补偿问题

虽然国家已将生态公益林补偿标准提高到了每亩 10 元/年，然而，此标准相对于节节攀高的商品林交易价格和农民收益水平，反差十分明显，与生态补偿相关的补助标准制定、补偿主体、经费来源、相关法律法规完善等一系列问题，也由此成为广大学者和政府官员持续关注的热点和难点问题，探讨建立一种各种利益相关群体皆能接受并满意的生态补偿机制仍有漫长的道路要走。

5. 采伐限额问题

采伐限额管理是计划经济时代的产物，由此衍生的林政管理中的贪污腐败和偷砍盗伐等问题无疑成为我国现代林业发展的一大瓶颈。林改的根本目标是实现“山有其主，主有其权，权有其责，责有其利”，核心在于老百姓是否对林木、林地有完整的处置权。毫无疑问，采伐限额管理是最大的障碍，虽然已经开始采伐限额管理改革的试点，但这些试点还只是对采伐限额制度本身的修修补补，制度本身很难保障广大林农获得和自主使用采伐指标，开展林业生产仍有很多困难。一是能否得到足够的指标不是林农说了算；二是获得指标的成本（包括隐形费用）居高不下；三是林农难以自主支配指标；四是指标能否带来经济收益，进而获得社会平均利润是个大问题；五是谁有权又如何获得指标缺乏制度保障；等等。所有这些问题已经成为调动林农营林、爱林、护林积极性的最大障碍。

三、对策措施建议

（一）正确认识集体林在云南社会经济发展中的地位和作用

1. 提高各级党委政府对森林在云南社会经济发展中的重要性的认识

森林在云南经济社会发展中具有举足轻重的作用，不仅是经济发展的重要资源，而且是生态环境的重要屏障，还是提升云南乃至中国在国际社会形象和地位的重要手段。大力发展林业，是加快全省经济社会发展的重要手段；是合理开发森林资源的重要举措；是山区群众脱贫致富的重要途径；是培育云南后续产业的重要任务；是生态文明建设的重要选择；是深入贯彻落实科学发展观的重要举措。从这个意义上讲，“森林云南”的基本含义就是，森林是云南经济社会可持续发展的出发点和落脚点。

2. 强化各级政府和全社会对集体林在“森林云南”中地位的认识

云南林地面积的80%以上是集体所有，商品林面积的83%以上是集体林，生态公益林中的近77%也是集体林。由此说明：不仅云南森林资源的主体是集体林，而且广大农村群众的生计保障来源于集体林。集体林建设的好坏，直接关乎云南林业和整个国民经济发展的基础，当然决定着“森林云南”的面貌。可以这样说，离开了广大农村群众的积极支持和参与，云南的林业发展缺乏根基；林业发展如果不考虑广大农村群众的利益，也将成为一句空话。

3. 让各级政府和全社会进一步认识到林改的根本目的

明确产权是林改的目标，但不是最终目的。林改的最终目的是通过确立广大林农在林业发展中的主体地位，进而带动投入林业发展事业的主动性和积极性，使林业获得持续健康发展。从这个意义上说，调动广大林农发展林业，并将林业作为增加农民收入的重要来源是此次林改的目的之一，但不是唯一目的，在某些地方甚至不是主要目的。森林对社区生计安全的保障功能，以及对整个社会经济的协调发展和全面小康社会建设的推动作用才是根本目的。

（二）妥善处理好集体林权制度主体改革的收尾工作

主体改革使广大林农成为法律意义上的森林资源产权的主人，受到了广大林农的欢迎和支持，但也存在一些需要完善的地方，为此，还应做好以下工作：

1. 尽快将林权证发放到林农手上

县、乡两级政府应采取有效措施，督促村组干部无条件地将林权证发放到农户手上，严禁以各种名义扣押林农的林权证。对于几宗地共用一个林权证的，可征求林农的意见，尽量做到一宗地一个林权证，不能做到一宗地一个林权证的，需要有背书，几宗地只有一个林权证的所有农户都必须拥有一个背书。对于因宗地面积较小而无法绘制较准确边界图的，在当事人在场的情况下，可绘制较简单的草图，并让周围农户相互确认并留下签字或印章。

2. 切实加强林改档案建设与管理

政府有关部门应建立有关林改的专门档案，设立专门的保管室和工作人员对有关档案资料进行专业管理，并向林农及有关部门提供相关服务。如林农需要在林权证上增加家庭成员的名字，只要持户口本和结婚证书就可以申请办理，增加了家庭成员名字的必须签章或有这些家庭成员的手印。同时，村委会也应尽快建立林改的相关档案，对合同、承包协议和转让协议等建立专门档案加以管理。

3. 完善公益林权证管理

根据我省公益性集体林比重大的实际，在林权证的基础上可以试点建立公益林证管理系统，即按照两类林划分的基本原则和标准，核实每个农户、每宗林地的性质，并为集体所有的公益林经营权拥有者核发公益林权证。该证除明确每宗公益林的户主及家庭成员、面积、位置、主要林分、四至边界、流转和变更登记等基础信息外，还应该有公益林管理规定、林农权益等方面的条款，并有林农领取生态补助金的记录等内容。

（三）建立健全重心向小林农倾斜的服务体系

落实集体林权的最终目的在于提高林农利用森林资源的积极

性，实现林业的可持续发展。为此，服务体系的建设尤为重要。鉴于林改将均山到户作为主要形式，也就使林地资源更加细碎化的实际，应该把服务的重心向小林农倾斜。指导思想必须把为林农服务作为政府公共服务的内容之一。结合云南的实际，以下几个方面的工作是必需的：

1. 建立健全服务机构

可以考虑在州（市）、县（市、区）林业主管部门下设林权管理服务机构，专门负责对林改后有关档案的管理和服务，如林权证的挂失、补办；流转林地林木证书的变更和办理，合同的变更和管理；林地林木资源价值评估证书的规范管理；等等。

2. 提升乡（镇）农机服务站的服务水平

赋予乡（镇）农技服务站向林农提供有关集体林开发利用的职能，如森林经营方案的审查、林地林木资源价值的评估、采伐迹地的更新管理以及林农所需森林经营管理技术的服务等等。这些服务可以适当收取一定的服务费。为此，省人民政府可以拿出一定资金，鼓励乡镇林业专业技术人员通过培训、考试获得森林资源资产评估咨询合格证书，力争每个乡（镇）有2~3名森林资源资产评估咨询人员，让他们能够较便捷地为林农，尤其是小林农提供服务。县乡政府还可以为面积少于30亩的农户或宗地提供一定的评估补助券，专业评估人员以此申请领取绩效工资。同样的服务及补助可以推广到森林经营方案的制订、采伐迹地的更新设计等方面。

3. 完善基层林业科技服务人员的激励机制

鼓励基层农技服务人员以技术入股等方式参与农户的森林资源开发，包括提供信息服务、技术指导等，可以制定专门奖励办法，将这些方面的业绩作为晋升职称职务及绩效工资考核的重要参考。

（四）建立和完善森林生态效益补偿基金制度

应配合森林生态效益评估师机制和评估机制的建立，进一步完善生态公益林管理政策，建立起合理的公益林补偿机制。

1. 尽快实现生态公益林补偿的全覆盖

在国家已经将集体所有的国家级生态公益林纳入补偿的基础上，扩大省级生态公益林和其他级别的生态公益林的补偿范围，尽快使剩下的约330.0万公顷的生态公益林获得生态补偿，实现生态公益林补偿的全覆盖，体现生态效益的社会公正性。

2. 完善公益林补偿标准

依据十八大关于“建立反映市场供求和资源稀缺程度、体现生态价值和代际补偿的资源有偿使用制度和生态补偿制度”的精神，通过建立造林、抚育、保护、管理投入补贴制度，力争使生态公益林的补偿标准基本一致，并逐步提高补偿标准，让农民获得公平合理的补偿。为此，应探索有效途径，逐步建立和完善森林生态效益补偿基金制度。基金的来源主要包括：争取国家的财政投入；按照“谁开发谁保护、谁受益谁补偿”的原则，向企业筹集公益林补偿基金；改革育林基金管理办法，逐步降低育林基金征收比例；尝试碳交易机制筹集资金；积极争取社会捐助资金等。

3. 尽快建立生态公益林有效管理奖励制度

省里可以从育林基金中拿出部分资金，鼓励县级政府通过建立相关制度，对管理得好、森林更新成效比较明显的农户和集体林给予除补偿补助以外的奖励。

（五）妥善做好林地经营权流转工作

促进林地经营权流转是实现林业产业化、规模化发展的重要基础，也是林改的重要目标之一。要按照国家有关政策，制定切实可行的实施办法，鼓励林地经营权的流转，使山林依法向大户和龙头企业适度集中。

1. 鼓励多种形式的流转

制定优惠政策，通过项目支持、税收优惠等措施，鼓励当地一些有经济实力的种植能手、专业种养殖大户、农民专业合作组织等，通过股份制或者股份合作制等形式，实行森林资源的统一开发和经营。鼓励农户成立林农专业合作社，通过专业合作社统一开发利用已经到户的集体林资源，提高管理和开发效果。这个意义上的专业合作社不一定完全是开发方面的，也可以是管理、技术和服务方面的。政府可以参照对其他农民专业合作组织的奖励办法，给予不同经营类型的专业合作社不同的奖励。适当引进外来资金和技术，通过合作开发，搞活林地经营权。鼓励有经济实力的企业到农村租地或领办林业龙头企业，带动森林资源的有效开发利用。

2. 让林权流转在阳光下操作

首先是要引导广大农户依法依规流转林权，政府除做好私下流转可能产生的负面影响的宣传外，应强化服务工作，尤其是在林权评估以及办理有关流转手续等方面，要给小林农更多服务。其次要引导好龙头企业、农民合作经济组织以及城镇居民借自身的资本优势，通过非正当手段获得林农的集体林产权，对在其中充当保护作用的地方政府及其官员涉及违纪违规的，要严肃处理。地方政府也要采取有效措施，防止村组干部私下转让到户的林权。

3. 做好流转后的开发管理工作

应出台明确政策，规定流转后的林地必须在规定时间内完成开发工作。开发在坚持不改变林权属性和林地用途的前提下，尽量不要大规模发展纯林，树种的选择也要考虑到对当地环境的影响。完善有关政策，让农户成为流转后林地资源开发利用情况的监督主体，坚决杜绝一些公司/企业，借林权流转之名行圈地之实的情况在全省蔓延。

（六）加大林业特色产业的扶持力度

1. 把木本油料种植业培育成我省的支柱产业

我省以核桃、油茶、澳洲坚果、油橄榄等为主的木本油料种植产业快速发展，面积已达265.67万公顷，年总产量超过55万吨、总产值超160亿元，核桃、澳洲坚果、膏桐的面积、产量、产值均居全国之首，油茶面积也居全国第10位，已经成为全国重要的木本油料原料基地。应加大加工环节的扶持力度，尽快形成以核桃油和橄榄油为重点的有机或绿色食用油产业集群。同时注重综合利用，力争用5～10年的时间，使木本油料的综合产值超过千亿元，从而成为我省新的支柱产业。

2. 大力发展绿色旅游

从我省生态公益林面积大、资源多样性丰富的特点出发，充分利用本省青山绿水、生态良好、环境优美、环境类型多样的优势，加大生态旅游和乡村旅游的扶持力度，创新旅游产品，拓展森林资源效益。尤其要从云南民族众多、文化多元的特点出发，使森林资源的持续保护利用与文化产业的培育深度融合，提高森林产业的文化品位，满足现代人消费商品，同时又消费文化的新时尚。

3. 大力发展林下作物种植

针对我省山高坡陡、气候多样、森林资源丰富的特点，培植一系列人无我有、人有我特、人特我优的特色林副产品，如野生菌、高山花卉、野生蔬菜、中药材等，形成特色产业优势。重点应放在提高品质和附加值上，而不是追求规模的扩大。

（七）探索有效的林木采伐管理制度

要把“明晰产权、放活经营权、落实处置权、保障收益权”作为一个有机整体，通过改革和完善林木采伐管理制度，力争在商品林采伐限额管理制度、采伐指标审批公示制度、审批程序及监督机制等方面取得重大突破。

1. 放开人工商品林的采伐限额管理

在总结试点经验的基础上，以编制经营方案为突破口，在全省范围内对产权清晰的人工商品林，逐步放开采伐限额管理，让所有者依据森林资源经营方案，根据林木的生长情况和市场状况，自主决定采伐时间和数量；对产权清晰的企业造林、专业合作社造林、大户造林，农户在房前屋后、自留山等地的自造林，完全放开采伐限额管理，自主决定采伐。行业主管部门在逐级汇总森林经营方案的基础上，对采伐限额实行总量动态管理，按照公开公正的原则，直接将采伐限额下达给经营者灵活使用。

2. 使采伐限额向小林农倾斜

省有关职能部门在积极向国家争取更多采伐指标的基础上，将指标的40%左右切块用于扶持小林农以及林农专业合作经济。对他们的管理采取更加灵活的方式，指标一次性申请获得批准，可以在5年内使用。这样，林农便能依据林木生长情况以及市场行情决定采伐时间。对小林农的采伐指标控制方案的编制采取自下而上的方式，由农户依据林木生长情况以及家庭经济需要提出申请，由乡镇林业工作站或农业技术服务中心汇总，并结合林权证、森林经营方案等进行综合评估。在此基础上形成5年期采伐计划报县级林业主管部门批准。

3. 生态公益林抚育间伐不列入采伐限额

制定专门政策，允许对生态公益林作必要的抚育间伐，除自然保护区核心区和缓冲区外的生态公益林都可以作适当的抚育间伐，所需指标可以不纳入县级政府的采伐限额。

（八）充分发挥村民在配套改革中的主导作用

主体改革使林农成为集体林法律意义上的主人，从而为配套改革充分发挥林农的主体作用奠定了基础。配套改革中林农主体作用的关键，是他们能否获得实际开发利用森林资源的相关支持和服务，为此，怎样满足他们多样化的需求就是配套改革的关键。

1. 充分保障农民的收益权

要让获得了集体林经营权的林农能够自主经营林业，核心在于他们能否通过发展林业产业或事业，获得必要的经济回报。这是配套改革政策的出发点。对于商品林来说，就是要使林地林木这样一种生产要素能够与其他生产要素得以有机结合，最终形成商品并逐步转化为经济收益，为此，林农是否有信贷、技术、信息等方面的有效服务就成为改革的关键内容。而对于生态公益林来说，不仅要让农户的产权收益得到合理补偿，而且要让他们能够积极主动投入劳动力去管理和维护，并使投入管理和维护的劳动获得合理的经济回报。

2. 积极扶持林农专业合作经济组织的发展

配套改革要使最大多数林农参与并最终获得回报，必须抓住农民合作经济组织这个关键，最重要的工作是给予林农专业合作经济组织必要的扶持，使之成为带动林农发展林业的重要组织平台。为此，需要将林农专业合作经济组织纳入农民专业合作经济组织统筹给予必要的帮助和扶持，从而让林农通过专业合作经济组织积极参与到配套改革中去。

3. 积极支持社区实践

配套改革的关键是需要让林农动起来，为此，应以社区为基础，不断总结各地的丰富实践经验，并采取有效措施加以推广。可行的办法是动员社会力量，支持社区的实践，并认真加以总结。

四、展 望

集体林权制度改革作为完善农村基本经营制度的一个重要方面，在云南已经取得了显著成效，这不仅对于完善集体林权制度本身，而且对于促进林业的健康发展，对于加快生态文明的建设步伐，对于促进农村的全面发展，乃至对于建成全面小康社会和构建和谐社会，都将是重大的贡献。

（一）林农的基本权益将得到更充分的保障

1. 林农对森林资源具有法律权利

集体林权制度改革明确了林农对林地所具有的承包经营权和对林木的所有权，按《中华人民共和国农村土地承包法》和《中华人民共和国物权法》等法律法规的规定下，林农对林地的承包经营权具有物权权利，对林木的所有权具有排他性的权利。这毫无疑问将增强林农对森林资源的处置权和收益权，从法律意义上使林农拥有森林资源的较完整权能。广大林农作为独立的经济人，能够通过法律来捍卫自己对森林资源所具有的基本权利。

2. 林农所获得的林权具有较明确的边界

依照国家有关林权制度改革的办法，不论是均山到户，还是均股到户，林农对自己所获得的森林资源都具有较明确的边界。绝大多数农户都明了自己的山林大概在什么位置，面积是多少。并且这种事实上的“边界”还得到了林权证的有效证明和保护。这至少保证了每个农户清楚地知道自己的山林面积及大概的位置，为行使其权利提供了现实基础。

3. 国家的配套政策措施将进一步完善

尽管此次集体林权制度改革始于部分省（市、区）的自主探索，但得到了国家层面的积极支持。2008 年中央 10 号文件对于规范全国范围的林权制度具有重要的指导意义。随后有关部门出台的一系列政策措施，使此次集体林权制度改革的有关配套政策进一步完善。这也将使林农的基本林权得到有效保护。

（二）对高原特色农业的促进作用将得到彰显

1. 农民的积极性将得到持续提升

林权制度的不断完善，将引导广大农村居民以及社会力量把更多资源配置到林地资源中去，伴随着过去几年造林面积不断创造历史纪录的大好势头，林产品加工业也将持续升温，带动整个林产业的优化升级和全面振兴，对高原特色农业，尤其是木本油料的基地建设、产品深加工，林下作物的种植与特色林产品的开发，绿色旅游等将不断发展，木本油料有望成为我省新的支柱产业。

2. 政策的强劲支持将起到助推作用

刚刚颁布实施的《中共云南省委　云南省人民政府关于加快高原特色农业发展的决定》及有关集体林权制度配套改革一系列政策措施，对于让林农开发利用自己所拥有的森林资源产权起到了极大的助推作用。林农手中的林权及林权证能够使其资源变成资本，并转化成资产，为高原特色农业的迅速发展起到产业扩张、资本聚集等方面的作用，进而带动高原特色农业的发展。

（三）农村经济结构将得到优化

1. 生产要素配置空间得到拓展

伴随着集体林权制度改革的不断深入，农户的土地资源由“一”（人均约一亩耕地）变成了“八”（人均一亩耕地加上七亩山林），土地要素资源空间大大拓展，由此将带动农村劳动力资源和金融资本的重新配置，一些林业专业大户、专业村不断涌现，在森林资源得到有效开发的同时，使农村产业结构和农业产业结构的调整呈现新的趋势。

2. 城市资本和工业资本不断进入

森林资源基础的不断夯实，也将吸引越来越多城市资本和工业资本向林业聚集，由此将带动与林业相关的二、三产业的发展。在集体林权制度改革以来的短短几年，省级林业龙头企业从弱到强，从68家发展壮大到252家。这对于带动林业乃至整个农村经济结构的调整优化都将起到显著的引领和示范作用。

（四）农民的林业收入将得到显著提高

根据编写组的预测，未来五年，我省农村人口人均从林业中得到的直接经济收益将得到显著提高，人均至少可以达到500元以上，将占到农民人均纯收入的一成以上。

1. 1 000万公顷的集体商品林将为林农增收奠定坚实基础

林改后林农手里的1 000多万公顷的集体商品林是广大林农增收的重要资源。如果每公顷的年收益能够达到7 500元以上的话（即每亩500元），每年农民的收入可以达到750亿元，即每个农村人口每年人均可以增加200元；如果每公顷每年的收益达到15 000元，意味着人均可以从林业生产中得到400元以上的收入。而单位林地要达到这样一个产出水平，实际上远比耕地要容易得多。

2. 林农将得到更多生态公益林补偿收入

我省农村人口人均有集体所有的生态公益林3.5亩以上，根据国家现有生态公益林的补偿标准及未来可能的调整幅度，每年人均将可以得到50元以上的生态公益林补助和管护补贴。另外，农户还可以从退耕还林、小流域综合治理等林业工程项目中得到一些政策性补贴。

3. 农村居民将获得更多与林业相关的二、三次产业发展带来的收益

随着林业与加工业、旅游业等的深度融合，农村居民也将有更多机会直接或间接从与林业相关的二、三次产业的发展中获得新的收入来源。

（五）森林的综合效益将会更加显著

集体林权制度的不断完善，也将为森林资源的综合利用提供坚强的制度基础，使森林资源的综合效益得到显著提升。

1. 林产业将得到快速发展，并有望成为我省的支柱产业之一

随着更大林农发展林业积极性的增强，林业对整个农业乃至农村的发展，将会得到前所未有的机遇，必将促进林业的快速发展，尤其是以核桃、澳洲坚果、板栗为主的经济林，以及以膏桐为主的木本油料品种的迅速发展，将带动林产业的拓展，以及林业综合经济效益的提升。这将直接和间接为提高广大农村居民的收入和生活水平奠定坚实的经济基础。

2. 林业将成为新的吸纳农村剩余劳动力就业的重要领域

我省丰富的森林资源和极大的开发前景，为农村剩余劳动力

的转移提供了资源基础。集体林权制度的不断完善，在很大程度上能够将这种潜在的资源基础变成现实的经济资源，从而成为配置林业生产要素的黏合剂，带动更多农村剩余劳动力向林业转移，为解决“三农”问题作出贡献。

3. 为美丽云南及生态文明建设提供强大的生态屏障

随着广大林农造林护林积极性的不断提升，森林资源的管护效果将明显改善，预计未来十年，云南的森林覆盖率将以每年1.5～2.0个百分点逐渐提高，到2020年将达到65.0%～70.0%。丰富的森林资源将成为建设美丽云南的重要资源，并将为建设“美丽中国”作出更大贡献。

（作者单位：云南省社会科学院农村发展研究所）

● 主题专题报告 ●

规范集体林权流转 保障林农合法权益

王献霞

林权流转是以森林资源为客体、产权权属发生变更或让渡的行为。集体林权流转指的是将林地的经营使用权、林木的所有权进行变更或让渡的行为。其目的是“实现森林资源的优化配置，解决由‘分林到户’产生的林地细碎化问题，提高林地经营效果，实现林地规模化经营，从而适应迅速变化的市场要求，带动林地经营相关环节的产业链的繁荣，并激发农村林业经济活力”①。2009年国家林业局下发的《关于切实加强集体林权流转管理工作的意见》强调：“集体林权流转是实现森林资源资产变现，促进林地向经营能力强、生产效率高的经营者流动，实现规模经营，优化配置资源，进一步解放和发展林业生产力的必然要求。”然而，由于森林资源的特殊性以及云南集体林权的复杂性，集体林权的流转面临诸多问题和挑战。一方面，集体林权流转可以提高林业的经营效应；但另一方面缺乏规范的流转，将导致林农失林、失地和集体森林资源资产流失，有的甚至引发林权纠纷、毁林和群体事件，不仅损害林农的合法权益，还对林区的和谐带来了不利影响。2010年，我省集体林权制度主体改革基本结束，规范集体林权流转、制定相关政策措施成为配套改革的重点之一。

① 贺东航、肖文：《集体林权流转中的政府监管制度研究》，载《华中师范大学学报》（人文社科版）2010年3月。

一、法律法规及政策措施

（一）范围和主体

1. 法律规定的流转范围及方式

集体林权流转的核心是林权，指的是林地及其附属物的产权，即林地及其附属物的所有权、占有权、使用权、处置权和收益权[①]。《宪法》和《土地管理法》明确规定：土地使用权可以依法转让。《森林法》亦规定：用材林、经济林、薪炭林的所有权及其林地使用权可以依法转让，也可以作价入股或作为合资、合作造林、经营林木的出资、合作条件。20世纪80年代，由于耕地承包经营管理制度的成功，在一部分地区，集体所有的山林也实施承包经营，从而分离出林地的承包经营使用权。2002年《农村土地承包法》颁布实施以后，从法律上强化了这种承包经营权。《农村土地承包法》强调："农村集体经济组织成员有权依法承包由本集体经济组织发包的农村土地"，且"通过家庭承包取得的土地承包经营权可以依法采取转包、出租、互换、转让或者其他方式流转"。《退耕还林条例》也规定：退耕还林土地和荒山荒地造林后的承包经营权可以依法继承、转让。2002年，由省九届人大三十一次会议讨论通过的《云南省森林条例》第九条规定："商品林的林木所有权和林地使用权依法可以同时转让，也可以分别转让。可以作价入股或者作为合资、合作造林、经营林木的出资、合作条件，但不得将林地改为非林地"。第十条规定："拍卖、转让、租赁、入股、联营及中外合资、合作经营国家和集体所有的商品林林木所有权和林地使用权的，应当事先经县级以上林业行政主管部门组织进行森林资源调查、估价。"由此可以看出，集体林权流转的客体主要是用材林、经济林、薪炭林林地使用权及其林木所有权，用材林、经济林、薪炭林的采伐迹地、火烧迹地的林地使用权及国务院规定的其他林地（如退耕还林地）的使用权。但对于防护林及其他有特殊用途的山林是限

① 郑宝华：《南方非耕地资源产权制度研究》，中国书籍出版社2004年版。

制性流转或严禁流转的。

2. 流转主体

林权流转主体包括出让方和受让方。一方面，在我国法律并没有规定相应的流转主体的情况下，一般认为在集体林权流转中，参与流转的社会主体是完全开放的。《森林法》规定："公民、法人或者其他组织"均可以参与林地流转。具体来说可以包括农户、城镇居民、科技人员、私营企业主、外国投资者、企事业单位和机关团体及其干部职工，涉及自然人（包括外国人）、法人（包括外国公司）和其他社会组织。其中出让方一般以村组集体、获得林地使用权和林木所有权的林权所有者为主，受让方以农民为主，其次是非农个人或团体，如城镇居民、个体承包户、企业、其他团体等。此外，《云南省集体林地林木流转管理办法》规定：林地林木流转"在同等条件下，本集体经济组织成员享有优先权"和"不得擅自改变林地用途"，这从法律上体现了对原所有权人利益的保障，并规范了林权流转主体在流转后林地林木经营管理的底线。

（二）政策变迁

林权流转的前提是权属明确，经营方式灵活，流转后承接人能够从经营中获得利益。因此林地流转与权属安排、经营方式、林业市场有密切关系。20 世纪 50 年代初完成社会主义初级改造之后直至 80 年代初之前，我国的森林经营权和使用权均归国家或集体所有，由村组集体或者是国家林场行使管理集体及国家所有的一切森林资源的权利。不同所有者之间除了国家政策调整外，鲜有林权交换关系。

20 世纪 80 年代初至 90 年代初，虽进行了林业"三定"工作，但林地总体上的所有权和使用权没有太大变化，属于农户所有的自留山也只是村庄附近的一部分荒山地，在当时"严格执行年森林采伐限额制度；重点产材县，由林业部门统一管理和进山收购"等制度下，云南基本上没有发生流转行为，也没出台过有关的流转政策。

1994 年，在国家林业局探索林业经营模式和改革林木流通市场的精神指导下，云南作为林业改革试点省份，实施了农村集体所有的"四荒"（"荒山、荒地、荒坡、荒滩"）资源使用权的有偿转让政策。“四荒”转让的主要形式有集体开发、家庭承包、股份合作以及拍卖等。其目的是合理利用土地资源，提高森林覆盖率，并加强水土保持。这也是云南历史上第一次大规模的规范性林地流转。“四荒”使用权有偿转让也成为云南在新中国成立以后实施的第一项鼓励集体林权流转的政策和措施。此后的一段时间里，在《森林法》及《云南省森林管理条例》的指导下，很多地区尤其是传统商品林区出现了很多的林权流转行为，但针对性的政策和措施并没有出台。

2003年，中共中央、国务院颁布《关于加快林业发展的决定》，明确了加快集体林权制度改革的总体要求，提出：“在明确权属的基础上，国家鼓励森林、林木和林地使用权的合理流转，各种社会主体都可以通过承包、租赁、转让、拍卖、协商、划拨等形式参与流转。”随后，全国7个省市率先实施林改试点，云南成为试点省份之一。2008年，在《中共中央　国务院关于全面推进集体林权制度改革的意见》（中发〔2008〕10号）指导下，云南组成了“五级书记”负责林改的领导机构，正式在全省全面展开林权制度改革。随后，出台了《云南省集体林地林木流转管理办法（试行）》。当2010年云南基本完成全省集体林权的主体改革时，林权流转及其相关政策措施作为改革的内容正式提出并完善，并于2010年颁布了《云南林地管理条例》，成为云南省规范林地流转行为的主要地方性法律文件。

（三）当前政策与措施

当前，云南主要从规范集体林权流转行为、保障流转中林农权益、促进流转后林业经营方式转变，以及林地和林木资源的经济价值转换和提高等方面，制定了相应政策。

1. 统一流转程序，规范流转行为

《云南省集体林地林木流转管理办法》和《云南林地管理条例》中明确规定，一个规范的集体林权流转，首先应确定流转的客体——森林资源符合国家规定的流转范畴。其次，明确流转的权属具有合法性，即权属证明材料齐全，且无争议。再次是应签订信息完备的流转合同。有些地区还拟定了规范的集体林权流转合同，合同内容主要包括流转范围、价格、期限等。《云南林地管理条例》规定“流转期限最长不得超过70年，流转的期限不

得超过原流转的剩余期限，家庭承包的林地流转，不得超过承包期的剩余期限”。最后，交林业部门审核并进行权属变更登记。林业部门除了审核上述权属的合法性外，还要确保林地流转以后用于林业用途而不是做其他用途。如果其中一项不合法就不能进行流转，流转双方签订的流转合同视为无效合同。

2. 严守流转原则，保障林农权益

《云南省集体林地林木流转管理办法》规定，流转双方应遵从“自愿、平等、公开、依法”原则，双方不得存在任何的欺诈和隐瞒行为。而对于集体经济组织所有的林地或林木资源，《云南林地管理条例》要求：必须“召开农村集体经济组织成员会议，选举产生流转工作小组；流转工作小组依照有关法律、法规的规定拟订并公布流转方案；依法召开本集体经济组织成员会议，讨论通过流转方案。流转方案、流转方式、流转保留价等应当依法经本集体经济组织成员会议或者成员代表会议三分之二以上成员或者代表同意”。而流转资源的资产评估是自主性的：个体权属的林权交易由当事人双方自主决定；集体经济组织集体所有的林权则由集体经济组织成员会议或者成员代表会议决定。但资产评估必须由有资质的评估机构进行评估。同时，鼓励全省各地根据自身条件成立林业专业合作组织，以组织形式来保障林农权利。

3. 明确标的物，防止森林资源流失

“林权流转标的物”指的是可以用于流转的“物质”或“权属”。《云南省集体林地林木流转管理办法》以“可流转的”和“不得流转的”来规范林权流转的标的物。“可流转的”有：用材林、经济林、薪炭林林木、林地使用权及其采伐迹地、火烧迹地的林地使用权；还有县级以上地方人民政府规划用于发展用材林、经济林、薪炭林的宜林地。但同时规定“上述森林、林地内的野生动物、矿藏、埋藏物、水域不得流转”。“不得流转的”有：规定以外的其他林地和林木、权属不清或者有争议的以及无林权证的林地和林木，还有法律、法规禁止流转的林地、林木。现阶段，依法取得林权证、非生态重点区域或有其他特殊用途的林地或林木资源均可以用于流转。因此，“依法取得”并且没有争议是林权流转的前提。

4. 完善配套政策，促进林业规模经营

首先是稳步推进森林资源资产评估工作。林业规模经营是集体林权流转的根本原因和最终归宿，而林权流转中对标的物市场价值合理评估是保障流转参与者利益的基础。针对当前多数林农还不能够客观评价自己持有的林地林木价值、合法森林资产评估机构少、“贱卖”现象屡见不鲜等现象，国家和省开展了一系列工作，以加强林业资产评估及其机构建设。2007 年，财政部和国家林业局联合出台了《森林资源资产评估管理暂行规定》，对森林资源资产的评估范围、评估机构和人员、核准与备案及监督管理作了规定，云南的森林资产评估工作在国家规定的指导上稳步推进。2012 年，建立健全森林资源资产评估体系被列为云南省配套改革的重点工作。截止到 2012 年，全省有林业调查规划设计资质单位 136 家，资产评估行业机构 65 家，但开展森林资源资产评估的机构不足 10 家。其次是推行林权抵押贷款试点工作。资金短缺一向是林权流转后林地林木经营的首要困难，因此林权抵押贷款成为解决林地林木经营中资金问题的主要途径，是加速流转的重要保障。2007 年 5 月，省林业厅与省农村信用社联社联合下发《关于农户林权抵押小额贷款业务的指导意见》（云农信联〔2008〕38 号文），2008 年 2 月 14 日，省农村信用联社又出台了《云南省农村信用社农户林权抵押小额贷款管理办法（试行）》（云农信联〔2008〕42 号文）。在此基础上，我省部分州（市）县（市、区）为规范森林资源资产评估、林地林木流转及林权证抵押担保贷款，相继出台了有关规定和办法。2009 年 5 月，中国人民银行会同财政部、银监会、保监会、国家林业局颁布了《关于做好集体林权制度改革与林业发展金融服务工作的指导意见》，2011 年，省人民政府办公厅印发了《加快推进林权抵押贷款工作意见的通知》，由省林业厅、省财政厅、省金融办、中国人民银行昆明中心支行、省银监局、省保监局共同起草的《关于加快推进林权抵押贷款工作的意见》正式公布实施。上述政策规定针对云南林权贷款的特点，提出了相应的配套措施和机制。2012 年，全省林权抵押贷款余额突破百亿元，稳居全国第一，并在大理首创“经济林木（果）权抵押贷款”。目前，林权抵押贷款业务已经推进到全省 16 个州（市）的 104 个县（市、区)，提供贷款的金融机构达14家。

二、问题及原因分析

集体林权制度主体改革后，基本上实现了“山有其主、主有其权”的初级改革目标。农户在获得集体林地使用权和林木所有权后，流转逐渐增多。据云南省社会科学院农村发展研究所2011年在全省调查的1 575户的数据显示，林改后将林地经营权和林木所有权进行了流转的农户从林改前的4.8%上升到了10.1%。截止到2012年，云南全省流转的林地面积近70.0万公顷，流转价格从15元/亩到500元/亩不等，流转规模从几亩到几万亩不等。流转期限从1年至70年不等，但总体仍以长期流转为主。尽管流转速度加快、流转价格提高、流转规模扩大，但流转过程中也暴露出许多问题。

（一）流转不规范

当前，云南集体林权流转存在的最普遍的问题就是私下流转。据典型调查后的估计，有60%以上的流转行为属于私下流转。私下流转发生在村民之间或亲戚朋友之间，村民依据相互之间关系的紧密程度采取不同的措施和办法。少数农户虽然是私下商定，但也签订了流转合同，有的还将合同作了公证。多数情况下，流转没有规范的合同，流转双方以私下约定方式、价格以及期限等形式进行。在师宗县某村，全村仅有的6宗林权流转全是农户之间的私下流转。但是，由于私下流转大多是口头协议，没有规范性和法律效力，存在很多弊端：一是无法确定林权权属的完整性和林地流转的合法性，存在非法流转的隐患。如将不能用于流转的林地用于流转，或是将有权属争议的林地用于流转，私下流转的双方即使签订了流转合同，也属于无效合同。二是林权市场信息不对称，容易导致林农利益受损。如一些林业企业利用信息和资本优势欺骗性压低价格，直接导致林农利益受损。还有些企业或个人，与村干部私下达成协议，将集体林场或集体经济组织所有的林地使用权、林木所有权低价流转。而不按照《云南林地管理条例》规定的流程征求村民的意见和进行资产评估，流转方案也没有经过村民大会或村民代表大会讨论通过。这些不规范的流转，严重损害了林农利益。三是口头协议缺乏法律效力，容易导致纠纷。

林权私下流转多的主要原因涉及三方面：一是当前林权流转大多发生在熟人之间，符合中国传统（很少因为熟人之间的事情而走正式的官方渠道），这是由文化传统的影响而造成的。二是私下流转具有程序便捷、成本低、交易灵活等特点，符合林农支付意愿和预期。相比政策法规规定的程序复杂、交易成本高的规范流转，私下流转基本不需要太多的成本，对于出让农户来说，成本几乎为零。而正规的流转，即到县级林权交易中心进行流转，除了工本费、有可能发生的评估费以及交通成本外，还可能受到政策的限制。三是保障机制不健全导致正规的流转也无法保证林农的利益不受损害。中国坊间普遍流传“官商勾结”的猜想，虽没有足够的依据，也不具有普遍性，但很多时候有些部门和官员个人在“大局利益”的指导下进而维护企业的利益，牺牲“小我”的做法印证了某些猜测。如有些地方为了扶持龙头企业，将木材砍伐指标划拨给龙头企业，林农只有先向企业“买指标”才能获得采伐指标。此外，在正规的林权流转过程中，很多环节没有做到公开透明，林农对这类不能完全知情的林权交易具有防备心理，也就不愿意主动采取正规的流转方式。

（二）林农主体地位得不到根本保障

从《森林法》和《农村土地承包法》的相关条文中可以看到，林农是集体林权的所有者，是进行林业经营的主体。集体林权流转过程中，林农理应处于主导地位。然而，很多时候林农的主体地位却得不到保障。

一是一些集体森林资源流转中没有体现林农的主体地位。《云南林地管理条例》规定：集体所有的山林必须经过集体2/3以上的成员同意并小组讨论商定流转方案。现实生活中却存在集体林权流转由小组个别人决定以及侵吞集体收益的现象。同时还存在收益管理不到位、运作不规范、分配不公平等现象。此外，一些地方甚至为了完成上级“均山到户”的行政指标，将有些无法细分或者是集体留存的山林林权证直接办在了村民小组长或是村干部的名下，成了个人“合法”的“私山”。这便使得拥有林权证的村民小组长或村干部能够不受法律约束"合法"进行流转。而产生这些现象的主要原因是对集体林权缺乏有效的监督机制。

二是部分地方存在政府支持"龙头企业"强制流转林地现象。有些大公司，为了实现"万亩"、"几十万亩"成片规模经营，而联合政府对所在辖区的林农施压，迫使林农不得不放弃自身经营的意愿。有些地方甚至将林地的流转面积作为衡量林业工作的重要指标，支持"龙头企业"进行强制或半强制的林地流转。而有些农户即使成功拒绝流转，其林地最终被大公司流转的大片林地所包围而无法进行自主经营。究其原因，主要还是一些地方政府片面追求经济利益和政绩。

三是仍然存在强势群体利用信息优势哄骗、诱惑农户低价流转林权现象。大部分农户对林权流转政策、供求价格、流转程序、流转双方权责利、流转矛盾纠纷解决等内容不很熟悉，对宏观经济运行状况把握不准，不了解林地、林木资源的市场价格行情，很容易被流入方哄骗，导致林权流转价格偏低。如 2010 年永胜县仁和镇朝阳村林农以 80 元/m^3 的价格转让了林木，2011 年木材价格却上涨到了 140 元/m^3。有些流转的受让方本身就是国家机关、社会团体或干部职工，他们利用职务便利，无视林农利益而签订不平等的合同或是压低市场价格。主要原因：一方面是林农在林权流转过程中受自身知识和社会资源的限制，不能充分掌握市场信息，从而使得受让方的企业和个人主导了流转过程。另一方面，林权管理服务中心服务职能弱化，高效的林权流转信息平台缺乏，使得林权流转供需信息不畅。此外，国家在法律法规以及政策上没有对参与流转的群体进行限制，让掌握政策和信息的强势群体找到了法律和政策空档。

四是林农的主体地位没有以法律法规形式确定，一些政策的实施也不利于林农主体地位的发挥。缺乏法律的规范，林农的主体地位是不稳固的，而在政策的实施过程中，林农利益又被其他的经济利益所侵占。如在林权抵押贷款中，一般要求必须对林地和林木资源进行资产评估。而对于散户小农，贷款的金额本身就不高，资产评估只会凭空增加贷款成本，进而加剧其在抵押贷款政策中的弱势地位。而且，银行自身也更偏爱经营面积广、贷款额度大、还款能力强的企业。

五是政策实施者的偏见忽略了林农在林业经营中的主体地位。政策制定者普遍认为散户林农缺乏规模经营的能力和资本，因而在制定政策时缺乏对这一群体作为森林经营主体时的倾斜与支持。此外，林业本身的比较效益低，使林农在长期的林业经营中没有获得相应的利益，导致营林积极性不高，自愿或半自愿放弃自己在林业经营中的主体地位，成为企业的“打工仔”。

（三）少数地方存在圈地及套取政府补贴及贴息贷款的行为

一些企业或资金较为雄厚的个人，在林地林木流转的初级市场将林业资源从农户手中以较低的价格转入后囤积起来，待林业资源价格上升后转出，赚取差价。这些公司和个人与林业产业经营企业者不同，不是为了发展咖啡、造纸、茶叶等林业产业经营活动，而是以“炒地皮”盈利为目的实行“圈地运动”。一些公司，打着林业规模化经营的牌子，主要目的却是通过林权证获得抵押贷款，获取国家的贴息补助。一些公司或企业将“林业资产”用于壮大自己的资产储备，以便争取上市，套取资金。还有一些公司以流转林权为名，搞房地产开发或其他商业性开发，或毁林开垦，造成森林资源破坏的现象。

导致这种现象的首要原因是森林资源作为一种固定资产具有升值保价的功能。由于我国长期对森林资源市场的管制政策，导致森林资源的价格远远低于其价值，市场升值的空间非常大。加上地处偏远山区的林农对林业政策和林业信息的敏感度远低弱于城市居民或者企业，使得企业和投资商将这种因制度以及信息不对称带来的“差价”变成了投资的“商机”。有些企业和投资商遵循城市房地产投资的路径在农村投资购买“山头”，以待别时“看涨抛售”。其次是林业投资缺乏长期有效的监督机制。在我省乃至全国的林业政策中，大多是鼓励林业经营体制创新和扩大林业经营规模的政策，但缺乏完备的工商企业准入条件规范，更缺乏林业产业发展及投资监督制度。且一些地方政府为了活跃林业经济，加大招商引资力度，秉承“只要能进来就是好事”，而不对招商的企业进行必要的把关和监督，甚至还对这些企业大行方便之门。究其根源，一方面与现行的行政考核制度有关——只考核招商引资数量，不注重运行质量。另一方面与监督不到位有关——企业“进来时说一套，进来后做的又是一套”。当企业将林权变更以后，地方政府很难再采取有效措施进行监督。

（四）不同区域流转差异较大

由于地理、气候、海拔等客观条件的多样性，导致云南的森林资源类型也呈现多样性特点，从而使得不同区域的集体林权流转的差距较大。从片区分布来看，南北特点截然不同。滇南、滇西南大部分地区属湿热多雨地区，森林的更新速度快，主要发展树种有西南桦、思茅松等速生树种，是云南主要的速生商品林区。滇西北地区海拔较高，常年低温，树木的生长速度较慢，森林更新与成材慢，生态环境破坏后极难恢复；加之该地区地处国内外重要河流的源头或中上游地区，使其兼顾生态极端脆弱地区与生态关键区的双重特点，是云南主要的生态公益林区。虽然这两类地区的集体林所占比重都很大，但商品林和生态公益在林权流转上的政策及其影响却截然不同。滇南、滇西南速生商品林区主要依赖于木质产品的变现价值，导致农户的流转意愿较强，流转次数和流转经验比较丰富。而滇西北生态公益林区的流转较少，即使有，大多与林下资源的开发利用有关，权属流转上受到的限制较多。

从地理条件来看，即使是在同一个片区不同的气候和地理条件下，林权流转的意义也很不相同。如西双版纳就与传统的临沧、普洱有很大差别。西双版纳传统上是热带雨林区，大多为天然生长和更新的原始森林。但近20年里，由于国际胶价暴涨，橡胶巨大的经济利益使得当地林农将凡是能发展橡胶的地方都一律种上了橡胶。海拔稍高不能种植橡胶的地方则种植茶树或其他有经济价值的林果。这些地区的林权流转凸显出两个特点：一方面，许多当地居民将自己所有的林地流转给其他村民或外来投资者；另一方面，这些当地居民在自家林地流出后又将目光转向国家的自然保护区，对保护区周边没有分到户的原始森林进行蚕食和破坏。传统的普洱和临沧地区尽管没有这么大的经济诱惑，但由于交通条件的限制，很多山林开发成本较大，比较效益低，虽然有丰富的资源却很难得到开发，从而导致森林权属的流转不够活跃。

此外，不同区域的文化差异也会导致林权流转的地区差异。如传统文化上对保护生态环境比较重视的民族或地区，森林集体经营管理的比重更大一些。社区不仅从经济利益上将森林进行归类和划分，还在其文化、生态功能上进行了社区的统一划分。在这些地区，“林权流转”不再是单个农户的产权变更行为，还可能会影响整个社区的森林功能布局。因此，这些社区较少进行个体间的林权流转，而是以集体形式或“组团式”流转，并且对于林权流转的选择也会比较慎重。

（五）分类指导政策实施不到位

从林业发展的基本思路来说，我国实施分类指导的林业政策。对于生态价值较低、环境影响较弱、林业产业发展潜力较大的林区实施鼓励开发政策；对于生态价值高、区域生态功能重要的林区实施保护为主的限制性开发政策。《云南林地管理条例》明确提出的可以流转的林地和林木范围，归纳起来就是指生态功能不很重要、经济价值较高的林地和林木。然而，随着林业产业的发展和林权流转收入的大幅提高，限制开发的自然保护区、生态公益林区以及生态关键区域的林农却面临着重大挑战。当前，我省在上述地区划定面积较为广阔的省级、国家级生态公益林区都发放一定的生态公益林补偿，目的就是缓解生态公益林区因为限制开发而导致的与其他林区经济收入不平衡的问题。然而，当前的补偿标准远远不能弥补现实中的差距，必然会使生态公益林区的林农利益受损，给生态环境的持续保护带来不确定性。此外，我国在划定生态公益林区时并没有完全按照实际情况进行划分，导致有些适合保护的没保护、适合发展的却发展不了。另外，对一些具有同样性质的森林，却实施不同收益的政策，导致基层工作执行政策难度加大。如“中低产林改造”的基础林分大多是天然林，受到天然林保护政策和森林采伐指标的限制，不能进行采伐更新。因此，在实施过程中，基层群众经常在不直接触犯林业政策情况下“蚕食”天然林或在中低产林改造中将其变成经济林。

（六）林权流转保障体系有待完善

集体林权流转和林产业发展是一个完整体系的不同部分。要使两者之间产生相互助推作用，必须有相应的保障措施和政策推力。这些保障措施和政策就形成了林权流转的保障体系。活跃的集体林权流转不一定带来林业产业的发展。相反，如果没有保障的集体林权流转，只会给林农带来利益损失，给林产业发展带来负面影响。当前，我省的林权流转保障体系主要存在以下问题：

一是林权流转制度流于形式，交易中心“名存实亡”。一方面，《云南省集体林地林木流转管理办法》和《云南林地管理条例》作为林权流转的规范性文件，没有得到很好地贯彻落实。究其原因，主要是《云南林业管理办法》和《云南省集体林地林木流转管理条例》规定的流转程序操作繁复，且宣传不到位，导致林农对其了解不全、不深，流转交易过程中也就不愿遵循。同时，尽管全省大部分县都建起了林权管理服务中心，但却没有起到“服务”的作用。除前面分析的农户不选择规范流转方式的原因外，还与林权管理服务中心的机构定位不明等有关。林权管理服务中心是“林权交易”和林权信息的发布平台，新近成立的林权交易中心只是盖起了大楼，挂起了牌子，但实际的服务工作并没有有效开展起来，再加上交易中心受行政服务中心和林业局的双重领导，管理体制不甚清晰，并且行政行为与市场行为合体，容易造成行政过分干预市场的行为。

二是森林资产评估机构数量不足，结构不合理，评估标准不统一，评估人员专业性不够。森林资产评估制度是林权交易的配套政策。从云南的现实来看，森林资源评估并没有确定统一的或专业性的标准，而是沿用其他资源评估标准，受评估人员的主观影响较大。加之，多数评估人员缺少林业知识，无法从林业资源的特殊性来加以评估。全省 65 家资产评估机构大多分布在省会昆明或是州（市）所在中心城市，县一级的较少。而根据国家林业局、财政部《关于森林资源资产评估暂行规定》（财企〔2006〕526 号），集体森林资源资产评估，只能由丙级资质以上的调查规划设计单位承担。虽然部分县（市、区）已成立相应机构，但一般只有丁级资质，与建立覆盖全省的评估机构网络还有很大的差距。大部分偏远山区，林权所有者拥有的林地面积不大，若要到省城聘请有资质的单位进行评估，一是不利于森林资源资产评估与抵押贷款工作的开展，二是林农支付不起资产评估费用。造成了配套改革政策、机构资质与现实的矛盾。

三是林权抵押贷款政策不完善，监督机制尚需建立和完善。在林权抵押贷款方面，存在林权证产权属性弱、手续多、周期短、利息高、额度小等问题。由于尚处于摸索阶段，还没有形成正式的政策文件，一些金融机构对开展此项业务仍心存疑虑。此外，林权抵押贷款工作还依赖于森林资源资产评估体系的完善。由于缺乏监督机制，再加上评估标准不统一，导致很多评估机构成了利益追逐者的“帮凶”。他们或是为了“成全”一笔流转交易而压低森林资源的实际价值，或是为了使抵押人获得更多贷款而虚增森林资源价值。

三、对策建议

（一）通过强化政府服务进一步规范林权交易

1. 有针对性地明确私下流转行为的合法性，并采取一些弥补措施

私下流转作为长期存在于农村的行为，不能全盘否定或一棍子打死，应在实际调查过程中掌握私下流转的类型以及农户采取的相应措施。对农户间在平等、公正、自愿原则下发生的流转行为，进行合法性确认，并采取弥补措施。如对于没有签订合同的流转行为，建议农户补充完善合同，并对合同进行公证；对没有进行产权变更的流转行为进行变更登记，并办理正式的林权证；对于农户认为没有必要进行产权变更的互换、转包、租赁等流转行为，一定要签订规范的流转合同；而对于不符合国家流转规定的流转行为，应予以政策性指导和纠正，并协调解决相关问题。合法性认证工作由村委会负责到县级林权管理服务中心统一办理。在此工作中，不得收取农户的任何费用。

2. 加强林权流转资格审查

针对林改前的林权流转，要严格审核流转程序、流转合同，手续完备、符合规定的应维持，并补充流转林权登记和流转合同；对流转合同基本符合法律法规但有争议的，通过双方协商，对不合理或有争议的条款补充完善；对流转合同不完善，但没有损害集体利益的，且流转受让人已经做出大量投入，林木生长良好，可采取经济补偿或利益协调的方式进行解决，如通过协商的方式，通过让利、缩短流转时间、折资入股等办法依法进行调

整，特别要把政策性让利真正落实给农民；也可以因地制宜采取“预期均山”的办法予以解决；对暗箱操作，以权谋私，损害集体或村民利益的，应予以终止，并追究有关人员的责任。

3. 强化林权流转中的备案机制，确保林权流转规范有序

规范林权交易、林权变更手续，依法强化林权流转登记工作，建立林权流转备案制，强化流转换发证管理，确保林权流转规范有序。认真审查林权流转登记申请文件，包括权属证明文件和流转程序的合法性、有效性、申请人的资格证明、流转合同和流转方式等内容；建立林权受让方林业生产经营能力审查机制；抑制林权流转过程中的过度炒作，依法规范流转行为。

4. 建立公开、简易、实时更新的林权流转市场数据库

林权管理服务中心的职责之一就是及时公布林业资源的市场行情，利用先进技术对数据信息实时更新，并建立各地区、全省乃至全国的信息共享网络。信息的查询和更新可以适当收取较低的管理费，使林农能够在本地区以较低的成本获得全面的信息，避免信息不对称导致的问题。

（二）贯彻落实好政策以切实保障林农主体权益

1. 做好林权流转前的引导工作，防止林农失地

要引导发展农民林业专业合作社、家庭合作林场、股份制林场等林业合作组织，联合经营林地；鼓励广大农民和林业经营者与企业合作造林；鼓励短期限流转、部分林权流转、林木采伐权流转和本集体经济组织内部成员间的流转；鼓励到林业产权交易管理服务机构进行流转，积极探索限期限量流转办法，防止农民失山失林。

2. 适当放开林农对林地、林木的处置权，保障林农直接收益

在不损害生态环境的前提下，允许林农自主处理其权属范围内的林地、林木，包括处置方式和时间的选择。而当林农利益受损的情况下，相关部门应为民举义，使用一些强制性政策维护林农的利益。贯彻落实《云南林地管理条例》所规定的集体经济组织所有的林地使用权流转应遵循的相应程序和规范，保证流转收益归组织全体成员所有，任何组织和个人不得截留。引导流转收益用于发展集体林业生产或农村集体公共事业。

3. 鼓励林农主导林业经营体制改革

基于林改后绝大部分集体林都是由农户自主经营和管理的现

实，应大力扶持以林农为主要会员的林业专业合作社，鼓励林农在本经济组织内部开展规模经营、集约经营。对于这种组织内部的林权流转，可以简化程序，在林业资产评估方面应予以补贴或优惠。此外，应以社区为基础，总结各地的丰富实践经验，采取有效措施加以推广。可行的办法是动员社会力量，支持社区实践，并认真加以总结和推广。

（三）因地制宜出台分类配套政策指导流转

1. 实施分类型的、具有区域差异的林权流转政策

对于商品林来说，就是要使林地林木作为一种生产要素能够与其他生产要素有机结合，最终形成商品并逐步转化为经济收益，为此，林农能否获得信贷、技术、信息等方面的有效服务就成为改革的关键。对于生态公益林来说，不仅要让农户的产权收益得到合理补偿，而且要让他们能够积极主动投入劳动力去管护森林资源，并使相关投入获得合理的经济回报。对于基础条件较差的林区，应与基础设施的配套建设相结合，不强求林权流转的数量和规模。

2. 明确“交易中心”的服务职责，组建立体服务网络，促进林权流转双方有效对接

将“交易中心”办成林业部门的便民服务中心，明确并落实服务职责。首先，建立以县级林权管理服务中心或林业综合服务中心为依托的，乡镇林业站、村委会、林农为信息扩散渠道的林权流转体系，实现林权供需的上传下达。其次，充分利用广播、电视、会议、标语、板报、简报、短信、电子商务等多媒体、多形式的传播媒介，提供及时、准确、便捷、高效的销售或购买意向、林权登记、法律咨询等服务，实现流转网络化和信息化服务。

3. 创建中立、规范的森林资源评估体系

一是制定科学、可行的森林资源资产评估机构和人员资质认证办法，明确森林资源资产评估机构的准入条件，启动森林资源资产评估师的资质认定工作。二是建立统一的森林资源资产价值核算标准。根据森林资源资产特征和价值构成，从林地流转和活立木流转两个角度分别建立价格理论和价格体系，编制科学合理的参数表和评估细则，逐步建立起科学合理的森林资源评估

体系。

4. 建立严格的林业产业监督机制

林业产业监督体系以“不减生态效益、增强经济实效、保障林农利益、激发各方活力”为目标，在林业生产、林业权属保障、林业权属交易、林产业发展、政策扶持等方面实施监督。现阶段的主要任务是对林权抵押贷款和森林资产评估、流转山林的开发和利用等方面进行有效监督。

四、展　望

2013 年将是云南集体林权制度配套改革制度完善和制度创新的突破年。一方面，我们在总结了林权制度主体改革经验后，配套改革将会有较大突破，以满足林改后林农发展林业的需求和愿望。笔者预测以下几个方面的制度和政策会有所突破：

一是林权管理服务中心的服务职能会得到进一步明确，服务工作将走上正轨，使之成为林业部门服务林农的前沿阵地。全省的林权交易信息平台和网络将搭建起来，并不断完善。

二是森林资源评估系统逐步完善。统一的森林资源资产价值核算标准和体系将初步建立。森林资源资产评估机构的准入条件将进一步明确，资产评估师的资质认证机构成立运行，评价方法将运用到实际的评价体系和人才队伍建设当中。

三是林权抵押贷款形式将多样化，贷款金额和贷款笔数将会有较大比例的上升。将杜绝林权抵押贷款用做别的用途的情况，贷款用于林业发展中的收益额将超过其他领域的收益额。

四是监督机制将建立并严格运行。通过加强对林业抵押贷款资金利用、流转资格审查、流转规范性和合法性的适时监督，保障林农的合法利益，维护林业的持续健康发展。

另一方面，在政策引导和鼓励下，林农主导的林业经营体制改革将有新的突破。首先是林业专业合作组织的数量会有大的增加，在吸取农业专业合作组织的经验基础上，林业专业合作组织在规模经营、组织合作经验等方面都会有很大改善，集体林权将在合作社内部得到流转和整合，专门针对林业合作组织的管理办法和扶持政策也将形成体系。

我们有理由相信：在党的十八大“五位一体”建设中，云南省的集体林权流转会更加规范，损害林农利益的事件将会大大减少，林产业发展的环境会越来越好，从而使我省的林产业获得持续健康发展。

（作者单位：云南省社会科学院农村发展研究所）

加大特色林业扶持力度
提高森林经营水平

陈晓未

云南省2006年开始集体林权制度改革试点，到目前为止，主体改革基本完成，基本实现了承包到户、明晰产权的改革任务，突破了特色林业发展的制度障碍。为进一步巩固和扩大改革成果，做大做强林业产业，配套改革已全面展开，大力发展特色林业成为林权制度配套改革的重要目标。通过加大特色林业扶持力度，完善扶持措施，健全服务，加强管理，特色林业正在成为云南增长速度快、质量效益好、带动能力强的重要产业，有利于实现资源增长、生态良好、产业发展、农民增收、林区和谐、社会稳定。本专题将从相关政策和措施的梳理出发，总结云南特色林业发展现状，分析存在的问题和背后的原因，提出相关的建议，并对前景进行展望。

一、政策措施

“十二五”以来，云南省委、省人民政府高度重视发展特色林业，为了充分发挥云南林业资源的比较优势，省委提出重点打造九大特色林业产业，即木本油料产业、林浆纸产业、林化工产业、竹藤产业、野生动物驯养繁殖产业、森林生态旅游产业、木材加工及人造板产业、非木材产业、观赏苗木产业，采取了一系列加快特色林业发展的政策措施。

（一）相关政策规定

近年来，云南省先后出台了《中共云南省委　云南省人民政府关于加快林业发展建设森林云南的决定》《云南省人民政府关于加快林业产业发展的意见》《云南省"十二五"林业产业发展规划》等文件，其中《云南省"十二五"林业产业发展规划》将"实施特色产业振兴战略，保障林产品有效供给，推进绿色经济强省建设"摆在了突出位置，并对九大特色林业产业的发展制定了具体目标和任务，为云南特色林业发展和争取资金支持奠定了坚实的基础。

2012 年以来，云南省委、省人民政府举行了多个关乎特色林业产业发展的专题会议。1 月 10 日举行的森林云南建设推进大会指出：提升林产业基地建设水平，实施产业化发展战略，大力推进木本油料、林（竹）浆纸、林产化工等九大特色林业建设，是当前全省工作的六大重点领域之一。3 月 13 日，省林业产业推进会举行，再次明确构建发达的现代林业产业体系，努力把林业产业建设成为林农增收、山区发展、生态改善的重要产业。6 月 21 日召开的全省高原特色农业推进大会对推进高原特色农业进行了总体部署，并将"全力推进高效林业"作为重点建设的六大内容之一，并指出：要大力发展经济林果、林下经济和森林旅游业，把我省建设成为全国重要的木本油料基地、林化工基地和西南重要的林（竹）浆纸产业基地。同时，围绕高效林业，精心打造茶叶、橡胶、果类、咖啡、蚕桑、花卉园艺、生物制药、木本油料、林下经济等特色优势产业。

（二）主要措施

1. 加快林业产业特色园区建设，实现特色产业向优势区域聚集，林产品加工业向产业园区集中

按照"科学规划、合理布局、各具特色、资源互补、生态发展"原则，高起点、高标准地建设集林产品加工、研发、物流、商贸、信息为一体的基础先进、配套完善、交通发达、产业集聚的林业产业园区。2012 年 3 月 13 日召开的云南林业产业发展推进会指出，将昆明、玉溪、曲靖、楚雄滇中四州（市）建成面向全国、辐射东南亚南亚、服务功能齐全、设施一流的国际林产业中心；把红河、临沧等州（市）建设成以林产品初级加工及边境贸易为主的林产业园区，使云南成为中国林业对外贸易的重要枢纽。《云南省"十二五"林业产业发展规划》要求：重点打造滇

中林业产业加工园区、滇西南林浆纸林产化工工业园区、滇西特色林产品工业园区、滇东南林业产业工业园区、滇西北非木质林产品工业园区和滇东北竹藤产业工业园区。其中，滇中林业产业加工园区即“滇中林业产业加工中心”，将重点发展木材精深加工、观赏苗木培育及林产品会展交易、投融资、信息服务等，规划面积666.7公顷，是其他五个园区面积的总和。2011年以来，昆明杨林家具产业园区、昆明泛亚国际林产业园区、玉溪林产品加工贸易物流中心等相继开工建设，楚雄野生菌、宜良观赏苗木等一批林产品交易市场初步形成。

2. 实施大企业、大项目带动战略，培植精深加工涉林龙头企业

认真贯彻落实省委、省人民政府有关产业化发展的政策，采取扶持、改造、组建、兼并重组、联合重组等多种形式，紧紧围绕木材加工、木本油料、森林药材、野生食用菌等林业重点产业，积极引进大企业、大集团，加快培育壮大一批有特色、有市场竞争优势、产业关联度大、带动能力强的大中型龙头企业，带动相关中小企业协调发展，推进优势林产品规模化经营水平，加快形成九大优势特色产业集群。尤其重视抓好投资上亿元、产值上亿元的“双亿”重点工业项目，增强龙头企业的引领带动能力。此外，省财政统筹整合了涉林产业发展资金用于扶持涉林龙头企业发展，省级林业产业发展专项资金由2005年的550万元增加到2011年的22440万元①，并在土地、税收等多个方面对涉林龙头企业给予了更多优惠政策，涉林龙头企业的发展条件和发展环境得到了进一步优化。

3. 发挥林权抵押贷款的引领带动效应，构建林业投融资体系

为认真贯彻落实《云南省人民政府关于改善金融服务支持林业发展和集体林权制度改革的实施意见》（云政发〔2009〕208号）《云南省人民政府办公厅关于印发加快推进林权抵押贷款工作意见的通知》（云政办发〔2011〕54号）《云南省人民政府办公厅关于推进农村金融产品和服务方式创新的实施意见》（云政办发〔2011〕40号）等政策的精神和要求，2012年，人民银行昆明中心支行等五部门出台了《关于进一步做好2012年林权抵

① 张炯雪：《强壮产业青山变“金山”——云南省林产业发展综述》，载《云南日报》2012年1月10日。

押贷款工作的通知》，引导银行业金融机构加快发展林权抵押贷款业务，继续加大林权抵押贷款信贷政策支持力度。截至2012年6月末，全省已有14家银行业金融机构开发了林权抵押贷款业务，林权抵押贷款余额为90.76亿元，比年初增加16.65亿元，受益农户和企业数分别为11 121户和418家，分别比2011年年末增加831户和93家。林业在富民增收中的作用明显增强。全省16个州（市）已有104个县（市）区办理林权抵押贷款业务，比年初增加11个，覆盖面达80.62%，比2011年年末提高了8.53个百分点；继续实行林权抵押贷款重点推进县制度，加强试点示范，并从2012年起，林权抵押贷款范围扩大到经济林果（木），截至2012年6月末，30个重点推进县（市、区）林权抵押贷款余额为46.74亿元，占全省林权抵押贷款余额的51.5%①。创新林权抵押贷款与小额信用贷款、联保贷款等组合贷款方式，创新“公司+合作组织+基地”“合作组织+银行+保险”“合作组织+基地+银行”“信贷+保险”等新型投融资模式，尽量降低融资成本，充分发挥林权抵押贷款的带动效应；积极建立多元化的林业贷款担保制度，试点开展林权抵押贷款保证保险业务，积极发展银行与保险、小额贷款与小额人身保险、林权抵押贷款与信用贷款保证保险相结合的保险方式，加大林权抵押贷款贴息扶持力度，争取国家林业贴息贷款45亿元。

4. 以中低产林改造为重要抓手，加快原料林基地建设

云南省中低产林改造工作自2009年试点，2010年全面启动以来，进展十分顺利，截至2011年年底，全省已累计投入资金16.29亿多元，其中，国家森林抚育试点补贴资金3.64亿元，省级财政专项资金2.85亿元，地方财政投入1.4亿元；同时，鼓励和支持企业、个人和其他经济组织，通过股份合作、联营、租赁、承包、转让等形式营造原料林基地，着力建设木本油料、林（竹）浆纸、高产脂、珍贵用材、野生动物驯养繁殖、观赏苗木等原料供给基地，形成了财政资金引导、银行信贷支持、林农广泛筹资、企业积极参与的良性投资格局。到2011年年底，完成中低产林改造41.1万公顷，其中，2011年完成27.1万公顷。从改造方式上看，形成了以森林抚育、采伐更新、树种更替和林木

① 人民银行昆明中心支行货币信贷管理处：《2012上半年云南省林权抵押贷款业务发展情况及下半年工作安排》，2012年7月26日。

复壮等方式为主的格局。从树种选择上看，在17.8万公顷的采伐更新和树种更替中，核桃5.6万公顷，占32.0%，油茶3.3万公顷，占19.0%，西南桦3.5万公顷，占20%，澳洲坚果、桉树、杨梅、枇杷等其他经济林或用材林面积5.4万公顷，占30%。2012年，省人民政府整合国家森林抚育补贴资金和省级预算内专项资金共4亿多元，对全省26.7万公顷中低产林进行改造[①]。截至2012年11月7日，共实施中低产林改造23.7万公顷，预计全年可完成26.7万公顷，完成木本油料基地建设28.3万公顷，预计全年可完成33.3万公顷。[②] 通过中低产林改造，显著提高了林地产出和综合效益，建设了一批特色林业产业基地，促进了全省林业特色优势产业的发展。

5. 多措并举，加快林产品出口

一是加强出口基地建设，围绕蔬菜、烟草、水果、花卉、食用菌等16类有较好出口业绩的品种，在发展基础较好、发展潜力较大的出口基地县，重点建设一批特色鲜明、规模集中、与国际标准接轨的出口农产品生产基地。二是为农产品出口提供运输过程中的有效保护。加强依托中缅、中老、中越等沿边开放经济带及瑞丽重点开发开放试验区建设，充分发挥大理、景洪、蒙自、临沧等地区性物流节点及磨憨、河口、瑞丽、猴桥、孟定口岸物流基地的作用，建设农产品现代物流体系，重点建设以冷藏和低温仓储运输为主的出口农产品冷链系统。三是简化出口通关手续。推进云南各地口岸实行“一站式”“一条龙”“一个窗口”的联合办公方式，本着守法便利的原则，实施“属地申报、口岸验放”监管模式和“区域通关一体化”等现代通关物流模式以及预约报检检验等制度，简化转关运输手续，缩短通关时间，并努力将云南出口农产品人民币结算退（免）税试点扩大到省内所有边境口岸和指定的重点通道。四是积极推动出口食品农产品安全示范区建设，帮扶建成了元谋、宾川等4个示范区。并且，针对云南农产品出口基地备案滞后的情况，省级财政从2012年开始，每年安排1 000万元专项资金用于农产品出口基地备案

① 孔垂柱：《强化措施　狠抓落实　努力推动全省低效林改造取得新成效——在全省低效林改造工作现场推进会上的讲话》，2012年5月16日。

② 《云南省林业厅关于2008年以来全省林业工作情况的报告》，2012年11月7日。

建设。①

6. 试点森林火灾保险，化解林业经营风险

2010 年 11 月，云南省在昆明、曲靖、玉溪、普洱、大理 5 个州（市）启动森林火灾保险试点，涉及林业经营者近 268 万户、森林面积约占全省森林总面积的 1/3。2011 年 11 月，云南省将森林火灾保险试点扩大到除西双版纳州以外的 15 个州（市），投保林地面积增加到 2 173.3 万公顷，覆盖省内 88% 的林地面积，涉及全省 95% 的林农。试点项目采取政府引导、政策支持、市场运作、林农收益的运作方式。为了有效化解承包风险，确保政策性森林火灾保险的稳定经营，云南政策性森林火灾保险项目采取共保联合体模式，承保全省森林火灾保险试点项目。保险期限为 1 年，保费 1.3 亿元，保险金额每公顷 6 000 元，保费费率为 1‰，即每亩投保 0.4 元。公益林由财政统一全额投保；商品林保费由财政承担 85%，森林经营者自缴 15%。

二、现状及成效

"十二五"以来，全省各级各有关部门认真贯彻"生态建设产业化，产业发展生态化"的发展思路，立足自然、地理及资源优势，以建设发达的森林产业体系为目标，大力发展特色林业，有效克服了金融危机、雨雪冰冻、严重干旱等不利因素的影响，特色林产业发展取得了显著成效。

（一）林业产值快速增长

2011 年以来，云南特色林业产业进入了快速发展的新阶段。其中，以核桃、油茶、澳洲坚果、油橄榄等为主的木本油料产业实现了快速发展，以休闲、健康为特色的森林生态旅游成为云南旅游业提质增效的新亮点，木材加工、林浆纸、林产化工等传统产业和以野生食用菌、森林药材等为主的林下资源开发产业，及野生动物驯养繁殖、观赏苗木培育、竹藤开发等产业实现了平稳较快发展。林业产业所有制结构进一步得到优化，林业企业的活

① 《云南省林业厅关于 2008 年以来全省林业工作情况的报告》，2012 年 11 月 7 日。

力得到切实增强。2011 年，全省林业总产值为688 亿元，是“十五”末的2.89 倍，连续6 年保持了15%以上的增长幅度。预计2012 年年底可突破800 亿元。林业三次产业结构由2009 年的76:20:4调整为2011 年的73:23:4，二次产业的比重有了明显提升。全省一万多户林业企业中，民营企业或混合所有制企业占85%以上，为有效推动林业产业发展注入了新的活力，同时也带动了农民增收。[①] 以核桃为例，2011 年，全省核桃产量达44.1 万吨，产值135 亿元，种植面积和产量位居全国第一位，主产区农民来自核桃的年人均收入超过800 元，核桃已逐步成为广大山区林农增收的“致富树”“摇钱树”[②]。

（二）产业化经营水平大幅提升

2011 年以来，云南以规模巨大的原料林基地做后盾，采取各种扶持措施来壮大林产品深加工龙头企业，培育产业集群，以产业“龙头”带动林业跨越发展。同时，大力挖掘木材加工、木本油料、森林药材、野生食用菌等优势传统产业产品精深加工，推进集林产品加工、研发、物流、商贸、信息为一体的林业产业特色园区建设，实现特色产业向优势区域聚集，特色产品规模化、集约式发展。

1. 涉林龙头企业的综合实力明显增强

云南的涉林龙头企业无论在总体数量还是经营规模和经济效益都有了显著提高。龙头企业从2008 年的68 家发展壮大到2011 年12 月的252 家，其中资产超过亿元的有62 户。企业从业人数约为8 万人，带动农户300 多万户。20 户企业被省人民政府评为“全省推进高原特色农业产业化发展先进龙头企业”，4 户企业被评为“云南省农产品出口工作先进单位”。在第二届林博会上，我省推荐的53 个参评产品获得金奖22 个，优质产品奖25 个，成交金额达5 500 万元，位于参展省份前列。不少企业的产品通过了国家绿色环保质量认证、国际食品质量认证。全省有12 户林业企业获得了17 个省级名牌产品认定。[③]

① 陈玉侯：《发挥优势突出特色推动林业产业跨越式发展》，载《云南林业》2012 年第2 期。

② 周洪鹏：《核桃树成云南山区农民“摇钱树”》，新华网，2012 年5 月2 日。

③ 陈玉侯：《发挥优势突出特色推动林业产业跨越式发展》，载《云南林业》2012 年第2 期。

2. 林农生产组织化水平不断提升

为了适应产权到户、经营分散的新形势，云南省积极鼓励和引导农民自愿联合，发展农民林业专业合作社、林业产业协会等多种林业社会化合作组织，鼓励涉林龙头企业与农民建立紧密的利益联结机制，通过龙头企业带动、中介组织带动、专业市场带动、农村经纪人带动、农民专业合作组织带动等多种形式，初步构筑起云南林业产业化的立体框架，促进了农民增收和林产业发展的规模化、规范化、集约化。从2008年以来到2012年11月，成立林业产业协会、林农专业合作社2 024个。[①]

3. 标准化生产的发展格局初步形成

一方面，加大科技投入力度，良种培育与扩繁、丰产栽培、林产品加工综合利用等林业生态建设、产业发展等关键性技术取得重大进展。全省“十一五”以来科研推广项目数227项，其中国家级63项，省级164项。科研推广经费8 082.4万元，其中国家级5 273.4万元，占投入的65.25%，省级2 809.0万元，占总投入的34.75%。截至2012年11月，全省林业科技成果储备数量达626个，通过成果鉴定204项，验收认定274项，省级审（认）定良种、采穗圃和采种基地148项，全省林业科技贡献率由“十五”的21.2%提高到27.2%；另一方面，加大林业科技推广力度，截至2012年11月，组织开展了滇中高原水土保持林稳定高效经营技术研究、云南省紫仁核桃营养评价等林业科研项目20余项，推广耐晚霜核桃良种推广示范等新技术182项，推广核桃、油茶、云南松等良种42个，推广《油茶采穗圃营建技术》等林业技术标准32个，建立各类技术示范基地面积达47 390.7公顷，辐射面积达253 136.3公顷；林木良种选育、采穗圃和采种基地认定取得新突破，全省通过省级认（审）定良种、采穗圃和采种基地284个；制定（修订）林业国家标准、行业标准、地方标准70余项，取得国家专利11项，发表科技论文575篇，获得省级、州（市）级和县级成果奖励88项。[②]

① 陈玉侯：《发挥优势突出特色推动林业产业跨越式发展》，载《云南林业》2012年第2期。

② 陈玉桥：《云南省林业厅组织开展全省“十一五”以来林业科技项目检查》，西北苗木网，2012年9月20日。

（三）特色林业基地发展迅速

结合中低产林改造、退耕还林、陡坡地生态治理、石漠化治理、速生丰产林建设等林业重点工程，通过股份合作、联营、租赁、承包、转让等多种形式支持企业和林农，营造木本油料、林（竹）浆纸林、珍贵用材林等原料供给基地，积极发展林浆纸、林化工、竹藤、野生动物驯养繁殖、森林生态旅游、木材加工及人造板、林下资源开发等特色林业产业。

1. 木本油料基地建设规模化发展

2009 年，云南省制定出台了《关于加快木本油料产业发展的意见》《云南省木本油料产业发展规划》，提出把云南打造成为全国重要木本油料基地的战略目标，加大了以核桃、膏桐、油茶、油桐、油橄榄和澳洲坚果为重点的木本油料林建设的扶持力度。明确了省财政每年筹集 1. 3 亿元核桃专项扶持资金，整合筹集 7 000 万元扶持油茶等木本油料产业发展，结合天保公益林建设、退耕还林工程、防护林工程等项目，种植了大量木本油料树种。同时，探索建立成熟完善的木本油料产业发展模式，分类开发食用油、工业用油、生物柴油等，以核桃、油茶等为主的木本食用油产业，建立和完善“政府扶持、农户和企业为主”的发展模式，膏桐生物质能源产业建立“市场推动、企业主导、政府扶持”的发展模式。截至 2012 年 11 月，全省木本油料基地面积达 265. 7 万公顷，年总产量超过 55 万吨，总产值超 160 亿元，核桃、澳洲坚果、膏桐的面积、产量、产值均居全国之首，油茶居全国第 10 位，云南已经成为全国重要的木本油料基地①。

2. 森林生态旅游业快速发展

以森林、湿地、野生动植物等优势和特色资源为依托，以自然保护区、国家公园、湿地公园和林业基地为载体，着力发展森林生态观光、野生动植物科考、森林休闲度假、森林探险、森林科考科普和生态旅游村等特色生态旅游产品，重点建设了一批在国际、国内具有较大影响的森林生态旅游精品景区。从 2008 年到 2012 年 11 月，全省国家级自然保护区新增 3 个，达到 19 个，全省共建立各级自然保护区 154 个，面积 286. 6 万公顷。成功申

① 云南省林业厅：《关于 2008 年以来全省林业工作情况的报告》，2012 年 11 月 7 日。

报国际重要湿地4处、国家重要湿地7处、国家湿地公园4处，批准实施国家公园试点建设8个、森林公园40个[①]。2011年年末，全省森林旅游收入达17亿元，仅普达措国家公园、西双版纳国家公园及玉龙雪山省级自然保护区的旅游收入就达12亿元，森林旅游已成为全省旅游业的新亮点[②]。

3. 依托天保工程、中低产林改造工程、退耕还林工程等，加快发展原料林基地建设

滇中地区以加强森林抚育、改造培育生态公益林为主，适当培育云南松、桉树等林产化工基地林；滇西地区以核桃、油茶等为重点，大力建设木本油料基地，兼顾建设云南松、华山松、旱冬瓜等林产化工基地林；滇东南地区结合石漠化治理，大力发展杨梅、枇杷、油茶等经济林果，适度建设桉树等短周期纸浆原料基地林；滇西北和滇东北地区以生态公益林抚育管理为主，兼顾发展森林药材、森林蔬菜等林下种植基地；滇南地区以西南桦、竹子等为重点培育丰产竹藤原料基地林和纸浆原料基地林，同时兼顾培育柚木、降香黄檀、铁力木等珍贵用材林基地和澳洲坚果、油茶等木本油料基地。

4. 建成了一批以野生食用菌和森林药材为主的林下资源规范化种植加工基地

加强林下资源的合理利用和人工培育力度，以森林药材、森林蔬菜、野生食用菌、松花粉、有机野茶、古茶、草果、石斛、森林种质资源等为重点的非木材林产品得到合理开发。以森林药材为例，云南药物资源丰富，是我国中药材主产区之一。据有关部门提供的资料，云南有药用植物4 758种，药用动物260种，矿物药32种。在省委、省人民政府重点打造云药产业发展战略的指导下，云南以“云药之乡”品牌建设为重点，科技部门立项支持三七、灯盏花、石斛、天麻、重楼、滇龙胆、云木香、云当归、灯台叶、秦艽等一批特色重点中药材品种开展规范化种植加工研究，并取得了一批关键核心技术突破。目前已初步建立了文山三七、昭通天麻、楚雄民族药道地药材、滇西北高山药材、西双版纳南药为主的五大中药材种植基地。其中，三七、灯盏花、

① 云南省林业厅：《关于2008年以来全省林业工作情况的报告》，2012年11月7日。

② 陈玉侯：《发挥优势突出特色推动林业产业跨越式发展》，载《云南林业》2012年第2期。

铁皮石斛、天麻、云木香等一批药材品种产业链得到延伸。三七、灯盏花工农业总产值分别超过50亿元和20亿元人民币；三七在全国的市场占有率高达98%；灯盏花、石斛、草果、砂仁等的市场占有率达到80%以上。据统计，云南中药材种植面积从2005年的约5.9万公顷快速发展到2010年的20.0万公顷。另外，饮片加工、中药提取发展迅速，中药提取物产值从2005年的5.3亿元增加到2010年的20多亿元[①]。

（四）特色林产品出口创汇能力增强

坚持“生态、环保、安全、优质”要求，云南特色林产品出口实现快速增长，成为全省外贸的一个强力支撑。据海关统计，2012年1~10月，云南农产品出口95.5万吨，实现创汇15.7亿美元，分别较上年同期增长24.2%和13.9%。农产品成为全省最大类出口商品，占同期全省外贸出口额的20.5%，同比上升3.4个百分点[②]。核桃、橡胶、松香、野生菌等特色林产品在国内外市场的知名度和占有率稳步提高。

1. “风雨飘摇”中特色林产品出口增速快

今年以来，受连续3年严重干旱减产、国家取消对蔬菜的出口退税政策、成本增高、国际市场价格下跌等因素影响，农产品出口额增长困难。以第一大出口品种——蔬菜为例，2012年1~10月云南出口各类蔬菜44.4万吨，增长35.6%，创汇3.7亿美元，下降21.9%，呈现“量增值降”态势，成为影响农产品出口额增长的主要因素。与此形成对比的是，云南省特色林产品出口表现抢眼，出口水果17.1万吨，创汇2.9亿美元，分别增长54.2%和1.5倍，成为增长最快的出口农产品；咖啡出口3.7万吨，创汇1.4亿美元，分别增长40.3%和15.1%，占全国咖啡出口额近八成，继续稳居龙头地位；鲜切花出口4 286万美元，增长40%，增势强劲；果仁出口2 324万美元，增长36.9%；茶叶出口2 210万美元，增长29.1%[③]。

2. 出口市场开拓力度加大

一是东盟仍是云南农产品出口的主要市场。2012年1~10

① 《云南中药材产业发展迅猛年产值达38亿》，中新网，2011年9月22日。
② 《今年1~10月云南农产品出口稳步增长》，云南网，2012年11月30日。
③ 《今年1~10月云南农产品出口稳步增长》，云南网，2012年11月30日。

月，云南农产品出口东盟 8.3 亿美元，增长 15.3%，增速快于整体水平 2.7 个百分点[①]。其中，松茸、植物精油、咖啡、茶叶等特色林产品，长年占据绝大部分出口份额。截至 2012 年 11 月，云南出口农产品中，有一半以上出口到东盟市场，七成以上为蔬菜、烟草、花卉、野生菌等特色产品[②]。二是实现了从传统的东南亚国家向欧洲发达国家的延伸发展。为稳定和扩大特色林产品出口，省商务部门积极调研农产品出口情况，努力开拓东欧红茶、野生菌市场，重新开启了云南红茶对波兰的出口贸易。三是基地农产品出口表现不俗。今年以来，省农业部门围绕水果、花卉、食用菌等 16 类有较好出口业绩的品种，建成 40 个农产品出口基地县，重点打造一批特色鲜明、规模集中、与国际标准接轨的出口农产品生产基地，截至 2012 年 10 月，基地农产品出口已达 17.6 亿美元[③]。

3. 特色林产品出口竞争力进一步增强

为提升云南特色农产品在国际市场中的竞争力，应对贸易摩擦和消除贸易壁垒，进一步扩大出口，云南检验检疫局加强依法施检，严格检验检疫，制定系统科学的管理措施，建立了“3 + 1”疫情疫病防控体系和检验检疫标准管理体系、果蔬实蝇类害虫监测体系、农用化学品监控管理体系等，提升出口企业质量管理水平和出口产品质量安全水平。

三、问题及原因分析

虽然 2011 年以来云南特色林业发展取得了明显成效，但与云南所具有的区位和资源优势相比，还有不小的差距，特色林业发展还存在林农生产积极性受抑制、产业化经营水平低、投融资体系对林产业支持不足、科技支撑体系不完善、社会化服务体系不健全等主要问题。

---

① 《今年 1～10 月云南农产品出口稳步增长》，云南网，2012 年 11 月 30 日。
② 史广林：《三季度云南农产品出口逆势上扬》，中国新闻网，2012 年 11 月 7 日。
③ 施阳：《农产品成最大出口产品》，载《昆明日报》2012 年 10 月 16 日。

（一）林农生产积极性受抑制

目前，云南集体林权制度主体改革已经完成，明晰了农户的林地使用权和林木所有权，林农开始把山林当成自家财产管护和经营，但是，编写组通过大量实地调研发现，林农造林、护林、用林的积极性并未得到充分调动，经营管理粗放的现象仍然存在。究其原因，主要有以下几个方面：

一是林业生产的自然风险增大，种植成本增加。自 2009 年 10 月以来，云南连续四年发生干旱，给林业种植带来了明显的影响，一些村民反映："以前树丢在地上都会活，现在管理得再好，成活率也只有 60% 左右。每年反复地种植使种树成本越来越高。"

二是林产品市场风险大，影响林农的收入预期。林产品价格的高低，直接影响到农户经营林产品的积极性。由于缺乏及时、完全的市场信息，当林产品价格高的时候，林农盲目扩大种植面积，由于林业生产周期较长，少则几年，多则几十年，生长期间基本不产生太多经济价值，相反要投入人力和物力，一旦市场行情不好，缺乏抵御风险能力的林农就很可能面临血本无归的境地。

三是林木采伐手续繁杂，林农难以分享林产业发展的收益。林改后，林农种植商品林的收益仍必须通过获得采伐指标来实现，但在实际操作中，由于指标申请和办理手续繁复等诸多原因，商品林采伐指标一般被倾向安排给木材加工企业和木材经营大户，很多单户家庭难以获得商品材的采伐指标，即使拿到指标，也多是通过向木材加工企业和木材经营大户购买或以委托办理的形式拿到的，大多数群众处于"有林不能砍，有树不能卖"的境地。编写组调研时发现，农户中流传着这样一句话："种树的不如卖树的，卖树的不如砍树的"，这里的"砍树的"是指真正获得采伐证的人。林农苦心经营几十年木材，无法获得应得利益，只能通过购买采伐指标，或是把树低价卖给能批到采伐指标的人，严重影响农户的积极性。

四是林农缺乏技术，特色林产品难以成为林农的收入增长点。由于云南林业科技服务体系不够完善，林农很难接受到专门的林业技术培训，即使有参加培训，也较为粗放，并不能对每个农户进行实地指导，加之林农技术水平低，不少地方的农民在林产品培育上仍然靠口头传授，品种优化和更新受阻，特色林产品的家庭种植面积难以扩大，林农增收乏力。

（二）产业化经营水平低

目前云南特色林业的发展主要是简单的资源开发，即依托于特色优势资源，产业建设以单一的投资、建设、生产、产品输出的开发模式为主，经营模式以“公司+农户”为主，产业化经营水平很低。主要原因有四：

一是林地细碎化，农户难以进行规模经营和集约经营。林改后，森林经营基本都是家庭式经营，每一户家庭的林地面积较小，而农户的林地往往又被分成了四五块，甚至更多，这些林地面积大小不同，资源分布不均，林分质量参差不齐，品种差异大，单户家庭零星种植管理成本高，难以满足规模化生产的要求。此外，由于大部分林区不通路、不通电、不通水，缺乏配套水利设施，抵御自然灾害的能力差，如果林农要进行集约经营，则需要投入相当多的劳力、物力和财力，因此，林农对林地的经营基本都是粗放经营，进一步降低了林业资源的开发利用程度。

二是涉林龙头企业带动能力弱，深加工能力低。从数量上看，2011年我省仅有林业省级龙头企业252家，同期，全省各类农业龙头企业为2 410个，林业龙头企业仅占全省总数的10.5%。从规模上看，年销售收入上亿元的涉林龙头企业62家，占全省135家的45.9%。从地域分布来看，以2012年12月省林业厅对外公布的涉林龙头企业名单看，21.3%的涉林龙头企业集中在昆明，其次为大理，比例为12.2%，再次为红河和楚雄，比例分别为7.8%、7.5%，而迪庆州、怒江州、丽江市还为空白。这就是国有林重点地区由于没有龙头企业的带动，具有地方特色的资源优势没有发挥出来，导致林业产业的地区互补优势没有充分发挥。从产业链看，绝大部分涉林龙头企业均处于资源初加工阶段，新产品研发能力差，产品附加值低。国内第一家林浆纸一体化企业云景林纸只生产纸浆，没有深加工能力。景谷林业作为云南第一家、全国第二家林业上市企业，生产的集装箱底板等产品，需要运往省外进行精深加工，高附加值环节都在省外。从品牌建设来看，由于缺乏品牌意识，云南具有国内和国际知名度的特色林产品品牌很少，绝大部分林产品只作为初级产品加工输出，没有将产品加工成具有高附加值的半成品或成品，没有真正做到名优精特，因此，降低了特色林产品的市场竞争力，特色林产品的经济效益没有充分发挥出来。

三是基层政府在产业科学布局和规划中缺位，重数量轻质量。由于缺乏科学合理的产业发展规划以及全面的市场分析，在不了解市场需求的情况下，基层政府盲目动员农户大规模种植，忽视了特色林产品的规范化种植，一方面，造成区域内产业发展停留在低层次阶段，产业竞争力难以提升，非规范市场下的跟风行为层出不穷；另一方面，导致市场分割、相互压价等恶性竞争现象时有发生。特色林产品很多都是“少了是宝，多了是草”，比如咖啡、三七及其他中药材等，由于近年来中药材价格暴涨，云南中药材种植面积急速扩张，各地广泛种植石斛、云当归、金银花、板蓝根等中药材，已经出现了一定趋同性，销售压力越来越大，形成了内耗压价销售的局面。又如咖啡产业，由于只注重简单地增加种植规模，导致咖啡的品质下降，对农户增收的带动作用难以有效发挥。

四是专业市场建设滞后，管理有待加强。专业市场因其本身较强的市场凝聚力，具有价格形成、信息交换、物流集中的重要功能，可实现产业层面上的规模经济。林产品交易市场在林产业发展过程中占有举足轻重的地位。然而，目前云南特色林产品没有相对畅通、稳定的流通渠道，产品的销售大多是贩运户从各家各户和集市上零星收购，再卖给加工企业或销往异地，市场波动较大。同时，由于缺乏必要的质量监管，林产品交易市场秩序混乱，以次充好、以假乱真的现象时有发生，导致林农的收益受损。

（三）投融资体系对林产业支持不足

“十一五”以来，特别是集体林权制度改革后，云南各级政府对于林业产业的扶持力度持续加大，同时，全省林业系统与金融部门紧密配合，有力地推进了林业产业的发展，但是，仍然存在以下不足：

一是金融机构参与面小，投资渠道单一。由于林业生产周期长、风险大、产出慢，金融机构对林业贷款信心不足，林业发展资金需求量大与贷款数额小、林业生产周期长与贷款期限短的矛盾仍很突出。截至 2012 年 6 月，全省林权抵押贷款余额达 90.76 亿元，其中，涉农银行“唱主角”，三家涉农银行业金融机构（信用社、农发行、农行）合计林权抵押贷款占全部林权抵押贷款余额的 92.2%。虽然云南林权抵押贷款余额居全国前列，但与森林资源大省的地位和林业产业发展的广阔空间极不相符。此外，由省投资公司组建的云南省林业投资有限公司，主要业务是管理纳入公司的云景林纸、勐象竹业等国有林业公司没有开展融资、投资等业务，没有发挥省属林业投资公司应有的龙头作用，制约了我省林产业的快速发展。

二是金融支持难以惠及林农，林农贷款难的局面没有根本改观。一方面，林业贴息贷款很难落到农户手中。林业贴息贷款本来是一项支农惠农的政策，为了完成每月的放款指标，银行将本应贷给农户的钱贷给了企业，林农很难拿到贷款；另一方面，资产评估门槛高，农户难以承受。对于林农而言，作一次评估，在基本评估费的基础上还要支付大量的食宿费，因此，普通林农无力负担评估费用。此外，由于缺乏规范的管理、严格的评估方法，实际操作中，有些地方的评估机构在评估过程中恶意将森林资源的价值提高来换取高额的评估费。企业有钱支付高昂的评估费用，林农只能“望而却步”。

三是林业贷款担保体系不健全，银行放贷难。目前林权抵押贷款担保基本都是借款人本人提供或借款人委托他人提供担保，各类担保机构还没有参与林业融资担保业务。由于借款人担保能力不足以及外在担保的缺失，金融机构业务拓展受到管理制度的限制，一定程度上影响了信贷支持林业的力度。从林农的角度看，林木从投入到产出需要几年到几十年，林农用林木抵押，即使是非常好的林木，由于顾虑林木难以变现以及风险大等因素，银行也不愿放贷。因而，林农缺乏有效抵押物，很难获得银行贷款。

（四）科技支撑体系不完善

林业科技存在着重生态研究、忽视产业培育研究，重科研成果评定、忽视成果推广运用，重一次产业的基地研究、忽视林产品开发加工研究等突出问题。

从林业科技投入看，经费严重不足。全省科研经费基本只有政府投入，“十一五”以来，全省的中央和省级林业推广经费仅为8 082.4万元，年均1 347.1万元，林业厅属相关科研和推广单位、16个州（市）林业科技推广单位、129个县（市、区）年平均资金不到10万元。并且，随着劳动力成本和原材料成本的提高和项目个数的增加，林业科技整体投入、单项科研和推广项目经费投入相对不足，对我省林业科技的发展造成了很大影响。

从林业科技创新体系看，研发机构较为分散，科研成果转化速度迟缓。虽然目前全省林业科技成果储备数量达626个，但科研成果在生产中大规模推广应用的很少，林业科技的贡献率偏低，“十一五”期间为27.2%，大大低于我省农业科技贡献率（2012年为50.0%）。一方面，企业科技投入相对较少，大多数企业没有专门的技术研发机构，自主创新体系尚未形成。另一方面，林业科技人才结构不合理。高级职称职数较少，人员知识更新较慢，林业科技学科带头人较少，行业科技领军人才严重短缺。全省林业系统学术带头人、技术创新人才、突出贡献优秀专业技术人才和政府特殊津贴共计15人，仅占在职数的0.15%。

从林业科技推广体系看，科技示范基地建设薄弱，示范带动作用不强，也是制约云南林业科技支撑能力的掣肘之一。林业科技示范基地规模小而散，基本上依靠推广项目经费建设，投入不足，建设标准低，缺少资金维持运行，难以达到持续、高效的示范效果，制约了林业科技示范工作的全面开展。

（五）社会化服务体系不健全

云南采取多项措施，扶持林农林业专业合作社、林业协会、龙头企业等社会化服务组织与农民建立紧密的利益联结机制，让广大林农成为林业适度规模经营的推动者、参与者、受益者，但成效有限，主要原因如下：

一是林农小农思想根深蒂固，缺乏联合意愿。集体林权到户后，农户更加注重自家森林中的偷砍盗伐、违规采伐、森林病虫害等问题，也会跟其他农户相互交流相关经营经验与教训，但一旦涉及联户经营管理，他们会顾虑投入成本的分摊、利益的分成、资源的评级等问题，由于担心难以达成共识而伤了和气，总是尽量避免发生利益上的关联。

二是林业社会化合作组织带动力弱。云南林农专业合作组织特别是各专业协会尚处于起步阶段，缺乏应有的制度规范和政策引导，规模普遍较小，服务单一，有统一经营业务的合作组织并不多，整体实力不强，跨地区合作少，覆盖面窄，大多在本乡本村，管理决策主要由少数人决定，普遍缺乏自我发展、自我完善的机制与动力。

三是“企业+农户”的产业化经营模式存在脆弱性。作为云南促进特色林业发展的主要模式之一，大部分龙头企业与农户建立了产销合同关系。这种合作模式，虽然实现了农工商一体化、产加销一条龙，提高了林业的比较利益，延长了林业产业链，但企业与农户间利益共存、风险共担的利益联结机制尚未建立。这一点在农产品原料收购这个环节上体现得最明显。企业和农户间通常以合同约定双方购销生产原料的相关事宜，当市场价格高于合同约定的价格时，农户有毁约的激励。对企业而言，如果农户毁约，在极高的索赔成本面前，索赔几乎是不可能的。而如果市场价格低于合同约定的价格，则企业有毁约的激励，这对于处于弱势地位的农户而言，由于缺乏谈判能力，损失难以避免。这种合同关系对于双方的约束力都是很脆弱的，均存在难以解决的逆向选择和道德风险，从而影响特色林业的长远发展。

四、对策建议

（一）以产业集群和规范化生产提高深加工能力

1. 制订切实可行的林业产业集群发展规划

政府不能刻意创造产业集群，必须根据区位优势选择林业特色优势产业集群，要综合考虑当地资源数量和资源特征、市场需求、产业增长率、吸纳就业和增加收入的潜力、当地资源的匹配性、环境因素、与当地供应商的联系、生活水平、与当地机构和其他企业的协同等因素，选择需要扶持的产业集群。产业集群是一个复杂的有机系统，政府最好是间接参与到产业集群的创建过程中，而不是主导集群的发展。核心是让企业成为集群的主导者，公共部门和政府只成为集群的润滑剂或者桥梁。为此，最有效的办法是通过制订和实施有关发展规划，用政策引导企业集聚各种生产要素，提升产业集群化水平。

2. 加强林区基础设施建设，促进产业向最适宜种植区域集中

云南林业资源布局分散，是制约林产业做大做强的首要障碍，因此要注重林产业基地建设规划的针对性和规模性，尽可能把特定物种集中在最适宜区。同时，加大对林区水、电、路等基础设施的投入力度，加强工程性蓄水配套设施的建设，保证人畜用水及灌溉用水，为林产品集约经营和深加工打好基础，提升林业特色优势产业的集中度。

3. 引导标准化生产

要研究和完善林木种苗技术标准体系、林（竹）浆纸一体化产业、以木本油料为主的特色经济林产业、林产化工产业、木材加工及人造板产业、竹藤产业、观赏苗木产业等的技术标准体系，制定加工技术规程以及品种质量、产地环境、包装质量与标识、贮运、检测检疫等标准，同时，注重标准的先进性、国际性和全面性，并以龙头企业和农民专业合作组织为主体，以示范区应用为重点，强化标准的执行，实施林业标准化建设及以“龙头企业＋基地＋标准＋农户”为模式的标准化试点建设，全面提升林业产业的核心竞争力。

4. 积极推进名牌战略

要加快“三品一标”认证，提高农产品质量。对获得中国驰名商标或成功申报地理标志产品及地理标志证明商标、无公害农产品、绿色食品、有机食品认证的企业，由省农业厅采取以奖代补的方式每年都给予一定的奖励；同时，加大对林产品品牌建设的扶持培育力度。积极组织企业参加各类展销会，支持企业申报省著名商标称号、中国驰名商标称号，支持涉及林产品出口的林业产业化龙头企业向出口地或潜在出口地申请国际商标注册。对各类获得知名品牌的企业和个人提供必要的奖励和支持。利用新闻媒体等媒介扩大宣传，做大做强云南高原特色林产品品牌。

（二）引导社会资本投向林业

1. 完善金融支持涉林企业体系

一是扩大涉林龙头企业融资渠道，做大做强云南林业产业实体和交易实体。理顺省林业投资公司管理体制，整合林业优质企

业和泛亚林权交易所等，包装上市，拓宽融资渠道，支持有实力的林业企业依照国家有关规定发行企业债券和短期融资券；支持企业以股权融资和项目融资等方式筹集资金；发起组建林业专业股权投资基金、小额贷款公司等，全面激活全省林业投融资体系。二是加强对小微企业的金融扶持力度，除了安排小微企业专项贷款额度外，应配合以政府税收减免、土地使用等政策措施，松绑小微企业，使小微企业的获利能力持续提升，从根本上为小微企业的发展创造良好的金融环境。三是建立健全林业投融资担保体系。由省财政注资设立省级林业发展担保公司，鼓励各类信用担保机构为企业提供信用担保，适当简化贷款审批流程，提高贷款审批效率。鼓励金融机构改进对企业的资信评估制度，开辟信贷支持“绿色通道”，对符合条件的企业发放信用贷款。

2. 健全金融支持林农政策体系

一是降低资产评估门槛，简化评估程序。建立操作方便、管理规范、合法有效的评估标准体系和评估中介机构，建立严格的评估责任追究制度，建议由林业部门提供从资源调查到资产评估的一条龙服务。改变目前存在的“会做的不给做（评估），不会做的在给做（评估）”的局面。二是实行免评估的政策。在适合地区，林农林权抵押贷款应该一次性授信，连续几年不用再重复评估，鼓励对30万元以下林权抵押贷款免收评估费，风险由各商业银行自行控制。三是做好担保体系建设。政府应设立基金为抵押贷款提供免费担保，将林权抵押贷款纳入林业贴息项目管理，鼓励林区农民采取三五户联保等方式进行林权抵押贷款。完善森林保险，消除银行贷款顾虑。四是填补广大林农缺乏有效抵押物的空白，化解金融信贷风险。在与《农村土地承包法》《物权法》不冲突的前提下，建议对承包土地上地面附着物经济林木核发权证，并明确经济林木（果）权证不作为土地、林地权属凭证，仅作为经济林木（果）所有权证。这些所有权证可以作为贷款的担保抵押物。

3. 创新招商引资方式，实现规模和速度的同步提升

要提高招商引资水平，就必须在招商引资方式和后期跟踪服务上有所突破。建立全面招商与专业招商相结合的模式，充分调动一切积极因素，多渠道、全方位、立体式地收集项目信息；组织力量，加强对世界经济和产业转移趋势的分析研究，追踪国内

外著名企业的投资动向；建立健全招商引资项目库，实行项目推介制度，定期对外公布重点招商项目名单，保证专业招商的活水源头。对全面招商收集的信息进行筛选，选择投资意向明确、信息质量较高的项目，组成专业的招商班子，制定完整的招商策略和方案，锁定目标，主动宣传，全程服务，实现专业招商与全面招商的有效对接。注重引资项目的后期管理与跟踪服务，对已签约合同项目要进行分类指导，跟踪调度，加强对已承诺资金的约束，保证资金的落实和项目的顺利实施；切实改变只注重招商引资的前期管理，如项目签约、立项审批等，却忽视立项后的跟踪监督和后期管理服务，相关部门要通过建立健全项目跟踪协调服务体系，对所有招商引资企业，尤其是重点企业实行跟踪服务，及时为企业排忧解难。

（三）依托科技创新推动特色林业高效发展

1. 择优承接产业转移，实现技术就地转移

技术是产业开发和建设的稀缺资源，在承接产业转移的过程中，应通过技术创新、制度创新等措施来鼓励支持国内外先进技术的投入，可以采取股份分配、购买、品牌嫁接、合作等形式引入所需技术，通过资金、税收、建立产业园区或开发区等形式扶持和承载技术领先企业，并采取措施将这些企业培育成为当地经济的增长极。随着区域经济增长极的发展，外来的先进技术和管理方法得以传播。当地企业在获得订单转移的过程中，不断加深与外商的合作，吸收先进知识和技术，进而通过产业整合实现品牌的自主创新。

2. 扶持龙头企业成为林业技术创新的主力军

鼓励涉林龙头企业申请使用国家有关林业科技的研发、引进和推广等资金；鼓励龙头企业建立科技研发中心，力争在主要造林树种的良种选育、商品用材林和经济林定向培育技术、主要造林树种的病虫害综合控制技术、林特产品贮藏保鲜和深加工技术、非木质森林资源综合开发利用技术、短周期商品林木材综合加工利用技术等领域不断取得突破；增加林业产业化领域的科技经费投入，建立产学研科技成果转化机制，将企业开展的新产品开发和精深加工技术创新项目列入重点支持领域，配套省科技计划项目给予立项支持。对企业获得发明专利或取得植物新品种保

护权且单项销售收入大的，政府应给予奖励。遴选认定一批技术型涉林龙头企业参与和主导国际科技合作基地的建设，通过财政支持科技项目，对基地建设期间的固定资产投资贷款、技术设备改造贷款给予贴息支持，增强企业的核心竞争力。

3. 加大科技培训力度，提高科技服务水平

一要有计划、多层次地搞好专业技术人员的继续教育。根据林业特色优势产业集群建设的目标，对各专业林业技术人员加强以远程教育、短期培训、高校委培、带职进修、邀请专家学者讲学等方式实行轮流强化培训，支持涉林龙头企业与普通高校、科研院所、高职院校开展人才培养合作，有针对性地培养林业实用人才；二要完善人才引进政策，对培养、引进林业科技和管理人才并获得省青年学术技术带头人或省技术创新人才称号的给予奖励；三要建立健全省、州（市）、县（市、区）、乡（镇）、村五级林业科技推广网络体系，加强服务指导。各级林业部门要抽调专业技术人员，组成专家指导组，定期或不定期地深入一线，采取分片包干、蹲点指导等形式，为农民提供树种选择、种苗培育、中耕管理等方面的咨询、培训和指导服务。

（四）完善社会化服务体系，促进特色林业良性发展

1. 强化农业产业化的组织体系建设

大力支持龙头企业、林农专业合作组织、农民经纪人、专业技术协会、专业服务公司等为林农提供多种形式的生产经营服务，加快构建以合作经济组织为基础、公共服务机构为依托、龙头企业为骨干、其他社会力量为补充，公益性服务和经营性服务相结合、专项服务和综合服务相协调的新型林业社会化服务体系。大力培育扶持林农专业合作组织，引导林农采取自愿联合、入股分红、委托经营、有偿转让、集中管护等方式，组建林农专业合作组织，实行规模化、集约化经营。积极发展林业专业协会，引导和规范林业中介组织发展，充分发挥政策资讯、信息服务、科技推广、行业自律等作用。

2. 搭建林业资源交易平台，完善市场体系

为了有效克服产地分散、无序、小规模生产带来的弊端，保证广大林农的利益不受大批发商的强势压价局面，增强云南特色林业对于企业的吸引力，采取政府扶持、企业投入、农民入股等

多种形式，大力推进林产品集散地建设和专业市场建设。努力打造在全国有影响力的林业资源交易平台，提高林产品的市场交易能力。同时，通过直销、代理、物流配送、电子商务、广告宣传、连锁超市以及展销、高素质营销队伍的培养等措施，把林产品推向国内外市场。加强市场动态监测，支持市场信息服务体系建设，支持商贸、邮政等企业向农村延伸服务。

五、展 望

（一）产业化发展将实现新的突破

随着云南集体林权制度主体改革的基本结束和配套改革的全面展开，特色林业发展环境将得到优化，同时，我省围绕森林云南建设、林业产业发展、木本油料基地建设、低效林改造等出台了一系列扶持政策，加大了木本油料等九大特色林业产业发展的扶持力度。全省各地围绕木本油料、珍贵树种、花卉、森林食品、药材等项目开展中低产林的改造和林业生产，采取各种形式流转集体林地，引导和支持各类经营大户和林农参与基地建设，鼓励林产品加工企业以租赁、订单等方式与林农合作，形成了以公司企业、林农专业合作社、林农等多种经营主体并存，规模化种植、规范化管护、产业化经营的发展路径。云南特色林业产业已逐渐成为有效促进山区群众增收的重要产业。预计到2015年，云南林业产业基地建设总规模将超过666.7万公顷，全省林业产业总产值将超过1 500亿元；2020年，全省林业产业总产值将超过3 000亿元的目标。林业将成为云南农村发展的重要支撑。

（二）政策扶持力度将会持续加大

随着新一轮西部大开发、“两强一堡”和“森林云南”等战略的深入实施，省第九次党代会、全省高原特色农业推进大会和林业产业推进会对于我省发展特色林业的相关部署的落实，云南对于特色林业的扶持力度将进一步增强。一是按照规模化、集约化、产业化要求，积极推进林业产业原料基地建设，提高资源利用率。二是充分发挥云南林业生物多样性的优势，大力挖掘开发木材加工、木本油料等优势产业搞产品精深加工，在资金投入、科技支撑、园区打造、主体培育、政策扶持上全力倾斜。三是扶持有特色、有市场竞争优势、产业关联度大、带动能力强的大中型龙头企业。四是将重点抓好“一中心、五园区”建设，把昆明、玉溪、曲靖、楚雄等滇中四州（市）建成面向全国、辐射东南亚南亚、服务功能齐全、设施一流的国际林产业中心。把红河、临沧、德宏、普洱、西双版纳等州（市）建设成以林产品初级加工及边境贸易为主的林产业园区。五是将重视服务体系和市场体系建设，充分发挥产业园区在政策、环境、管理和基础设施等方面的整体优势与功能，促进云南林业产业集约化经营、集群式发展。

尤其值得强调的是，2012年8月2日国务院办公厅发布《关于加快林下经济发展的意见》，将进一步强化政策扶持力度，对符合小型微型企业条件的农民林业专业合作社、合作林场等，可享受国家相关扶持政策；符合税收相关规定的林下经济产品，依法享受有关税收优惠政策；支持符合条件的龙头企业申请国家相关扶持资金；对生态脆弱区域、少数民族地区和边远地区发展林下经济，要重点予以扶持。这也将给云南特色林产业的发展带来新的机遇。

（三）云南生物资源的声誉会越来越好

丰富的生物资源，为云南特色林业的发展奠定了坚实的基础。反过来，大力发展特色林业，会带动地方经济的发展和农民增收，会提高林农护林、造林的积极性，促进森林资源保护、利用和开发，从而实现特色林业发展与生态环境保护的协调发展。云南重要的生物资源大多分布在边远贫困山区，大力发展特色林业，通过开展特色生物资源种植、养殖基地建设，进行产业化开发，带动山区经济发展，把生物资源优势转化为产业优势，这是云南贫困地区农民脱贫致富、地方经济快速健康发展、生态环境得到持续保护的关键。随着云南对特色林业扶持力度的持续增强，良种繁育推广体系的进一步完善，生物资源可持续利用能力将不断提高，特色林业与人口、资源、环境和谐发展的局面将持续呈现，使之成为云南一道靓丽的风景，漂洋过海走向世界。

（作者单位：云南省社会科学院农村发展研究所）

加强林农专业合作经济组织建设 提高林业“四化”程度

崔江红

2010年年底，随着新一轮集体林权制度主体改革的结束，云南基本实现了“山有其主，主有其权，权有其责，责有其利”。截止到2011年11月，全省应确权集体林地面积1 820.0万公顷，已确权1 800.0万公顷，确权率98.9%，均山到户率92.4%；发放林权证569.91万本，发证农户数531.59万户；发放股权证210.28万本，发放农户200.97万户；发放均利证109.66万本，发放农户113.57万户。除少部分地区实行分山到村、均股到户外，新一轮林权制度改革形成了家户为主的集体林经营模式，对调动林农营林积极性具有重要作用。但家庭为主的分散经营无法适应快速市场化的林产业发展。为此，促进云南林产业快速发展，发展高原特色林产业，必须加快林农专业合作经济组织建设，推动林业规模化经营。

一、发展情况

近年来，中央不断加大对农民合作经济组织的支持力度，作为农民合作经济组织的重要组成部分，林农专业合作经济组织在农民合作经济组织扶持政策的推动下，得到了快速发展。2010年，中央一号文件首次明确提出支持发展林农专业合作社。此后两年，云南林农专业合作经济组织以每年1 000个的速度增长，对推动云南林产业的发展起到了重要作用。

（一）发展历程

作为林业大省，自1984年农民合作经济组织出现后，云南就强调林农专业合作经济组织的建设和发展，形成了一批以技术交流和服务为核心的林农专业技术协会/研究会。20世纪80年代末90年代初，随着市场经济体系的建立，部分林农专业技术协会开始从事市场服务，为林农提供产前、产中、产后服务，开始承担经济功能。进入21世纪，随着市场体系的完善，林农单家独户闯市场的劣势进一步凸显，在这样的背景下，必须把分散的林农组织起来，“抱团”闯市场。为此，2003年，《中共中央国务院关于加快林业发展的决定》要求扶持发展各种专业合作经济组织，完善社会化服务体系，培育、规范林产品和林业生产要素市场，对农民生产的木材允许产销直接见面，拓宽农民进入市场的渠道，增强林业产业发展活力。2006年中央一号文件强调，要着力培育一批竞争力、带动力强的龙头企业和企业集群示范基地，推广龙头企业、合作经济组织与农户有机结合的组织形式，让农民从产业化经营中得到更多实惠。各级财政要积极引导和支持农民发展各类专业合作经济组织，加快立法进程，加大扶持力度，建立有利于农民合作经济组织发展的信贷、财税和登记等制度。2007年中央一号文件要求：大力发展农民专业合作经济组织，认真贯彻农民专业合作社法，支持农民专业合作经济组织加快发展。同年7月1日，《中华人民共和国农民专业合作社法》正式颁布实施，为包括林农专业合作社在内的农民专业合作社的发展提供了法律保障。2008年中央一号文件提出鼓励农民专业合作社兴办农产品加工企业或参股龙头企业，支持发展“一村一品”。同年，党的十七届三中全会发布的《中共中央关于推进农村改革发展若干重大问题的决定》提出，培育农民新型合作经济组织，发展各种农业社会化服务组织，鼓励龙头企业与农民建立紧密型利益联结机制，着力提高组织化程度。按照服务农民、进退自由、权利平等、管理民主的要求，扶持农民专业合作社加快发展，使之成为引领农民参与国内外市场竞争的现代农业经营组织。允许有条件的农民专业合作社开展信用合作。为林农专业合作经济组织发展提供政策支持。2009年中央一号文件要求：加快发展农民专业合作社，开展示范社建设行动。加强合作社人员培训，各级财政给予经费支持。将合作社纳入税务登记系统，免收税务登记工本费。尽快制定金融支持合作社，有条件的合作社承担国家涉农项目的具体办法。

随着2010年新一轮集体林权制度改革主体工程收尾结束，林农专业合作经济组织在林产业发展中的作用进一步凸显，云南更加重视林农专业合作经济组织的发展。2009年《中共云南省委　云南省人民政府关于加快林业发展建设森林云南的决定》中就强调，村集体经济组织、农民和林业合作经济组织按照乡（镇）土地利用总体规划在山区从事规模化林业种植和养殖的，所需林地按农用地管理，不需办理农用地转用审批手续，要简化程序并及时提供用地。对其他企业、个人兴办或与村集体经济组织、农民和林业合作经济组织联合兴办规模化林业生产所需用地，实行分类管理。为林业生产服务的生产设施及绿化隔离带用地、管理用房等基础设施用地按照农用地管理，不需办理农用地转用手续。修建管理、疫病防控设施、硬化道路等附属设施，属于永久性建筑物的，其用地在土地权属不变的情况下可以按照农村集体建设用地管理，并依法办理农用地转用手续。积极开展林地前置工作，简化林地占用、征用审批程序。

2010年，中央一号文件把扶持林农专业合作社单独提出来，要求大力发展农民专业合作社，深入推进示范社建设行动，对服务能力强、民主管理好的合作社给予补助。规范集体林权流转，支持发展林农专业合作社。中央的政策支持及法律保障，为林农专业合作经济组织建设提供了依据，推动了云南林农专业合作经济组织的快速发展。同年11月4日，省人民政府发布《关于推进林农专业合作社发展的意见》，省林业厅、省供销合作社联合社《关于印发〈云南省林农专业合作社章程〉（示范本）（试行）的通知》，要求加强对林农专业合作社政策知识的宣传普及。依托优势和特色产业、依托乡镇林业站和基层供销社、依托林业龙头企业（公司）、依托为林产业发展提供服务的科技、金融、保险、信息等服务机构、依托供销合作社的经营网络，引领林农经纪人，加强合作与联合，发展林农专业合作社。到2010年年底，全省供销系统已发展专业合作社近6 000个，工商注册率约60%，规模居全国第二位，其中有近1/3是林农专业合作社，包括经济林果、核桃、油茶、野生动物驯养繁殖、林下中药材、野生食用菌、竹笋、花卉苗木、木材加工等类别。

2011 年 1 月 17 日，省林业厅、省供销合作社联合社《关于加快发展林农专业合作社的实施意见》（云林联发〔2011〕3 号）正式发布；2012 年 2 月 1 日，《云南省林农专业合作社省级示范社认定和管理办法》正式实施。到 2011 年年底，云南成立林农专业合作社 2 024 个，涉及林农 11.4 万户，林地面积 436.7 万亩，14 个县（市、区）成功申报为国家林业专业合作社示范县。

2012 年 4 月 27 日，《云南省人民政府关于加快森林云南建设构建西南生态安全屏障的意见》（云政发〔2012〕71 号）再次强调，要实现“兴林富民”的目标，必须加强林农专业合作经济组织建设。并强调，构建生态安全屏障措施中有一个重要措施是引导林业企业、林业专业合作经济组织、林农积极参与森林火灾保险，积极探索开展森林其他险种的保险；建立健全林业社会化服务体系等，都需要加强林农专业合作经济组织建设。2012 年，云南省将新建林农专业合作社 1 000 个左右，力争全省林农专业合作社达到 3 000 个，省级示范林农专业合作社 300 个。同时，据编写组估计，以林产业为基础，且已发展到经济技术服务型阶段的专业技术协会可达到 3 000 个以上。目前，部分林农专业合作社与林农经济技术协会是一个组织，两块牌子，导致林农专业合作经济组织统计十分困难。据初步估算，林农专业合作经济组织占全省农民专业合作组织的 40% 左右，扣除“两块牌子，一套人马”的组织，到 2012 年年底，云南所有林农专业合作经济组织约 4 000 个①。

（二）功能及意义

党的十八大报告要求：坚持和完善农村基本经营制度，依法维护农民土地承包经营权、宅基地使用权、集体收益分配权，壮大集体经济实力，发展农民专业合作和股份合作，培育新型经营主体，发展多种形式规模经营，构建集约化、专业化、组织化、社会化相结合的新型农业经营体系。在云南，林农专业合作经济

① 到 2012 年年底，云南林农专业合作社估计在 3 000 个左右，而林农专业经济技术协会预计有 4 000 个左右，其中，有 3 000 个左右与林农专业合作社是一套人马，两块牌子。4 000 个林农专业合作经济组织包括林农专业合作社与林农专业经济技术协会。这个数字是个人的判断，目前尚没有哪个部门作过详细的统计。

组织在农业尤其是林业新型经营体系的构建中具有重要作用，主要体现在以下几个方面：

1. 把分散的林农及林地组合起来，实现林业规模经营

林农专业合作经济组织是在坚持家庭承包经营的基础上，林业生产各环节的林农，在技术、信息、资金、购销、加工、贮运等环节开展互助合作、自愿联合、民主管理的互助性经济组织。其中的林农专业合作社是在明晰产权、承包到户的基础上，同类林产品的生产经营者或者同类林业生产经营服务的提供者和利用者自愿联合、民主管理的互助性经济组织；林农专业经济技术协会是在家庭分散经营的基础上，林农自愿联合，开展技术合作和市场互助的经济组织。虽然林农专业经济技术协会在民政部门登记，科协主管，但承担的经济功能越来越多，包括产前、产中、产后等方面的互助与服务。林农专业合作经济组织形成后，把林农及其林地组合起来，“组团”形成包括林地、林产品在内的规模化效应，实现林改后分散经营基础上的规模经营。我们知道，林业生产周期长，在一个时间点上，每一个林农及其林地上的林产品都是有限的，即产品数量少，无法形成规模，成就不了地方大产业。只有通过林农专业合作经济组织把分散的林农及其林地上的林产品组合在一起，林产品的数量在同一个时间点上才能达到一定的规模，形成规模效益。“老板从来不嫌数量多，只怕数量少”，因为数量少运输成本、人力成本等将增加，同时，赚得的也少。林农专业合作经济组织的运营，很好地解决了林产业生产周期长、林农分散的不足。在云南林产业发展中，通过林农专业合作经济组织这个载体，将分散的林地及林产品集合在一起，形成具有较大规模的林产业，实现规模化经营。

2. 促进林产业结构调整，壮大高原特色林产业

云南林农专业合作经济组织包括林农专业经济技术协会、林农专业合作社在内，主要基于广大林农对于新的林业生产技术的需求或某一林产品的开发而产生，而这种新的林业生产技术和林产品在组织的推动下，使分散的林农组织起来，相对于林改后的分散经营，使同一种林产品的生产规模得以扩大，随着组织的发展，这种林产品生成的规模也逐渐扩大。而随着林农专业合作经济组织市场服务功能的形成，各种新技术和新品种都以市场的需求为基础而产生。在这样的背景下，依托林农专业合作经济组织

的规模化效应，林业产业结构得到了优化。随着林农专业合作经济组织走向实体化，最终实现了“产加销”一体化服务。依托在林农专业合作经济组织上的林业生产实现了产业化发展。在发展中，林农专业合作经济组织引进推广适合本地条件，又具有较高经济效益的新品种、新技术，并不断将其扩散到广大林农之中，形成“一户带十户，十户带一村，一村带一片，兴一业”的局面，推动优势林产业向着规模化和集约化发展，加速林产业结构的调整和优化。如大姚核桃协会2002年成立，以大姚核桃为主打品牌，按照市场经济的要求运作，实行产、供、销一条龙服务，年销售核桃1万多吨，销售收入1.5亿多元，到目前为止，协会已发展会员352人，带动周边地区1万余户农户从事核桃种植，协会发展成了集生产、加工、销售为一体的专业合作经济组织。2008年以来，大姚核桃协会积极参与大姚核桃种植技术标准和产品质量标准的制定工作，并在政府和林业主管部门的指导下，以协会名义于2009年完成了大姚核桃地理标志商标注册工作，对于提高大姚县核桃的品牌效益具有重要的推动作用。

3. 实现林农自我服务，提高林业社会化服务水平

发展林农专业合作经济组织，发动广大林农合作完成幼苗购买、林木生长中的技术服务、生产资料采购、统一防虫及林产品销售，能够极大地提高云南林业社会化服务水平。林农专业合作经济组织自诞生之日起，尤其是林农专业经济技术协会就以某一产业的技术为纽带，与科研院所、农技推广部门建立了广泛的联系与合作，不仅组织林农引进、示范新技术和新品种，而且通过“能人效应”和“示范效应”，把看得见、信得过、学得会的技术传播到会员及其他林农手中，成为技术培训和推广的桥梁，加速了云南林业科技成果向现实生产力转化的进程，成为林业新技术、新品种推广的助推器和试验场。同时，林农专业合作经济组织为组织成员提供信息、市场服务，较大地提高了林业的社会化服务水平。如大理州集体林权制度主体改革全面完成后，179.2万公顷集体林地落实了经营主体，林业呈现出经营主体多元化、经营形式多样化、林权结构分散化的新格局。“单家独户”为主的经营模式，难以适应市场经济发展的需要，特别是面对森林防火、防盗、防病虫害等方面，因林农缺乏可以依靠的组织，很难承担起山林管护责任。为保护森林资源，降低管护成本，节约农

村劳动力，全州林农专业合作社、产业协会、三防组织、管护协会等林农合作组织应运而生。到2011年年底，全州共成立林农专业合作社104个，入社农户23 336户，经营面积4.4万公顷；林产业协会126个，“三防”组织和管护协会137个，组建州级防火水泵应急队1支10人，驻军、武警应急队4支200人，县级专业扑火队33支921人，乡（镇）级半专业扑火队和基层森林消防摩托化应急队167支3 397人，义务扑火队1 062支25 947人，基本形成了“在林地上分，在管护上合；在种植上分，在经营上合；在管理上分，在服务上合”的林业经营新机制①。又如大姚三台核桃种苗专业合作社2009年成立以来，本着民办、民管、民受益的原则，对成员实行了统一规划、统一物资供应、统一品种、统一技术培训、统一生产规程、统一销售的“六统一”服务。合作社多次举办选种、育苗、种植、栽培、嫁接、施肥、病虫害防治等各类科技培训20余次，受益1 000多人；咨询活动50余次，受益农民达5 000多人。统一销售的核桃种苗每株能高于市场价0.2～0.5元。现在，通过“六个统一”，提高了成员的自我服务水平。

4. 规范林农生产活动，促进林产业发展生态化

林农分散经营相对粗放，且以不断向生态索取作为主要方式，对于林产业发展生态化不利。而林农专业合作经济组织的出现，通过组织来规范成员的生产行为及生活活动，能够促进云南林产业向生态化发展。如丽江市古城区金山乡核桃产业技术协会。为了推动全乡核桃产业的发展，2006年6月在古城区科协的指导下，金山乡核桃产业技术协会以亚东村为基础筹备成立，并于2007年1月31日登记注册。2006年，只有亚东村的45户村民参与。在科协的指导下，核桃树长势好，2007年岩乐村委会其他核桃种植户也参加了协会。自协会筹备成立开始，就制定了协会成员必须遵守的禁伐制度，实行封山，不允许成员再上山砍树烧炭。协会成立之前，村规民约也有类似规定，但执行不下来。协会成立后，带着会员去大理漾鼻县参观生态核桃种植，漾鼻生态核桃每公斤高出金山乡5元以上，会员内心受到震动。回来后，会员接受了协会作出的规定。2007年，协会从农业局申请到沼气项目，给每户补助1 500元建沼气池，发展“种植—养殖—

① 省林业厅：《云南省大理州林农专业合作组织蓬勃发展》，国家林业局政府网，2011年12月6日，http://www.forestry.gov.cn/portal/main/s/102/content－513760.html。

沼气”循环农业。在协会的规范运作下，会员的核桃种植全部使用农家肥，不用化肥，也不使用农药。如果使用了化肥和农药，其他会员一眼就能看出来，因为地表不一样。当核桃收购时，协会引入的老板，就不收购他的核桃。当然，从协会的实践和培训中，会员也知道，肥水用得好，三年就可挂果；用不好，四年也挂不了果。所以，会员都遵守协会的规定，种植生态、无公害核桃。通过协会的运作，改变了会员传统的靠山吃山想法。2006年以前，靠山吃山，就是砍山。每年每户砍树烧炭能够赚1万多元，5角钱1公斤，三斤柴才烧一斤炭，需要几十万斤，最少也要10多万斤薪柴。现在不一样了，不用再去砍树，会员都说：协会成立以来，山上的树长好了，是协会做的好事。

5. 降低交易成本，促进林农增收

发展林农专业合作经济组织，有利于专业化分工合作，形成共同购买林业生产资料、租赁机械、销售产品、共享技术信息的合作体，共同经营森林，克服生产周期长的弱点，降低林产品生产和流通成本；有利于创新机制，激励林农增加投入；有利于联合从事林产品加工，提高林产品附加值，增加农民收入。丽江市玉龙县荒山闲置地较多，从2009年起，在1 300多公顷核桃林下套种药材，种下了木香、桔梗、白术、秦艽、附子等。面对中药材激烈竞争的市场，县人民政府和县林业局组织药农建设药材产业协会。药材产业协会由药材种植大户和药材种植公司组成，负责药材种植、管理技术的经验交流，市场营销中的信息提供、市场考察，组织发动农户种植经营药材等。目前，全县已经建立药材协会26个，会员5 600多人，其中50%的会员种植面积在3公顷以上，种植面积最大的达到了50多公顷。协会不仅对会员进行培训，组织到外地考察，还为会员提供药材市场信息，使他们应对市场的能力得到很大提高。在核桃幼苗期间药材就有了较好收成，每公顷收入达到了60 000元以上。再如怒江州泸水县鲁掌镇三河草果专业合作社，该合作社通过把广大农户组织起来参与市场竞争，提高了整体经济效益。三河村300余户人家，家家种草果。2006年，三河草果专业合作社成立，通过近4年的发展，入社户数已由建设初期的120户456人，发展到2010年的350户1 645人，草果种植面积也由合作社成立之初的85公顷，发展到现在的标准化种植基地约210公顷。2008年，三河村被国家标准化委员会确定为草果标准示范区，带动全镇892户农户发展草果种植125公顷。2010年，三河村草果销售收入305万元，成为远近闻名的“草果村”“富裕村”。合作社建立后，与泸水县农业生产资料有限责任公司合作，形成了“公司+合作社+农户”的经营模式，建成草果产、供、销一条龙生产线，产品畅销省内外市场，公司带动农户3 000多户，在全县适宜种植草果的乡镇扶持种植近3 500公顷。

除了以上几个方面外，林农专业合作经济组织围绕林业生产的各个环节而组建，如围绕制种、育苗、木材及林产品生产、木材及林产品加工、木材及林产品销售各个环节形成不同类型的组织，组织的发展有助于林业生产的专业化发展。可以说，林农专业合作经济组织在促进林业规模化、集约化、组织化、社会化方面起着非常重要的作用。

（三）主要类型

从不同的角度，可将林农专业合作经济组织分为不同的类型。目前，从林农专业合作经济组织依托的产业来划分，分为特色经济林、林（竹）浆纸产业、林产化工产业、竹藤产业、野生动物驯养系列产业、森林生态旅游业、木材加工产业、非木质林产业、观赏苗木产业9大林业类型的林农专业合作经济组织，其中涉及较多的主要又是中药材、茶叶、橡胶、水果、干果五大产业，具体分布情况见表1：

表1 林农专业合作经济组织涉及产业分布情况表

林农专业合作经济组织涉及的产业	区域布局
中药材	景洪、勐腊、江城、孟连、西盟、思茅、河口、绿春、沧源、瑞丽、腾冲、屏边、文山、砚山、彝良、威信、泸西、弥勒、泸水、福贡、武定、楚雄、香格里拉、富源、罗平、大姚、漾濞、鹤庆、南涧、宾川等30个县（市、区）
茶　叶	凤庆、云县、永德、双江、沧源、耿马、镇康、澜沧、思茅、江城、景东、景谷、宁洱、孟连、昌宁、腾冲、龙陵、保山、施甸、芒市、盈江、陇川、梁河、勐海、景洪、勐腊、绿春、元阳、屏边、南涧、云龙、广南、镇源、盐津、彝良等35个县（市、区）

续表

林农专业合作经济组织涉及的产业	区域布局
橡 胶	景洪、勐腊、勐海、江城、孟连、西盟、墨江、思茅、澜沧、河口、金平、绿春、耿马、永德、镇康、沧源、瑞丽、芒市、盈江等19个县（市、区）
水 果	河口、金平、元阳、红河、马关、新平、元江、绿春、江城、屏边、景洪、勐腊、芒市、盈江、瑞丽、思茅、蒙自、弥勒、开远、建水、石屏、宾川、永胜、华坪、会泽、东川、施甸、澄江、文山、晋宁、昭阳、鲁甸、玉龙、宁蒗、古城、维西、香格里拉、隆阳、腾冲、洱源、鹤庆、剑川、巍山、云龙、漾濞、景东等46个县（市、区）
干 果	大姚、姚安、武定、永仁、楚雄、南华、凤庆、永德、双江、云县、临翔、沧源、耿马、墨江、澜沧、景谷、镇源、景东、维西、德钦、香格里拉、兰坪、玉龙、宁蒗、永胜、隆阳、昌宁、龙陵、漾濞、祥云、永平、云龙、洱源、巍山、南涧、宾川、禄劝、新平、华宁、会泽、石屏、彝良、大关、盐津、绥江、富宁、广南、西畴、麻栗坡、文山、马关、砚山、屏边等53个县（市、区）

从推动主体来划分，可分为乡镇林业站和基层供销社领办型、林业龙头企业（公司）领办型、林农经纪人领办型三种大的类型。乡镇林业站和基层供销社领办型主要是乡（镇）林业站和基层供销社联合区域内的林农等，推进以林农为主体的、规模较大的林农专业合作社，促进区域林产业发展的过程中成立的林农专业经济合作组织。林业龙头企业（公司）领办型，主要是各地依托林业生产、加工、销售等龙头企业或相关林产品的生产、加工、流通等龙头企业，与林农共同组建基地、加工、流通等类型的林农专业合作经济组织，探索“龙头企业＋林农专业合作经济组织＋（基地）＋林农”的经营模式，推进林业规模化、产业化、标准化发展。科技、金融、保险、信息等服务机构领办型，主要是科技、金融、保险和信息服务等服务组织，联合林农创办服务型专业合作经济组织，为林农提供相关服务和支持，提高林

产业的发展能力，促进林农增收。林农经纪人领办型，主要是林（农）产品经纪人和产销大户（林农能人）在熟悉市场，了解行情，有一定技术、资金等优势的基础上，领办流通型林农专业合作经济组织，提高林产品的市场竞争力，扩大林产品的销售渠道。

从性质来划分，林农专业合作经济组织可分为协会和合作社两种类型。协会是林农自愿联合形成的社会团体；而合作社是林农自愿结成的经济组织。现实中，出现最多的是林农专业技术协会和林农专业合作社。且一些林农专业技术协会和合作社是两块牌子，一套人马。在最初的发展中，成立了协会，当发展到一定的程度时，在原来的基础上建立合作社。2010 年普洱市、怒江州、红河州农民合作经济组织发展情况恰好说明了这一点。例如，到 2010 年年底，普洱全市共有农村专业技术协会 224 个。其中，民政部门登记 88 个，工商部门登记 40 个，民政、工商均登记 24 个，未登记 96 个；38 个农技协创办 38 个合作社。怒江州共有各级各类农村专业合作经济组织 228 个，其中，林果业 25 个，中药材种植 4 个；林农专业技术协会共 29 个，主要属于技术交流服务型。红河州共有农技协 353 个，其中林果业 72 个。而到 2012 年，楚雄州仅大姚县就有 55 家农民林业专业合作经济组织，社员达到 4 万余人，经营范围扩展到了核桃、花椒、板栗、野生食用菌、中药材、松脂采集、林下养殖等多个产业。

二、扶持措施

（一）加大资金和信贷扶持力度

近年来，云南各级政府不断加大对林农专业合作经济组织的资金扶持力度，目前，仅林农专业合作社每年就有 100 家得到各级政府的扶持，扶持资金从 20 万到 30 万不等。各州（市）、县（市、区）林业和供销合作社加大筹措资金力度和投入力度，联合扶持本地林农专业合作社发展。如永平县林农专业合作组织建立后，如果有规模，有自己的章程，具有一定的带动能力，县里给予 1 万元的扶持。

同时不断加大对林农专业合作经济组织的信贷扶持力度。2009 年 12 月 31 日，《中共云南省委　云南省人民政府关于加快林业发展建设森林云南的决定》要求加大对国有林场、股份制林场、家庭林场、农村林业合作经济组织和林业龙头企业的信贷支持力度。各金融机构特别是涉农金融机构，对符合贷款条件的林农专业合作经济组织优先给予贷款支持，支持通过自有资产抵押或成员联保的形式办理贷款。并根据林农专业合作经济组织的实际情况和风险状况，合理确定贷款利率和贷款期限，贷款期限最长可至 10 年，并尽量减轻贷款客户的利息负担。对符合条件的林权抵押贷款，其利率原则上低于同期信用贷款利率。对小额信用贷款、农户联保贷款等小额林农贷款业务，给予一定的利率优惠，借款人实际承担的利率原则上不超过人民银行规定的同期限贷款基准利率的 1.3 倍。对信用记录良好、满足信贷条件的林农专业合作社，可以综合授信，随用随贷，周转使用。

2011 年 4 月 6 日下发的《云南省人民政府办公厅关于印发加快推进林权抵押贷款工作意见的通知》要求，把林业小额贴息贷款与林业生产和经营管理有机结合，引导林农通过股份合作、联合经营等方式，成立各种类型的林农专业合作经济组织。创新“公司 + 合作组织 + 基地”“合作组织 + 银行 + 保险”“合作组织 + 基地 + 银行”“信贷 + 保险”等产业化经营模式，总结推广，以点带面，发挥林权抵押贷款的引领带动效应，撬动各方资金、技术向山区、林业流动聚集，推进向股份制经营方向发展。

（二）实施税收优惠和项目扶持

近年来，云南全省税务部门严格执行国家有关税收优惠政策，对依法成立林农专业合作社，销售本社成员生产的农产品，视同农业生产者销售自己生产的农产品，免征增值税。一般纳税人从林农专业合作社购进的免税农业产品，可依其取得的合法抵扣凭证上的农产品买价，按 13% 的扣除率计算抵扣增值税进项税额。并对林农专业合作经济组织向本社成员销售的农膜、种子、种苗、化肥、农药、农机，免征增值税。同时，对林农专业合作经济组织及其成员从事下列项目的所得，免征企业所得税：一是蔬菜、谷物、薯类、油料、豆类、棉花、麻类、糖料、坚果的种植；二是林木品种的选育；三是中药材的种植；四是林木的培育和种植；五是野生动物驯养繁殖；六是林产品的采集；七是灌溉、林产品初加工、兽医、林业技术推广、林机作业和维修等涉林服务项目。此外，还对林农专业合作经济组织及其成员从事花卉、茶以及其他饮料作物和香料作物的种植、内陆养殖减半征收企业所得税。

在实施税收优惠政策的同时，云南不断加大林农专业合作经济组织的项目扶持力度。一方面，优先安排中低产林改造、中幼林抚育、天然林保护、公益林管护、速生丰产林基地建设、木本油料基地建设、生物质能源林建设、碳汇造林等林业工程、山区经济发展和农业综合开发等建设项目。另一方面，优先安排林业基本建设投资、技术转让、技术改造和科技推广等项目；同时，对符合林业贷款政策的项目贷款优先给予贴息扶持。此外，各地还积极将林农专业合作经济组织的森林防火、林业有害生物防治、林区道路建设等基础设施建设纳入林业专项规划，优先享受国家各项扶持政策。并鼓励有条件的林农专业合作经济组织承担科技推广项目，支持其承担林木优良品种（系）选育及林木高效丰产栽培技术、森林植被恢复和生态系统构建技术、野生动物驯养繁育技术、森林资源综合利用技术等林业新品种、新技术推广项目。

（三）推进示范社建设

在扶持林业专业合作经济组织发展过程中，云南各级林业主管部门和供销合作社每年推荐评选一批管理规范化、经营品牌化、生产标准化，经济社会效益明显、带动力强的林农专业合作社为示范专业合作社，给予表彰和重点扶持。2011 年 11 月 10 日，省林业厅第十二次厅务会议通过、2012 年 2 月 1 日起施行的《云南省林农专业合作社省级示范社认定和管理办法》强调，凡主要从事木本油料、林下资源开发、林浆纸、林产化工、竹藤、野生动物驯养繁殖、森林生态旅游、木材加工及人造板和观赏苗木等林业生产经营；依照《农民专业合作社法》注册登记一年以上（含一年），成员达到 50 个以上，带动农户 100 户以上；从事生产的社员认购股金占股金总额的一半以上，单个社员或者社员联合认购的股金最多不得超过股金总额的 20%；理事会、监事会成员由社员代表大会民主选举产生，合作社重大事项实行民主决策，社务公开，接受社员监督；依法运作，按章程管理，自觉接受林业、财政和供销合作部门的指导、监督和检查，各种记录完整规范，即社员资格明确，组织机构健全，章程制度完善，社务管理民主，会计核算规范，盈余返还合法，档案管理规范，经营服务统一，经营效益良好，具有较好示范和带动作用的林农专业合作社可以申报示范社。示范社建设过程中，各级政府给予 20 万到 30 万元的扶持资金。通过扶持资金的使用，极大地提高了示范社的自我服务功能。

（四）加大人才支持

近年来，云南各级林业主管部门、科协、农业经营管理站、供销合作社始终把积极支持林农专业合作经济组织引进经营管理、专业技术人才，加强对林农、林农专业合作经济组织骨干人员的培训等工作，作为发展林农专业合作经济组织的重要措施，不断加大投入，分类培训，通过举办林农专业合作经济组织法律培训班、政策解读班、林农经纪人培训班、理事长培训班等，加深对林农专业合作经济组织法律、政策和理论的认识。并鼓励企业、事业单位和社会团体加入林农专业合作经济组织。同时，把实施“一村一名大学生计划”工作同加强林农专业合作经济组织建设有机结合，选派及培养优秀大学生到林农专业合作经济组织工作，提高林农专业合作经济组织人员的综合素质；并对到林农专业合作经济组织工作的大学毕业生，执行国家助学贷款代偿政策。

除了以上四个方面外，云南还在以下四个方面对林农专业合作经济组织进行扶持。一是实行森林保险优惠政策。鼓励和支持林农专业合作经济组织参加森林火灾保险和其他政策性森林保险工作。支持林农专业合作经济组织集体投保，提高林农参保率和森林保险覆盖率。对参加森林保险的林农专业合作经济组织，保险部门将在政策范围内给予最大优惠。二是鼓励创建名牌。鼓励林农专业合作经济组织开展林产品商标注册、品牌创建、产品质量标准认证、森林可持续经营认证活动。对获得省著名商标和国家驰名商标、省名牌产品和中国名牌产品，以及通过国家认证、获得绿色和有机食品认证的产品的组织，给予优先扶持。三是积极引导林农专业合作经济组织参与集体林地林木的流转。四是实行用地和林产品运输优惠。林农专业合作经济组织按照乡（镇）土地利用总体规划在山区从事规模化林业种植和养殖的，所需林地按农用地管理，不需办理农用地转用审批手续。同时，林农专业合作经济组织运输自产林产品的，执行农产品优惠政策。

三、存在的问题

1. 管理部门不统一，扶持资源及力量各自为政

目前，协会由民政部门登记注册，科协主管；合作社、股份合作社由工商登记注册，农业部门下设经营管理站主管；涉及生产资料供应的合作社，供销系统行使管理职能，而少数林农合作组织还归林业部门主管。随着林农专业合作经济组织的发展及国家的重视，民政部门、工商部门、农业部门、林业部门、供销社系统、科协系统都积极介入到林农专业合作经济组织的管理中来，对于发挥各职能部门的优势有好处，但不利于形成合力，管理部门之间的协调难度较大。近年来，林农专业合作社被单独提出来后，林业部门、供销合作社有取代传统的农业、科协管理地位的迹象。更为重要的是，林权抵押贷款由金融部门掌控，与林业部门的协调也不够。认真分析会发现，目前云南林农专业合作经济组织很多是在协会基础上发展起来的，同时，更多从事的是“混农林业”，更为重要的是，林业本身就是大农业中的一个组成部分，林业的发展不能避开农业优惠政策的扶持。同时，云南林农专业合作经济组织扶持资源和扶持力量各自为政的问题比较突出。虽然制定了全省性的扶持政策，如税收、信贷、金融支持政策，但这些部门根据各自的资源量提供支持，扶持力度存在明显差别，且资源整合度不高。同时，目前科协、农业、林业、供销合作社等部门还没有形成统一的力量，在扶持林农专业合作经济组织发展中各自为政，降低了本应有的合力。

2. 扶持政策笼统，难以形成区域主导林产业

目前，云南在扶持林农专业合作经济组织中，只进行了协会、合作社分类，在合作社中，通过示范社建设又形成了示范社与普通社之分，示范社的扶持力度远高于普通社。而没有进行更加细致的分类，如以从事的产业进行划分，或以从事的生产过程

及环节进行分类，或以林种性质划分为公益林和商品林。不同类型林农专业合作经济组织在发展中面临的困难不同，需要给予的扶持政策也不同；同时，不同片区林产业发展的目标不同，需要给予不同的侧重，如滇中以核桃、林下产品开发为主；而滇西北以中药材及林下产品为主；滇东南以商品林开发为主等。目前这样笼统的扶持政策，难以形成区域性主导林产业。

3. 缺乏人才，发展后劲不足

虽然近年来云南加大了对林农专业合作经济组织的人才支持及培训力度，但云南林农专业合作经济组织主要以农民为主组成，人才缺乏成为发展的瓶颈，主要体现在两个方面：一是缺乏技术人才，组织技术服务供给不足，尤其是在一些新兴林产业发展中，如石斛的发展、野生天麻的种植等领域；二是缺乏管理人才，组织管理不规范，尤其是一些新成立的林农专业合作经济组织，并由此导致组织发展困难。

4. 缺乏监管，经营管理混乱

目前，由于监管政策的缺位，部分林农专业合作经济组织成为负责人向各级政府和企业申请项目的工具，而没有真正起到带领林农发展的作用。同时，部分合作组织的负责人假借招商之名，挥霍组织资源。部分以经纪人为主组建的林农专业合作经济组织控制当地林产品的购销价格和销售渠道；同时，通过各种手段，打击外地客商，成为联合欺压普通林农的工具。

5. 发展不快，组织弱小

虽然到2012年年底，云南林农专业合作经济组织在4 000个左右，但只有不足1 000个运营比较规范且具有较强的带动能力。其中较大一部分组织由于缺少经费、缺少产业支撑，组织成员结构涣散，弱小局面没有改变。同时，目前云南林农专业合作经济组织成员总体不多，带动能力不足。另外，云南林农专业合作经济组织主要处于经济技术服务型，即提供市场服务和技术服务型阶段，进入实体型即开展产加销一体化服务，并进行入股分红的较少，这样的局面，既反映出云南林农专业合作经济组织带动能力不足，也说明云南的林农专业合作经济组织具有非常大的发展空间。

四、对策措施建议

1. 整合管理和扶持资源，提高扶持资源使用效率

一是配合政府机构改革，从促进云南高原特色林产业的战略高度出发，整合现有的管理机构，从农业、林业、科协、供销社等部门，抽调人员组建新的管理机构，对林农合作组织进行对口管理。新组建的部门可从服务内容来设置下设机构，如科技推广、产业开发、组织建设、信息服务等职能部门；也可以根据类型设立协会、合作社、股份合作社三个独立的林农专业合作经济组织管理部门。二是建立涉及林农专业合作经济组织发展的金融、国土、林业、农业等部门的联席会议制度，定期举行联席会议，商讨林农专业合作经济组织发展情况及扶持办法，避免扶持政策笼统、扶持资源、力量各自为政带来的不利影响。

2. 完善分类分片扶持政策，促进区域主导林产业发展

一是完善分类支持政策，对不同类型林农专业合作经济组织给予不同的政策支持。二是从形成区域主导产业的角度出发，对滇东南片区、滇西南片区、滇西北片区、滇东北片区、滇中片区分别制定有针对性的扶持措施，逐渐形成滇东南商品林、滇西南速生丰产林及以石斛为代表的林业产业、滇西北核桃和中药材种植、滇东北苹果为主的水果种植、滇中核桃及以野生菌为主的林业产业区，形成具有云南特色的区域主导林产业。三是建立针对公益林和商品林的林农专业合作经济组织的差异性扶持政策，针对公益林，应强化林农专业合作经济组织在森林管护、公益林补助抵押贷款以及扶育间伐指标申请、林下产品开发等方面的功能；针对商品林，应强化林产品开发及深加工、林地流转服务、林业贷款等方面的功能。四是逐步扶持一部分林农专业合作经济组织通过入股开办自己的工厂，从事林产品深加工，提高林农专业合作经济组织自身的服务能力。

3. 完善人才支持体系，加强人才能力建设

一是认真落实大学生到林农专业合作经济组织任职的优惠政策及扶持措施，同时，根据林农专业合作经济组织的人才需求，启动“林农专业合作经济组织人才支持工程”试点工作，选派部

分专业对口的新农村建设指导员到林农专业合作经济组织任职，帮助实施新技术研发和技术推广，规范组织管理。二是完善现有农村培训机制，将林农专业合作经济组织主要负责人纳入乡村干部培训体系，定期举行林农专业合作经济组织管理人员培训，强化“林农专业合作经济组织经营管理培训”项目。

4. 加强分类监管，提高扶持资金使用效率

加强对林农专业合作经济组织的分类监管，工商管理部门应加大对林农专业合作经济组织经营管理的监管力度，避免林农专业合作经济组织开展非法竞争和垄断经营，营造依法经营和有序竞争的良好局面。同时，相关主管部门应成立财务审计和监管委员会，对林农专业合作经济组织经营行为及扶持资金使用情况进行监督和管理，必要时，地方审计部门可以进行专项审计，在保证扶持资金依法合理使用的同时，提高扶持资金的使用效率。

5. 完善组织结构，提高林农专业合作经济组织的带动能力

针对目前林农专业合作经济组织弱小、带动能力不强的现实，适当提高林农专业合作经济组织的准入门槛，强化组织入口关。对以村庄为基础建立的林农专业合作经济组织，将申请成立林农专业合作经济组织的成员数与所在村庄家庭数的比例控制在三分之一以上，并适当限制经纪人在组织中所占比例，广泛吸收普通林农加入林农专业合作经济组织，使组织覆盖所在村庄的大多数农户，以突出林农专业合作经济组织对普通农民的带动作用。对已成立的林农专业合作经济组织，积极引导部分成员少、只覆盖社区少数群众的组织开放办组织，降低组织准入条件，广泛吸收新成员，使组织成为社区再组织化的载体，以提高林农专业合作经济组织对所在社区的覆盖率，拓展其公共服务的广度。同时，加快在林农专业合作经济组织内部建立党支部的步伐，党支部直接由县乡党委代管，强化县乡党委对林农专业合作经济组织发展的动态把握，通过党支部作用的发挥来提高组织的自我服务和带动能力。

五、展　望

（一）林农专业合作社将成为林农专业合作经济组织的发展主体

随着林农专业合作经济组织的发展，尤其是在开展经济技术服务型的过程中，林农专业经济技术协会作为社会法人主体，在市场纠纷及利益保障中处于弱势。而林农专业合作社作为经济法人主体，在市场中具有独立的资格，能够以组织的名义从事市场活动，并维护组织及成员的利益。在这样的背景下，林农专业合作社将成为云南林农专业合作经济组织发展的主体。到2015年，全省林农专业合作社将达到5 000个以上，覆盖70%以上乡（镇），有50%以上的涉林农户加入林农专业合作社；全省将建立省级示范林农专业合作社800个以上。到2020年，全省林农专业合作社将达到7 000个以上，成为创新林业经营体系的主要推动力量。伴随着林农专业合作社的快速发展，林农专业经济技术协会的发展步伐将放慢。同时，在没有国家法律支持下，多数林农专业经济技术协会将最终被林农专业合作社取代。

（二）政策扶持力度将显著加强

作为林业大省，随着我省林权制度配套改革的推进，林农受益于林业发展的局面将进一步巩固，林农投资林业的积极性将进一步提高。面对日益激烈的市场竞争，林农“组团”闯市场将成为云南林产业发展的必然选择。在这样的背景下，云南林农专业合作经济组织发展及相关扶持政策将进一步加强。针对目前林农专业合作经济组织发展中存在的问题，并从做强做大林产业的高度出发，一批扶持林农专业合作经济组织的政策将相继出台。首先，针对目前林农专业合作经济组织经营活动中存在不规范的现象，在近年将出台一系列林农专业合作经济组织经营活动监管政策。其次，基于目前云南部分林农专业合作经济组织已经具备开展林产品深加工条件的现实，从做强林产业及提高林农收入的角度出发，将出台扶持林农专业合作经济组织开展林产品深加工的政策，以拓展产业链，提高林农收益。而随着林农专业合作经济组织进入实体型，需要的资金扶持力度将增大，从做强林产业的角度出发，有关部门将出台林农专业合作经济组织创办企业方面的金融扶持政策。最后，各州（市）也将出台促进区域性主导林产业发展的相关政策，对涉及区域性主导林产业的林农专业合作经济组织给予重点扶持。

（三）带动作用将进一步彰显

随着林农专业合作经济组织的发展，其带动作用将进一步彰显。一方面，带动林农增收作用将进一步彰显，大部分组织从最初的经济技术服务型向经济技术实体型转变，即从只提供市场和技术服务，组织成员仅交纳合作服务费的组织，向在提供市场和技术服务的基础上，组织成员认股投资、合作开发林产品、按股分红转变。这种转变拓展了林业的产业链，使组织成员在更多的产业链条上分享收益，增加林农收益。另一方面，带动更多的林农加入到林产品的开发中来。林农专业合作经济组织在发展过程中将呈现出一种向外扩展的态势，规模不断壮大，组织成员不断增多，并在最初网络精英的基础上，将普通林农，甚至是林农中的弱势群体吸纳到组织中来，既体现出林农专业合作经济组织的“益贫性”，也体现出林农专业合作经济组织较强的带动能力。

（四）林业“四化”程度进一步提高

随着林农专业合作经济组织的发展，云南林业经营集约化、专业化、组织化、社会化程度将进一步提高。首先，通过林农专业合作经济组织这个载体将林农组织起来，“组团”闯市场，提高林农的组织化程度。其次，通过林农专业合作经济组织的示范带动作用，林业生产向高技术、高效益转变，同时，随着产业链进一步延伸和拓展，林业经营将从初放型向集约型转变，集约化程度将进一步提高。再次，随着围绕林业生产各环节的林农专业合作经济组织的形成及快速发展，云南林农围绕各生产环节及产业的专业化程度将进一步提高。最后，在林农专业合作经济组织广泛参与产前、产中、产后服务的背景下，云南林业的社会化服务水平将进一步提高。

（作者单位：云南省社会科学院农村发展研究所）

完善生态效益补偿机制
推进“森林云南”建设

胡　晶

生态效益补偿机制，是国家或生态环境受益人对为生态环境建设和保护付出代价者支付相应费用的措施和办法。建立生态效益补偿机制，就是要根据不同地区内不同的资源、人口、经济、环境总量来制定不同的发展目标与考核标准，让生态脆弱的地区更多地承担保护生态而非经济发展的责任，建立中央对地方、下游地区对上游地区、开发地区对保护地区、受益地区对受损地区、城市对乡村的补偿机制，以平衡生态环境建设和保护各方的利益，实现科学发展。事实证明，只有保障广大林农在森林资源利用和保护中的主体地位，确保林农不仅能从森林资源开发利用中获益，也能从森林资源保护中获益才是解决这一矛盾的关键所在。实施森林生态效益补偿机制，既是确保林农从森林资源保护中受益的重要手段，也是推进我省“森林云南”建设的必然选择，是最终实现人与自然和谐共处的重要前提。

一、集体林生态效益补偿现状

（一）补偿的重要性

云南属于低纬度高原山区，地处珠江、长江等重要水系的源头和上游，国土面积的94%是山区，森林资源丰富。作为全国四大重点林区之一，云南全省林业用地面积2 473 万公顷，占国土面积的64.7%，居全国第二位。天然林比重大，其面积和蓄积分别占全省林地的 83.3% 和 96.3%。在林地面积中，集体林 1 820.0 万公顷，占全省的 73.6%，涉及农户 845 万户，占全省总农户的 92.3%[①]。全省区划界定为公益林面积 1 230.2 万公顷，占林业用地面积的 50.2%（其中国家重点公益林 791.8 万公顷，地方公益林 438.3 万公顷），其中超过一半的公益林产权为集体或个人所有[②]。

特殊的地理位置决定了云南生态保护与建设，不仅对流域内的经济社会产生深远影响，还对中、下游地区起着重要的防护作用，这里的生态环境变化将拨动全国乃至东亚地区生态环境系统的神经。尽管森林资源丰富，但由于地形、地貌和环境的复杂性和多样性，立体地貌、立体气候十分突出，生态环境差异极大，加之一段时间资源开发利用方式的不尽合理等多种原因，使得云南的生态环境十分脆弱。此外，云南作为少数民族地区，居住着相当比例的贫困人口。他们受贫穷困扰，急于摆脱贫困、改善生存条件的种种努力，又往往直接构成对脆弱生态环境的破坏，加重当地生态环境的压力。

长期以来，云南作为我国资源与能源的重要基地之一，担负了向发达地区输出资源的任务，承担了生态破坏的成本，却没有得到相应补偿，导致地区生态环境不断恶化，水土流失严重、石漠化防治形势严峻[③]以及生态功能区划严重偏离地方群众发展需求等问题，是困扰我省落实科学发展观，走可持续发展道路的重要障碍。

早在 2000 年，云南省委、省人民政府就提出了“生态立省，环境优先”，建设“绿色经济强省”的发展战略，是对云南长期以来发展道路和经验的深刻总结和系统反思的结果。但云南生态环境保护与发展经济的尖锐矛盾也是空前的，经济发展的各项人均指标居于全国的末尾，各州（市）经济发展不平衡的问题日趋突出，州（市）所在地的中心县（市、区）与边远的贫困山区

① 张媛、刘选林：《云南集体林权制度改革配套措施存在的问题及对策研究》，载《中国林业经济》2011 年第 4 期，第 19～21 页。

② 国家级公益林中集体和个人部分相对明确，但省级和州（市）县（市、区）级中实际比例不清，因此，此数据是根据国家级公益林中集体和个人部分超过 50% 的比例的推算值。

③ 梁爱文、刘先长：《我国生态补偿制度建设面临的困境与路径前瞻》，载《科学与管理》2011 年第 1 期，第 61～66 页。

县经济社会发展的不平衡性，导致生态建设也很不平衡。尽管各级政府已经采取了一系列加强生态保护和建设的政策措施，通过推进“森林云南”建设，将云南打造成“生物多样性宝库和面向西南的生态安全屏障”，有力地促进了生态环境的改善。但不可否认的是，有关生态建设的经济政策依然严重短缺。这种状况使得生态效益及相关的经济效益在保护者与受益者、破坏者与受害者之间的不公平分配，导致了受益者无偿享有生态效益，而保护者得不到应有的经济激励。同时，破坏者未能承担相应的责任和成本，受害者又得不到应有的经济赔偿。这种生态保护相关的经济利益关系的扭曲，不仅使生态保护面临很大困难，而且也影响了地区之间以及各利益相关者之间的和谐。要解决这类问题，必须建立合理的生态效益补偿机制，以便调整相关利益各方生态及其经济利益的分配关系，促进生态与环境保护在城乡之间、地区之间和群体之间的公平协调发展。

（二）现行补偿制度

1. 理论依据

综合国内外的实践，生态效益补偿主要遵循以下基本理论：

（1）环境资源价值理论。森林生态系统为人类生命和社会经济活动提供必需的环境资源，因而具有价值。其价值是凝结在自然环境资源中的人类抽象劳动，具体表现为人们对自然环境资源的发现、保护、开发等过程中投入的大量物化劳动和活劳动。当生态环境资源的有限性与人类需求的无限性产生矛盾时，其“稀缺性”得以体现。随着人口的不断增长和延续，以及生态环境资源在空间上分布的不均衡，使得生态环境资源的稀缺性越来越明显。而随着人类对生存环境质量要求的不断提高，生态环境在提供生态服务功能上的价值日益受到重视，生态环境保护需求增强。森林生态效益补偿正是促进生态环境保护的一种重要手段，而对于森林生态服务功能价值的科学界定，是实施森林生态效益补偿的理论依据。此外，环境资源的资产特征要求资源环境在法律上必须具有明确的权利主体，以确定主体对其资源环境的权责利，以及生态资源占有者与利用者之间的权利和义务。

（2）外部性理论。外部性理论是生态经济学和环境经济学的基础理论之一，也是森林生态效益补偿政策的重要理论依据。根据外部性理论，森林生态环境资源在生产和消费过程中产生的外部性，主要反映在两个方面，一是资源开发造成生态环境破坏所形成的外部成本，二是生态环境保护所产生的外部效益。由于这些成本或效益没有在生产或经营活动中得到很好的体现，从而导致了破坏生态环境的行为没有得到应有的惩罚，保护生态环境产生的生态效益被他人无偿享用，使得生态环境保护领域难以达到帕累托最优。这就需要建立生态补偿机制，使外部性“内部化”。

（3）公共物品理论。公共物品具有的两个基本特征是使用上的非排他性和消费上的非竞争性，使得在使用它的过程中容易产生两个问题：“公地悲剧”和“搭便车”问题。森林生态系统及其所提供的生态服务具有公共物品属性，需要从公共服务的角度对其进行有效的管理。完善公共服务，重要的是强调政府的主体责任、公平的管理原则和公共支出的支持。在生态环境保护方面，基于公平性原则，区域之间、人与人之间应该享有平等的公共服务和平等的生态环境福利，这是制定区域生态补偿政策必须考虑的问题。我国现行生态补偿政策以政府买单为主的形式，最主要的理论依据就在于此。

2. 界定与标准

林业分类经营是生态公益林划定的基本依据。我国林业分类经营中主要将森林资源按其利用属性分为商品林和公益林两种，其中商品林主要承担森林的经济属性，以提供林产品和林副产品等主要形式，为社会经济建设提供所需资源，而公益林则主要承担森林的社会公益属性，发挥森林涵养水源、净化空气、防止水土流失等作用。生态公益林一般为生态区位极其重要或生态状况极为脆弱区域，对国土生态安全、生物多样性保护和经济社会可持续发展具有重要作用，例如江河源头、水库、城镇、道路面山、自然保护区等等。

1996 年，按照原林业部《关于开展林业分类经营改革试点工作的通知》，云南在全省 24 个县开展了林业分类区划试点工作。1999 年，在试点的基础上，全省区划界定公益林 1 484.5 万公顷，占林业用地面积的 61.0%；商品林 965.7 万公顷，占林业用地面积的 39.0%。公益林按事权划分为：国家级 1 046.6 万公顷，占 70.5%，地方 437.8 万公顷，占 29.5%。

2004 年 7 月，按照《国家林业局、财政部重点公益林区划界定办法》（以下简称《区划界定办法》）的要求，云南又在全省森林分类区划基础上以县为单位开展了国家重点公益林区划界定和两类林区划调整工作。调整结果经省人民政府同意并上报国家林业局。此次调整后全省公益林面积 1 238.7 万公顷，占 50.2%；商品林面积为 1 230.1 万公顷，占 49.8%。按照事权划分：国家重点公益林 791.8 万公顷，占 57.7%；地方公益林 446.8 万公顷，占 43.3%。

2006 年，全省开展了 7.6 万公顷省级公益林区划界定和补偿试点工作。2008 年，全面启动省级公益林生态效益补偿，区划界定省级 394.5 万公顷，州（市）级 16.0 万公顷，县（市、区）级 27.9 万公顷。

2009 年，云南又开展了国家级公益林分级区划调整工作，两类林比例基本维持 2004 年的 49.8%∶50.2%，共区划公益林 1 230.2 万公顷，其中国家级 791.8 万公顷，占 64.4%；地方 438.3 万公顷，占 35.6%。此次调整后，国家级公益林中国家所有的 336.0 万公顷，占 42.4%；集体所有的 340.5 万公顷，占 43.0%；个人所有的 115.4 万公顷，占 14.6%[①]。

我国现行生态公益林补偿的经费主要是以政府财政拨付为主，补偿经费主要用于两部分，即公益林权属为集体或个人的补偿性支出，以及公益林权属为国家的管护性支出。生态公益林补偿经费使用要求，“应将不低于 50% 的补偿性支出用于林权使用者补偿费，护林员直接管护费不高于 40%，村集体监管费不高于 10%”。具体分配方案要求在乡（镇）政府指导下，由村民会议或者村民代表会议审定并在本村范围内公示。从 2004 年开始，国家级公益林的平均补助标准为每年 5 元/亩。2009 年起，该补偿标准提高到 10 元/亩。从 2009 年起，根据《云南省省级公益林补偿资金管理办法》，省级公益林由省财政划拨经费予以补偿，补偿标准参考国家级生态公益林平均补助标准每年 5 元/亩。2010 年起，为切实解决同一地区国家级和省级生态公益林补偿标准不同的问题，经过多次调研论证，省人民政府从生态保护和农民的切身利益出发，在省财政支出压力非常大的情况下决定自 2012 年开始，将省级公益林补偿准标提高到 10 元/亩，实现国家

① 王绍彬：《云南森林生态效益补偿工作回顾与建议》，载《云南林业》2012 年第 3 期，第 40 ~ 41 页。

级和省级公益林同标准补偿，解决了公益林补偿标准不同产生的问题，有效地稳定了公益林区划面积。

3. 政策措施

早在20世纪90年代初，森林生态效益补偿问题就已引起了政府及有关部门的高度关注，颁布了一系列法规，并在实施过程中不断调整和完善。

1984年颁布的《森林法》第6条第1款第（5）项规定建立林业基金制度，将之作为国家对森林资源实行的保护性措施之一。1988年6月2日，国办通〔1988〕34号文件批复原林业部《关于实行林业基金制度问题的请示》，同意先建立中央级（林业部本级）和省级林业基金。有条件的地区，经省级林业主管部门批准，也可逐步建立地、县两级林业基金。

1992年，国务院批转国家体改委《关于一九九二年经济体制改革要点的通知》（国发〔1992〕12号），明确提出“要建立林价制度和森林生态效益补偿制度，实行森林资源有偿使用”。1993年，国务院《关于进一步加强造林绿化工作的通知》（国发〔1993〕15号）指出，“要改革造林绿化资金投入机制，逐步实行征收生态效益补偿费制度”。

1998年修改后的《森林法》第8条继续将建立林业基金制度作为国家对森林资源实行的保护性措施之一，并在该条第2款增加规定：“国家设立森林生态效益补偿基金，用于提供生态效益的防护林和特种用途林的森林资源、林木的营造、抚育、保护和管理。森林生态效益补偿基金必须专款专用，不得挪作他用。”

2000年7月，国家林业局向财政部请求尽快建立森林生态效益补助资金。2001年1月，财政部作出回复，同意建立森林生态效益补助资金，建议国家林业局作好公益林清查，并从试点开始实施。2001年，财政部和国家林业局根据《森林法》《森林法实施条例》等法律法规，制定了《森林生态效益补助资金管理办法》（暂行）（财农〔2001〕190号），由中央财政设立森林生态效益补助资金，并鼓励地方政府根据当地实际情况，建立地方森林生态效益补助资金。从2001年11月起，森林生态效益补助资金在全国包括云南在内的11个省（市、区）658个县的24个国家级自然保护区进行试点，总投入为10亿元人民币，共涉及1 333.3万公顷森林。

2003 年 6 月，中共中央、国务院《关于加快林业发展的决定》（中发〔2003〕9 号）指出，“凡纳入公益林管理的森林资源，政府将以多种方式对投资者给予合理补偿”，“公益林建设投资和森林生态效益补偿基金，按照事权划分，分别由中央政府和各级地方政府承担”。

2004 年，正式建立中央森林生态效益补偿基金，标志着我国森林生态效益补偿基金制度的实质性确立。同年，云南省委、省人民政府《关于加速林业发展的决定》指出，“把森林生态效益补偿基金纳入各级财政预算，适时启动省级森林生态效益补偿试点工作”。

2004 年，财政部和国家林业局根据《预算法》制定了规范性文件《中央森林生态效益补偿基金管理办法》（财农〔2004〕169 号），以保护重点公益林资源、促进生态安全为目的，由财政部建立中央森林生态效益补偿基金。这也是我国森林生态效益补偿机制正式建立的标志。从 2005 年起，中央财政正式设立了森林生态效益补偿基金。

2007 年，为进一步规范和加强中央财政森林生态效益补偿基金管理，提高资金使用效益，财政部和国家林业局对《中央森林生态效益补偿基金管理办法》进行了修订，制定了《中央财政森林生态效益补偿基金管理办法》（财农〔2007〕7 号），进一步明确了中央和地方的事权，即“各级政府按照事权划分建立森林生态效益补偿基金”，“森林生态效益补偿基金用于公益林的营造、抚育、保护和管理。中央财政补偿基金是森林生态效益补偿基金的重要来源，用于重点公益林的营造、抚育、保护和管理”，督促地方政府建立森林生态效益补偿基金①。

从 2009 年开始，云南将省级生态公益林也纳入补偿范围，由省财政直接预算列支补偿经费。在认真执行国家对森林资源保护管理的有关规定和《中央森林生态效益补偿基金管理办法》的同时，结合自身实际，制定了《云南省实施第一批国家重点公益林森林生态效益补偿工作方案》《云南省实施第二批国家重点公益林森林生态效益补偿工作方案》《云南省重点公益林生态效益补偿项目管理暂行办法》《云南省森林生态效益补偿基金管理实

① 金瑛：《云南省森林生态效益补偿机制现状及完善对策》，载《林业调查规划》2008 年第 6 期，第 90～95 页。

施细则》《云南省编制省级公益林生态效益补偿县级实施方案操作细则》和《云南省森林生态效益补偿工作责任制考核办法》（试行）等政策文件，确保生态效益补偿工作的落实与推进。

此外，云南省还结合实际进行了公益林生态补偿的市场化尝试，主要是通过公益林适度利用、森林碳汇和生态旅游项目拓宽补偿经费来源，既增加林农收入，同时也能有效促进保护。

二、取得成效及存在问题

（一）取得成效

1. 初步建立了规范的森林生态效益补偿体系

目前，云南已基本形成了以中央财政和省级财政投入为主的森林生态效益补偿机制。首先，除中央相关文件及政策措施外，制定了《云南省森林生态效益补偿基金管理实施细则》《云南省重点公益林生态效益补偿项目管理暂行办法》等一系列地方性法规和规范性文件。其次，建立了省、州、县三级林业分类经营与公益林管理机构，落实了工作人员，明确了工作职责。各级林业、财政部门实行双向责任管理，层层签订公益林补偿目标管理责任状，做到层层有人抓，事事有人管。再次，健全了公益林管护体系。森林资源监测、资源档案管理、森林火灾预防与扑救、林业有害生物防治、森林资源管护等基础建设和设施装备不断加强，管护水平不断提高。严格按实施方案开展生态效益补偿和公益林管护，确定责任区面积、补助标准和管护形式，张榜公示，公开竞聘专职护林员或村民联合管护；集体所有的公益林，由乡（镇）选聘专职护林员；林农个人所有或经营的公益林，由林权所有者或经营者进行管护。全省公益林管护从兼职、附带管护向专人、专业队伍为主管护转变，从季节性、一般性管护向常年性的责任区管护转变。最后，规范了补偿资金的管理。严格申报程序，认真执行《中央财政森林生态效益补偿基金管理办法》和《云南省省级公益林补偿资金管理办法》有关规定，确保中央补偿基金及时足额拨付，专款专用。采取“一卡（折）通”等方式兑付补偿金，确保管护费用直接发放到个人手中，而且还加强补偿基金使用的管理和监督，对违反规定截留、挤占、挪用补偿基金的，按照有关法律法规追究单位及其责任人的责任。

2. 有效保护了森林资源

截至目前，公益林覆盖了全省生态区位重要及脆弱的地区，森林资源得到有效保护，实现了森林资源的三增长，全省森林覆盖率增加了6.73%，森林面积增加了257.7万公顷，活立木蓄积增加了16 457万立方米①。公益林区内森林火灾明显下降，林业有害生物得到有效控制，滥伐盗伐、毁林开荒、违法征占林地等违法行为大幅减少。各种破坏森林资源现象得到有效遏制，公益林区自然环境逐步恢复，灾害性破坏明显减少，水土流失现象有所缓解，生物多样性和野生动物栖息地得到有效保护。森林生态功能不断增强，公益林发挥的生态效益更加明显。

3. 有效促进林农增收，提升了林农爱林护林的积极性

2012年，全省投入公益林补偿资金达12.32亿元，其中中央投入从8 200万元增加到7.75亿多元，省级投入由1 000万元增加到4.56亿多元。700多万农户、2 385万人直接受益，有效地促进了当地农民增收。以迪庆州为例，受益最多的乡镇每年补偿资金达732.6万元，受益最多的村每年补偿资金达250.8万元，受益最多的农户每年补偿资金达3.5万元。同时，我省还通过不断创新公益林经营和补偿机制，拓宽林农在公益林上的增收渠道，提高他们的增收能力，从而鼓励他们积极投身到公益林的保护事业中。一方面是鼓励林权所有者依托公益林资源，通过大力发展野生食用菌、林下种养业、药材等特色产业获得增收。以楚雄州南华县为例，2012年7月30日至8月5日，该县举办了“第九届中国·南华野生菌美食文化节”，一周之内野生菌集散交易量为826吨，交易额3 111.5万元（日均交易量118吨、日均交易额444.5万元），其中仅均价18元/公斤的牛肝菌一项，一周交易量就达385吨，交易额高达693万元。另一方面是积极支持发展生态旅游和森林碳汇项目，探索多渠道补偿机制。如腾冲县火山热海、香格里拉普达措国家公园，对划入景区的集体公益林，由景区旅游管理公司从门票收入中，对农户给予经济补偿。在香格里拉普达措国家公园内的浪茸自然村，旅游公司每年按户

① 王绍彬：《云南森林生态效益补偿工作回顾与建议》，载《云南林业》2012年第3期，第40～41页。

补偿5 000元，再按每人补偿2 000 元，户均获得的生态旅游补偿收入上万元。此外，我省也通过实施碳汇项目等形式提高公益林的经济效益，从而使林权所有者能够从中受益。2007 年开始，保护国际（CI）、美国大自然保护协会（TNC）和国家林业局在腾冲的界头、曲石、猴桥等 5 个村委会的 18 个自然村开展碳汇项目，旨在通过保护区边缘地带森林保护和再造林活动，在社区和保护区之间建立缓冲地带，减轻社区居民对保护区的依赖；减轻外来有害生物对生物多样性的威胁；控制对重要国际河流伊洛瓦底江上游的龙川江支流的水土流失；增加社区收入，缓解贫困压力。项目业主（即社区林权所有者）通过造林和森林管护活动参与到项目中，并根据自己有效造林和管护面积的大小，获得每亩 112 元的补贴。当第一笔碳汇收益 104.66 万元顺利兑现到项目业主手中时，这些当初从砍树转变成种树的村民都兴奋地说，“从来没有想过不砍树还能有钱赚”，他们都没想到还能够通过碳汇交易获得一笔如此可观的额外收益。

4. 有效提升了社区自我管理及组织能力，促进森林生态保护工作

森林生态补偿机制的建立，使很多无法利用森林资源获得经济效益的公益林区的林农享受到了真正的实惠。其中一些社区在生态补偿经费使用和生态管护体系建设中的创新，还使得他们在社区实现自我组织及管理方面的能力得到很大提升，不仅有利于社会资本的强化和积累，同时也有利于森林生态保护工作的推进。如丽江市玉龙县的古村和迪庆州维西县的巴珠村，村民们都通过民主决议，打破森林生态补偿按照森林权属归属分配的常规做法，根据村庄家庭户数和人口来分配生态效益补偿款。这样一来，一些自家集体林没有划入公益林的农户也分到了生态补偿金，不仅促进了社区公平与社区和睦，也有效地刺激了林农参与森林保护的积极性。

（二）存在问题

1. 集体公益林划分不合理，与农村传统生态建设布局及农民发展需求不协调

由于云南特殊而重要的生态地位，生态公益林划分比重较高。目前，全省公益林和商品林比例为 50.2%∶49.8%，公益林

1 230.2 万公顷，其中，国家级 791.8 万公顷，省级 394.5 万公顷，而这两类公益林中权属为集体或个人的超过了 50%。然而，实地调查发现，当前的公益林划分存在以下问题：首先，集体公益林的划分标准、等级和范围不明确。由于我国当前没有对森林生态效益计量的统一标准，因此对森林的生态价值也就难以确定。尽管我省公益林的划分依据是生态区位的重要性，例如是否位于江河源头及两岸、重要水库面山、自然保护区等等，但实际区划界定和样地监测过程中，存在重林分因子轻生态因子、重数量指标轻质量指标的现象。有些区划过于注重森林的数量；有些区划过于注重树高、胸径、材积等因素，而忽视了整个森林生态系统的整体价值；有些区划过于注重有林地、乔木的保护，而忽略了灌木层的生态价值，等等。其次，部分地区公益林区划属于图纸工程，脱离实际。一些生态功能重要的区域没有得到充分保护，而一些适宜开发的区域又划入了严格的保护范围。而这其中集体林究竟占多大比重也没有确切的统计。生态公益林的划分没有真正解决其重要性对谁重要、由谁确定以及谁为划分买单的问题。例如，在一个同时有国家级、省级和州（市）、县（市、区）级生态公益林的县份，就公益林对当地发挥的生态功能和重要性而言，州（市）、县（市、区）级生态公益林可能与前两者没有区别甚至更重要，出现国家级和省级公益林正是地方希望开发利用森林的现象，一方面是地方经济社会发展严重受制于国家、省级公益林的划分，另一方面是地方森林生态保护关键区域又没有补偿经费支持。最后，现行的公益林区划基本没有考虑生活在这些地区农民的现实生存和发展需求。当前的公益林区划从一开始就是从国家、地区、社会大尺度范围内的生态保护需求出发进行的，是自上而下的，公益林所属社区集体或个人可能因保护行为而丧失的发展机会成本没能在区划中得到充分体现，导致很多人并不清楚公益林区划的界限、标准和相应的生态保护要求与具体措施。

2. 基于社区传统的生态公益林区划和保护实践经验与能力没有得到充分重视

云南很多山区村寨经过长期的摸索与实践，结合自身传统和文化，总结出了丰富的森林生态资源利用和保护经验。一些民族村寨结合宗教信仰划分神山、神林对森林加以保护；一些村寨根据对水资源的需求而将水源林保护起来；一些村寨在住所集中的区域附近划定风景林加以保护，等等。从尊重自然规律来说，这些神山、神林、水源林、风景林往往是在减少水土流失、涵养水源、防风固沙等方面保障社区生态安全的重要区域。这说明，很多农村社区早已有自己的森林生态保护区域设计，他们有足够的能力把这些区域的森林资源管护好。但是，我们国家在生态公益林区划时并没有注意到这一特点，而是过于强调以森林为中心的生态系统的重要性和安全性，忽略了当地以人为中心的人类社会系统与生态系统间的联系。以大理永平县北厂村为例，村民们十分不理解为什么村里人一贯认为该受到保护的水源林没有划成生态公益林，而大家一直在用来提供烧柴、自用材的森林反而被划成了生态公益林。

3. 现行森林生态补偿严重偏离生态价值，极大打击了林农管护生态公益林的积极性

对于广大公益林林权所有者而言，森林生态效益补偿水平至少应相当于没有划定公益林以前他们从森林经营中所获得的经济收入。而现行补偿标准确定的主要依据是补偿主体的承受能力，没有考虑到公益林所能提供的生态服务价值。尽管国家和省财政投入了大量经费提供森林生态补偿，但显然财政用于生态公益林补助的资金只具有象征意义，远达不到真正意义的补偿，补偿标准偏低、补偿范围不全仍是全省森林生态补偿中亟待解决的核心问题。以2009年西双版纳州森林生态系统服务功能估值为例，其总价值为1 406.90亿元，相当于当年全州GDP的10倍①，但显然此理论上的估值在当前的发展形势下并无实现可能。更为现实的同林不同价现象是体现在农村集体林中公益林和商品林的价值差异上。以昌宁县湾岗村为例，2011年当地云南松商品林林地流转平均价格约为7 500元/公顷，而同区域生态公益林得到的补偿只有75元/公顷，相差100倍。此外，许多划入州（市）、县（市、区）级生态公益林的集体林甚至没有任何补偿。林农保护生态的付出与回报明显不成比例，长此以往必将成为国家、地区发展失衡的关键诱因，引发更多生态破坏问题和社会矛盾。

---

① 张国英、王斌：《西双版纳评估森林生态服务价值》，载《中国绿色时报》2011年6月23日。

4. 生态公益林建设主体的权责利不清，导致森林生态补偿中社会参与不足

生态公益林所带来的生态效益是全社会共享的，因此对生态公益林的补偿也应该是全社会共同承担的。然而政府作为当前公益林划分和公益林生态补偿提供的主体，几乎包办了公益林从划分到补偿的所有内容，从而造成公益林主要建设主体的林农和公益林主要受益主体的社会公众在公益林管护和补偿体系中的缺位。林权所有者作为生态公益林建设的重要主体，担负沉重的管护责任，但是没有获取相应的权益或补偿。而公益林的广大受益者，享受了公益林保护带来的良好生态环境，却没有承担相应的管护责任或补偿义务。因此，我们经常在农村社区听到林农向基层林业部门抱怨"你们的生态公益林发生病虫害了"，也经常听到城市居民指责基层林业部门和林农朋友"为什么不及时制止森林破坏行为"或者"为什么要破坏森林，为什么要砍树"。这其中我们看到，这些林农虽然是公益林法律上的权属主体，但由于公益林保护政策的相关规定，他们长期不能践行自己对森林的合法权利，因而对公益林经营保护也就没有责任感，不愿意投入更多管护精力。受益的社会公众，则因为没有任何政策法规要求他们为公益林的保护买单，也就造成他们游离于实际保护行为之外，"谁受益、谁补偿，谁破坏、谁恢复"的生态补偿基本原则没有得到贯彻落实。政府尽管划了生态公益林，也出了生态补偿的钱，但因为林农和社会公众在此过程中参与度太低，政府努力的效果常常会被忽视。

5. 现行生态公益林补偿制度的实施和管理仍面临许多挑战

首先，生态公益林补偿经费的兑付存在明显地区差异。尽管自2010年后国家和省级生态公益林补偿标准相继提高到了150元/公顷，但根据2009年公布的《云南省实施中央财政森林生态效益补偿基金管理细则》和《云南省省级公益林生态效益补偿资金管理办法》规定，国家和省下拨的公益林补偿资金中，允许将部分（一般是提取3.75元/公顷）由各级林业部门统筹用于管护性开支。剩余金额则按照所有者补偿费、村集体监管费和直接管护费分别安排使用。并规定"应将不低于50%的补偿性支出用于林权使用者补偿费，护林员直接管护费不高于40%，村集体监管费不高于10%"。基于此，具体操作中许多林农实际兑付到手

的生态补偿款往往不足75元/公顷。其次，生态公益林补偿没有考虑实际管护难度。现行的生态公益林补偿制度仅从公益林是否是国家级或省级出发考虑给予补偿，一方面没有把州（市）、县（市、区）级公益林纳入补偿范畴，另一方面由于公益林区域分布差异，管护条件和难度差异大，但补偿标准却一样，造成林农实际得到的补偿与其付出的管护精力相比有明显差异。此外，由于贫困县（市、区）、乡（镇）在公益林管护中资金配套、人力资源配备等方面的明显欠缺，也造成越是贫困的地区，管护难度越大，林农实际得到的生态补偿款也越低。最后，在集体所有的公益林的管护中，林权所有者的参与程度不足。多数地方划为公益林的集体林实际上都是由村干部或地方护林员与上级政府签订相应的管护合同进行管护的，很多林权所有者并不参与实际的管护工作，而只是领取生态补偿款。这一方面加大了政府和实际护林人的管护压力，另一方面也削弱了林权所有者对公益林的权责利，让他们觉得这样的林子分了等于没有分。

6. 尚未形成良性循环的市场补偿机制，集体公益林对林农增收潜力有待进一步发掘

尽管当前政府引导林农利用限制性经营的权利，依托公益林资源，大力发展林下种植业、养殖业，森林蔬菜，森林花卉，森林药材，野生食用菌，林特产品采集加工，森林旅游等特色产业，在一定程度上增加了林农的经济收入。但这些经营活动仍然受到地方经济社会发展、交通等因素的制约，加上合理开发利用资源中理念创新、技术支持、市场瞄准、监督管理等方面的问题，我省的非木质林产品资源开发利用和林特产品采集加工水平仍然很低，仍处于原料生产加工的初级阶段，产业链条短，后期加工跟不上，没有形成市场占有率稳定的拳头产品。森林旅游开发方面，绿色、环保理念融入不够，加上缺乏相应的开发经费以及必要的知识、技术支持和社区能力建设等因素，导致社区参与程度低，可持续性不足。总体而言，公益林区限制性经营活动及相关配套政策措施在考虑生态承载力和社区能力建设方面都略显不足，林农在公益林区开展限制性经营活动中遇到问题时，不能得到及时的、科学的指导和必要的理论、政策、技术和经费支持。例如，在丽江市和迪庆州，近年由于药材产业的发展壮大，经济效益持续走高，林农发展中草药种植的积极性大大提升，很

多地方的野生中草药资源遭到破坏性采集，还有一些地方清理林下小环境引种天麻等中药材，都对生物多样性保护和生态平衡造成了不良影响，但目前尚未有可行的对策措施。又如，对于当前各地兴起的林下养殖，如何做好畜禽防疫、规范林下养殖规模，避免发生林内疫病和污染，减少对生物多样性和森林健康影响等问题都尚未得到有效解决。此外，在以碳汇等项目促进林农增收方面的经验总结和推广工作也还有待加强。

三、对策建议

推进我省“森林云南”建设是贯彻落实党的十八大精神、建设生态文明的重要举措。完善集体林生态效益补偿制度，保障和维护林农权益，是有效激励他们积极参与“森林云南”建设，最终实现人与自然和谐发展的重要保障。

1. 结合我省农村实际，参照生态价值标准自下而上修正现行生态保护重点区域及生态公益林区划

首先，理清发展思路，以生态文明建设理念统领全省生态公益林建设工作。其中最为重要的是应引起中央和省人民政府的高度重视，看清我省作为边疆民族大省、贫困大省，肩负了沉重的生态保护任务，不宜单纯用传统经济、社会发展指标衡量发展水平，而是要争取稳中求好的政策支持。既然云南的定位是国家和地区的“生物多样性宝库和西南生态安全屏障”，那么中央理所应当在生态建设上予以更多财政支持；需要在政府工作考核方面增加生态保护权重。对于省内各级政府而言，要抓好“生态立省，环境优先”战略的贯彻落实，而不让其在追求经济发展速度中成为空话。其次，强化森林分类经营理念，结合农村实际及森林生态价值，合理修正公益林及生态保护重点区域范围及重要等级划分。强调公益林主要是保证生态效益；商品林则是增加林权所有者的经济效益。要充分利用农村社区基于实践形成的生态功能区划经验，自下而上重新按照科学的生态价值标准修订现行生态保护重点区域及生态公益林区划，调整公益林及生态保护重点区域的边界和面积。一方面，对很多农村社区根据自身生态环境和资源分布特点形成的传统生态功能分区方法及其保护利用的规

章制度和文化传统加以总结运用。另一方面，加快生态区划的科技支撑体系建设，利用科学的卫星定位、生态价值评价体系等手段优化我省以森林为主的国土空间开发格局。细化生态公益林及生态功能区重要性等级划分，并以此作为生态补偿的基本依据。生态确实重要的，要加大投入、提高补偿标准、增强管护力度；生态重要性弱的，可考虑划出公益林区或生态功能区，让林农自主经营管理。最后，建立社区参与公益林区划及生态功能区划的有效通道，充分反映社区经济社会发展诉求。社区作为森林生态资源最主要的利益相关者，应该参与到生态公益林区划及生态功能区划的决策过程中。得不到社区支持的公益林区划或生态功能区区划将很难有效保护。

2. 总结推广社区创新的生态保护经验，鼓励社区开展传统生态保护实践

云南很多民族山区在长期实践中积累了丰富的生态保护经验，这些既是丰富的民族文化遗产，也是“森林云南”建设的宝贵资源，应该加以充分利用。实践证明，在很多民族地区，即使没有政府划定的生态公益林，他们也能很好地保护社区周边的水源林、神山、神林或风景林等森林资源；另一些地区，即使生态公益林没有补偿经费支持，当地群众也还是能很好地将森林保护起来。究其原因，主要还是这些森林确实对他们的物质或精神生活具有重要意义，他们不仅有保护意愿，并且还能化为实际行动。对于这样一些社区或群众，政府应该通过项目倾斜、资金支持或媒体宣传等形式，给予社区基础设施改善、家庭建设补助、社区公共事业支持等帮助。例如，让生态保护好的村子优先通路、优先获得贷款、优先开展农业综合开发项目等等，或者直接设生态建设突出贡献奖，对做得好的社区颁发荣誉证书，并给予现金奖励。

3. 加快建立“政府主导，社会参与”的森林生态补偿机制，提升林农保护生态信心

第一，应以云南生态公益林区划为基础，根据公益林生态价值的不同，瞄准生态补偿对象。对公益林生态价值极高的关键区和脆弱区，生态补偿标准就应该相应提高；对公益林生态价值相对低、能够进行替代经济发展的区域，就应该降低甚至取消生态补偿。第二，明确集体部分公益林建设中国家和社会公众的权责

利，保证林农作为公益林林权所有者的相关权益。国家和社会公众作为公益林建设的规划和受益主体，也应是公益林建设的投入主体。第三，参考同区域森林、资源市场经济价值对生态公益林进行补偿。公益林生态补偿标准的确定，主要考虑公益林生态系统服务价值、生态保护成本和发展机会成本三个部分，其中公益林的生态系统服务价值应成为其生态补偿的核心部分。考虑到现实中公益林生态系统服务价值界定标准不统一等实际困难，可重点参考当地商品林市场价格、经济林果产值或林农投入管护劳务市场价格等因素综合确定。第四，以“政府为主，社会参与”为原则多渠道筹集生态补偿经费。一方面，基于国家对云南生态功能的定位，积极争取中央加大纵向财政转移支付力度。同时向水电、矿产开发相关企业征收资源利用税，用于补充公益林生态补偿经费。另一方面，探索下游受益地区、企业、人群通过市场实现横向财政转移支付的途径和方法，比如将每度电费和每升汽油费中的 1 分钱用于充实公益林生态补偿基金，云南每年就能有约 10 亿元用于公益林的生态补偿。此外，还应鼓励社会公众和企业通过捐赠补充森林生态补偿经费来源，并且规定捐赠达到一定比例时可用于抵消企业税收；或者鼓励社会公众和企业出资直接与公益林林权所有者建立公益林管护合约，让林农直接受益。

4. 创新公益林生态补偿机制，提高集体公益林建设效率

第一，应确立林农在集体公益林建设中的主体地位，充分发挥其在公益林管护中的作用。如果林农从心底认同将自家集体林划为公益林，那么他们才不会觉得林子被划成公益林是件坏事，才不会认为管护好公益林是在帮国家或别人做义务工。政府应该让林农成为集体公益林的管护主体，而让相应职能部门成为监督、监察主体。以聘用、奖励等形式，鼓励林农参与集体公益林管护，变国家要我保护为我希望参与管护。政府重点投入在单一林农无法完成的管护活动中，如病虫害防治、森林火灾预防等等。第二，应该将广大林农纳入公益林生态补偿决策机制中去，保障其利益，从而保证公益林确实得到保护。一方面在确定生态补偿范围和标准时充分征求、吸纳林农意见，有效杜绝或减少林农对公益林管护工作抵制的现象；另一方面，了解林农对补偿的需求，制定合理的补偿方案，鼓励他们像爱惜自家财产一样爱惜森林资源。第三，因地制宜用好集体部分生态公益林补偿经费。

一方面，集体部分公益林的补偿经费应与公益林的管护经费剥离。公益林的生态补偿费只应支付补偿性开支，主要是补偿森林资源给林农带来的发展机会的丧失。而公益林的管护成本则应该单独列项争取财政支持。另一方面，集体部分公益林的补偿经费应该以社区为单位自主确定使用或分配方案。林改后集体公益林的产权已经得到进一步明晰，但由于当前补偿标准低的现实，同一社区内公益林和商品林林权所有者在森林经营上的效益存在巨大差异。只有将决策权交还给社区，才有利于形成更科学合理、促进社区内部和谐发展的生态补偿经费使用或分配方案。第四，鼓励开展集体公益林流转，使集体部分公益林向有能力开展持续经营的公司或大户集中，通过公益林的可持续经营向小、散林农返利。

5. 完善市场补偿机制，通过公益林的可持续经营切实保障林农权益和资源健康

非木质林产品资源开发、林下经济、生态旅游、碳汇项目等多元市场手段，是生态补偿经费的重要补充来源，通过科学开展此类公益林的持续经营活动，既能有效提高林农的经济收入，也有利于保障资源健康发展。第一，根据公益林性质，把生态承载力作为开展经营活动的准入条件，并将其以法律法规形式确定下来。第二，充分利用公益林区生态良好、环境类型多元和气候多样的优势，加快生态旅游、森林旅游和特色乡村旅游等产品的开发，尽快形成特色产业优势。第三，依托生物资源生产加工出口基地、优势林产业集群和林产业龙头企业建设，加大非木质林产品资源开发为主的政策扶持、技术支持和市场推广力度。第四，充分利用公益林生态环境效益，加快高原特色有机、绿色、环保农林产品开发，尽快形成云南特色的拳头产品推向市场。

四、展 望

（一）集体生态公益林建设在“森林云南”建设中的重要性将得到重视

云南是全国重点林区之一，丰富的森林资源和良好的生态环

境是我省的一大优势。山区群众发展希望在山，出路在林，因此，建设“森林云南”是发挥我省比较优势的必然选择，是激发和释放林业发展潜力与活力的基础所在。为将我省建成生态系统稳定、林业产业发达、生态文化繁荣、人与自然更加协调的“森林云南”，在全省林地总面积中占比超过50%的公益林将成为建设的重点。“森林云南”建设提出，到2020年，全省森林覆盖率达到并保持在56%左右，活立木蓄积量达到20亿立方米，农民从林业获得的人均收入达到4 000元。为实现这一目标，首先，全省将加大公益林建设为主的林业重点工程实施力度，加强森林抚育，着力提高森林质量和效益，不断完善工程管理和支撑保障体系。其次，全省将加强和完善森林病虫害防治体系及森林火灾防控预警体系建设，并通过建立完善相应的保险制度保障公益林林权所有者权益。最后，通过大力推进农村能源建设工程，全省公益林区将有望实现电及太阳能、沼气、风能等新能源对传统薪柴的大幅替代，林农对公益林的生活依赖将大大降低。

（二）生态补偿的各种政策措施将得到不断完善

尽管当前对集体公益林的生态补偿仅覆盖了国家级和省级公益林，州（市）、县（市、区）级公益林没有补偿，且存在补偿标准低、经费来源单一、落实不到位等问题，但也应看到，云南作为一个边疆、贫困地区的生态公益林大省，在生态补偿上的投入和努力有目共睹。随着国家对“生态文明”建设重视程度的增加和“森林云南”建设的推进，首先，国家将在未来五年内制定出台《生态补偿法》，以法律形式规范生态补偿的范围、标准、程序及监测等内容，公益林的生态补偿可能结合生态功能区划，根据重要性的等级不同分别补偿。其次，云南将有望立足“森林云南”建设，争取中央更多财政支持用于公益林建设。再次，公益林的生态补偿标准将得到大幅提高。随着林权制度改革的推进，林业经济的持续升温，我省山区林农的涉林收入大幅提升，对提高公益林补偿标准的呼声和需求也越来越高，公益林补偿标准提高势在必行。最后，生态补偿将进一步摆脱对中央财政的依赖，市场手段的经费来源比例稳步上升。政府可能通过试点征收环境税、生态税增加对生态补偿的投入。而随着公众生态意识的不断提高，全社会共同承担生态建设成本的理念逐渐普及，企业或个人将筹资补充生态补偿经费来源。更多企业可能选择参与生态建设形式承担其社会责任。公益林限制性可持续经营将可能成为生态补偿的重要形式。

（三）集体生态公益林对林农的增收效果更加明显

随着我省林业产业的蓬勃发展，林下资源合理利用和人工培育力度得到加强，森林药材、森林蔬菜、野生食用菌、野生茶叶等为主的各种非木质林产品开发有序推进，到2020年，全省非木质林产品总值有望达到70亿元，成为林农增收的重要途径。首先，发展壮大起一批以野生食用菌、森林药材、森林蔬菜等为主的高原特色有机林产品加工龙头企业，推出了一批全国知名的云南特色的拳头产品。其次，通过林业科研重点实验室、工程中心、试验示范基地等的建设及林业部门、林农与林业科研院所、企业合作，林业新技术、新产品研发力度加大，非木质林产品开发向精深加工推进，产业链得到有效延伸。再次，社区主导或社区参与的生态旅游、森林旅游、乡村旅游等项目的开发成为林农稳定增收渠道。最后，通过国际合作等形式开展的森林碳汇项目经验得到有效总结，并在更多地区开展推广。

（作者单位：云南省社会科学院农村发展研究所）

● 主题案例报告 ●

林地流转　让人欢喜让人忧

——边境民族村芒回村林地流转调查

张源洁

一、芒回村基本情况

（一）村庄概况

芒回村委会隶属于临沧市沧源佤族自治县勐董镇，地处勐董镇以西，距镇政府所在地和沧源县城 36 公里，全程为土路，交通不便，是勐董镇最远的一个边境行政村，边境线长 17.6 公里，平均海拔 1 400 米，年降水量 1 400 毫米，雨量充沛，气候宜人。芒回村东与刀董村相连，南与缅甸佤邦接壤，西与班洪乡芒外村相望，北与勐角乡芒公村毗邻。全村总面积约为 7 266.7 公顷，其中林地面积 5 466.7 公顷。芒回村辖永卡、永老、永来、永考、各拉、格老、弯岗、永搞、永冷、各让等 10 个村民小组。其中有 9 个佤族村，1 个拉祜族村。截至 2011 年年底，全村共有居民 462 户 1 957 人，外出务工 295 人。全村耕地面积为 362.3 公顷，人均耕地 0.18 公顷，其中水田 110.0 公顷，旱地 252.3 公顷。芒回村产业发展主要依靠种植业和养殖业，主要种植旱谷、水稻、包谷、烤烟、甘蔗、竹子和核桃。2011 年粮食总产量为 677 吨。全村烤烟 37.7 公顷，烤烟收入 34.5 万元。养殖业方面，2011 年全村共有牛 635 头，生猪存栏 1 269 头，鸡存栏 4 600 多只。养牛一直以来是芒回村收入的主要来源，养牛户每年可以卖 3 ~ 4 头肥牛，每头净收入在 2 000 元左右，主要销往缅甸和沧源县城。2011 年年末，全村农民人均纯收入 2 912 元。全村现有自营运输工具 33 辆，其中货车 3 辆、大型拖拉机 12 辆、手扶拖拉机 15 辆、摩托车 164 辆和微耕机 22 台。

（二）森林资源基本情况

芒回村处于南滚河国家级自然保护区的核心地带，同时也是省级生态公益林的辖区范围，森林资源丰富，森林生态价值尤为突出。全村总面积约为 7 266.7 公顷，其中林地面积 5 466.7 公顷，人均占有林地 2.8 公顷，林地面积占总面积的 75%，其中生态公益林 1 233.3 公顷，保护区面积 785.1 公顷，公益林占总林地的 38%，商品林占 62%。林区内有西南桦、椿树、杉树、红毛树、水冬瓜树等树种，林下野生菌、木耳、草果等食材产量大。全村还有竹子 1 550.0 公顷，核桃 153.3 公顷。此外，由于水热条件较好，森林资源采伐后的天然更新速度较快，无须人工更新，2~5 年时间就会自然修复长出新的植被。此外，由于当地佤族信仰万物有灵的原始宗教，每个村都有一片大约 1 公顷的茂密树林，当地人称之为“神林”，佤族的节日庆典、祭祀和叫魂等重要仪式活动都在这片神林里进行，是最神圣的地方。

二、林地流转基本情况

（一）流转背景

芒回村是一个集边境、民族和贫困为一体的行政村，虽然地域面积广阔，但一直以来依靠传统种养业，产业结构单一，未让当地百姓走上脱贫致富之路。历史上，芒回村村民在森林经营上除了满足基本生活需要之外几乎没有额外收益。尽管全村森林资源丰富，但由于地处边境，山地陡峭，加之对外交通十分不便，村民对在森林经营上仅限于砍烧柴、盖房子时砍几根木料等，野生菌、木耳、草果等也只是供自家食用，拿不出去卖。人们在山上开荒种旱谷和玉米，也仅仅是满足人和牲畜的口粮。直到 20 世纪 60 年代末期，森林经营的内容和模式才发生了根本变化。自 1968 年省煤炭厅在芒回建立“东方红煤厂”，煤厂每年向村里收购 5 000 根木料，芒回才开始有了木材经营的收入。

芒回村的林地流转开始于20世纪90年代末期。1985年勐董镇勐甘糖厂成立，芒回村由于山地较多，成为当时甘蔗种植面积最多的村。由于甘蔗交易，一些私人老板频繁进入到了芒回村，这些人开始在村里寻求包山租地的机会，而当时芒回村经济发展较为落后，收入水平较低，村集体也希望通过林地流转获取资金从而改善本村的基础设施条件，于是就开始了以村组集体为单位的林地流转。流转所得资金主要用于村集体公益事业建设。据村里的鲍老支书回忆，当时以村组集体名义流转的林地大约有1 333公顷，价格为每年9元~45元/公顷不等。

芒回村大面积的林地流转起于2007年。随着国家集体林权制度改革主体改革的完成和配套改革的展开，介于当地老百姓在林业资源的开发经营上受限于交通条件、管理技能和劳动力外流等客观现实，县人民政府积极引导村民进行不同形式的林地流转，村民们也寄希望于通过林地流转，有更好的产业发展和家庭经济收入。不管是林改前的村组集体流转，还是林改后的单户或联户流转，林地流转在芒回村改善村民生产生活条件方面起到了积极作用。但随着近年来流转步伐的极速加快，村民们开始意识到村里的林地流转更多的是一种圈地行为或者改变林地用途的做法。虽然流转确实带来了一些经济效益，但大家思考得更多的是林地流转后自身利益保障和森林资源不受破坏的问题。

（二）流转组织方式

1. 村组集体流转

芒回村的林地流转开始于20世纪90年代末期。当时林地属于集体所有，流转也以村组集体的名义进行。由于芒回村地处偏远，信息闭塞，林地流转的信息往往是由村中一些做小生意的经常在县城活动的村民带回来。而村组集体进行林地流转，大多都出于改善基础设施建设的资金需求。芒回村有王洛坎和王艾蒙两位村民1999年起就开始贱价收购村集体的林地和农户的林地转手高价卖给外来的私人老板，他们因长期做黄牛买卖，与政府官员、外地老板也交往甚多，渐渐成长为芒回村与外界林地流转的中间商，但他们的做法往往是以较低的价格从村组集体购买，然后又提高价卖给外面的老板和个人。在2000~2004年间，当时村内进行水电等基础设施建设时缺乏资金，王洛坎和王艾蒙依靠自身积累的现金资本垫付建设资金，低价获得荒山和林地，村民把这种行为称为“买山卖山”。村民肖××说：“当时村里的王艾蒙买山都是随便给价的。因为那些地方路不通，人进不去，所以就是用眼睛量，估一个价，比如说，看过去这一片山多少钱，大家觉得差不多就卖了，因为急着用钱嘛，我们自己也搞不成什么活路，没有办法，抵给他了还能有点作用。”

2. 单户或者联户流转

以单户和联户的形式流转是从集体林权制度改革之后开始的。流转对象主要是政府官员、私人老板和企业。林改后，在坚持集体林地所有权不变的前提下，农民拥有了作为林地承包经营权人的主体地位。由于村民依靠个体力量无法在林地上获得经营收益，正如村民所说：“我们这里离县城远，路又难走，缺乏交通工具，就算是砍一根木头，我也没本事拿出去卖钱啊，还不如把山卖给别人，换点钱呢。”于是，村民纷纷都将林地流转出去。少部分农户因自家林地地块集中，交通条件稍好一些，就以单户方式流转出去。但大多数农户由于林地分散，交通条件差，就选择联户集中起来整体流转的方式转让给大企业或私人老板。同时，为避免出现像过去集体流转时贱价收购的情况，保障村民自身利益，全村通过召开村民大会，制订了“芒回村辖区范围内的林地，流转价格不得低于 300 元/公顷·年”的规定，且流转期限最长不得超过 60～65 年。此规定目的是为了能让村民提前收回便于林地休整。

（三）流转现状

截至2011 年年末，芒回村全村流转的林地面积为 2 210 多公顷，其中，2008 年 5 月流转给临沧南华晶莹糖业有限公司 1 820.0 公顷，用于纸竹栽种，该流转林地涉及全村 10 个村民小组 367 户，其中以七、八、九、十组的面积最多，因为这四个村民小组靠近边境，树多，树种好，面积广。2011 年流转给国有锌矿企业 53.3 公顷用于矿山建设。其余以租地方式流转给私人小老板的有 390 多公顷。流转出去的林地中，企业或私人老板将原有的杂木树砍去卖掉，用来种杉树、竹子、西南桦、桉树等。已流转林地占农户拥有林地面积的 20%～70% 不等，目前全村未流转的林地不到 1 930 公顷。在这 1 930.0 公顷林地中，除去石崖、溪流、水源林等不能开发的面积外，只有小部分灌木林地，面积约为 1 000 公顷。

农户个体流转的价格由流转双方自行商议决定，价格商定好后，写流转申请给村组长，村组长交给村委会盖章，上报林业站，然后农户拿着申请到林业站借出林权证复印，将复印件带回之后，再找村委会干部写流转协议，双方签字盖章，由村委会和农户个人各保管一份。村里还有联户流转林地的情况，几户人家联户共同将林地流转给某个私人老板去经营。村小组将联户流转的农户和私人老板召集在一起，由村组长主持，召开流转会议，并做好详细的会议记录（如下所示）。流转价格由农户和老板自行商定，价格商定之后，由组会计拟流转协议，写清楚权、责、利，双方签字按手印后生效。

林地流转会议记录

一、时间：2010 年 6 月 28 日

二、地点：李明华（组长）家

三、主持人：李明华（组长）

四、记录人：李艾勒（会计）

五、参会情况：应到 17 人，实际参会人数 17 人。

六、会议内容：

组长发言："今天，我们请大家到这里开会，主要是想跟大家商量一下我们已均山到户的东各山这块林地是否流转的问题。涉及着 8 户人家的林地包括李艾三（李明华）、李三业、鲍艾来、鲍学永、李俄本、鲍叶累、李尼勒、李尼业。现在，我先简单介绍一下这块林地的情况：这块林地的林权证编号是〔2008〕第 028430 号，宗地编号：082001，小地名：东各，面积：500 亩，林种：用材林，树种：栎类，四至界线：东：九组林地，南：至芒回村公路，西：至芒回村公路，北：保护区。想要流转这块林地的是甘凤莲，在沧源县档案局工作。她要求流转 68 年，从 2010 年 4 月 30 日到 2078 年 4 月 29 日，承包费为每年每亩 15 元，全部一年 7 500 元，68 年共计 510 000 元，一年一付，68 年付清。现在，我想征求一下大家的意见，大家是否同意把这块

地流转给她？”

村民李三业：“同意。”

村民李尼业：“同意流转给她。”

村民鲍艾来：“同意流转。”

村民李尼勒：“同意。”

组长：“好，如果大家都同意了，没有其他意见了，那我们就是同意把这块林地流转到甘凤莲的名下。现在，请大家在这份会议记录上签名按手印。”

签名（按手印）：

2008年5月，沧源县人民政府与南华糖业集团下属的临沧南华晶莹糖业有限公司签订集体林地使用权转让合同书，甲方为沧源县人民政府，乙方为南华晶莹糖业有限公司。此次大宗林地流转是出于县人民政府所进行的招商引资的需要，流转林地主要用于纸竹栽种。村支书王剑提到：“当时是县林业局老局长领南华集团来，还有镇上领导，首先是召集我们村干部开会，然后又组织召开了村民代表大会和村民小组长会议，前前后后一共召开了8次会议。围绕流转事宜征求了老百姓意见，介于农户自己进行管理和经营比较困难的现实，以及对方全部承担林地评估费用和满足当地劳动力需求的各项条件，最终通过了流转决议。”《合同书》中规定林地转让期限是70年，林地承包费是每年每公顷75元，林地转让费是每年每公顷300元，还有地面灌木林及附属物费用补偿。流转面积为1 820.0公顷，林地转让费于每年度1月31日前一次性支付甲方，甲方按照勐董镇人民政府分享25%，芒回村委会分享6%，所属村民小组分享2%，所属农户分享67%的比例分配。林地承包费也是一年一付，芒回村委会分享40%，所属村民小组分享60%。地面所属林木分3年时间进行补偿，补偿比例分配为：勐董镇人民政府分享20%，芒回村委会分享20%，所属村民小组分享10%，所属农户分享50%。乙方每年要向芒回村收购不低于2吨的竹子，且不能收取任何费用。竹子管护要首先满足当地自然村劳动力需求和保证村民劳动所得。

（四）流转效益

1. 解决基础设施建设的资金短缺问题

芒回村林地流转的收益在很大程度上支持了基础设施建设。特别是2003年勐省糖厂倒闭后，村民失去了占经济来源70%的甘蔗种植收入。当村内需要发展水、电、路等基础设施建设、修建公厕、蓄水池等公共设施时，村民的家庭收入捉襟见肘。这时村组集体和村民或是砍树卖木材，或是进行林地流转，所得收益主要用于村组公共基础设施建设。2004年，芒回村九、十两组拉大电，电网公司的主线已经拉到村上，但电表落户和电线入户需每户交350元费用，村民出不起这份钱，就将组集体林地29.3公顷流转给在勐董镇做木材生意的四川老板，老板出资帮村里拉电线作为林地承包费。七组和八组2000年时因村里要修路，将集体林地6.7公顷抵押给邻村十组的王洛坎，王负责为其出资修路。

同时，流转收入弥补了整村推进项目资金不足的问题。芒回村整村推进项目2008年申报，2009年11月动工，项目涉及四个自然村，50万元建设资金，项目建设内容包括硬板路、砂石路、入户硬板路、村公所活动室、人畜饮水工程、球场、厕所、培训农业科技技术。除了项目投资的部分，芒回村要负担沙石料、施工费、运费等。当时一、二组的85户村民还要自行筹资8万元，用来铺设寨子里2.2公里的硬面路。这部分资金完全靠村民以联户流转的方式将林地流转给双江的傣族大老板所得，流转收入10万元用于弥补建设资金的不足。

2. 林地可达性得到改善

林地可达性较差一直是芒回村森林经营的限制性因素。很多村民都会说这样一句话："我们这里别的不多，山到处都是，大片大片的，就是没有路，去不到，想砍木头卖，但是砍了也搬不出来，想找菌子、木耳，还没等拿到街上，就烂在路上了。"而随着近年来林地流转的增多，很多大老板为了获得森林资源和更好地经营森林，首先就是开山路，将路通到山脚便于进入。据村民介绍，林地流转较多的一、二、八、九和十组，每个小组都有二三十公里的山路是通过林地流转后来开发的老板修的。现在，村民要进去山里找点木耳、野生菌、草果之类的，都比以前方便多了。

3. 促进林地资源开发

芒回村林地资源丰富，人均林地面积2.8公顷，有的家庭一家人就有10多公顷，受人力、物力和交通条件限制，所有林地全部由农户自己去经营管理十分困难。尤其是很多地处偏远的杂木林或者荒山，不加以经营管理，不仅会造成林地资源的浪费，而且不利于森林生态系统的可持续发展。因此，林地流转出去以后，就由承包方来经营和管理，或开发养殖，或进行经济林种植。这样一来，促进了芒回村林地资源的有效开发和利用。

三、存在的问题及其原因分析

1. 流转速度过快，缺乏林地综合效益的预见性

芒回村整体于2008年1月起开展集体林权制度改革工作，4月底林改完成。5月1日，县人民政府与南华集团签订了林地流转合同。而此时林地确权和信息采集工作刚刚结束，林权证的登记审核和发放等一系列工作还没有完成。但芒回村1 820公顷的林地就已流转进了南华集团名下。虽然当时县人民政府确实是通过召开村民大会，经过村民同意后才与南华集团签订的合同，但农户缺乏必要的合同法知识和法律知识，在没有拿到林权证的情况下，就盲目签字按手印同意流转，必将带来未来利益的损失。而且，在我们的调查中，很多农户都表示除了每亩林地的承包费价格和年限之外，不完全清楚流转合同条款里的其他内容。然而，在与南华集团的流转问题上，县、乡政府的领导干部更多的只是考虑了招商引资给地方经济发展带来的效益，在芒回村林地流转问题上太过屈从于外地资本和对方的意愿，有些操之过急，没有完全考虑当地村民的意愿和未来的长远利益，就把农民的林地流转出去了。

2. 监督受让方执行合同不力，农户利益受损

地方政府的职责之一是监督受让方执行合同，以维护当地流转农户的利益。但县人民政府怕得罪了好不容易招商引进的老板，就没有尽到职责。芒回村流转进入南华集团的林地涉及全村10个村民小组367户，面积1 820公顷，现南华已开发400多公顷，每年应付林地承包费675 000元。目前南华集团仅支付了七、

八、九等几个村民小组2008年的林地承包费。其余村民小组至今都没有兑现。同时南华集团聘请七、八组88户农户管理已种植的竹子，也仅支付了2008年的管护费。根据合同协议，超出6个月未支付承包费，合同自动解除。目前因农户未收到林地承包费，又不能开发使用或转让林地，而产生诸多不满，已多次向村委会提出要求解除合同。如果这些问题不能得到及时、有效解决，可能会引发矛盾。出现这些情况，首先要追究的当然是违背合同规定的受让方，但当地政府没有尽到监督职责，也应引起重视。

3. 流转后受让方未及时合理地开展林地经营

2008年芒回村流转进入南华集团名下的1 820.0公顷林地主要用于纸竹栽种，但截至2012年4月底，受让方只开发了400余公顷，其余林地没有进行任何经营。且合同内规定的林地经营首先满足当地劳动力需求的条款也没有兑现。老支书说道："卖给南华集团的那些山，他们也不去种，就这样荒着。我们想去种又进不去，毕竟现在都属于人家的了。"流转林地长时间的闲置，无经营也无管理，对林地资源利用和其所能产生的生态和经济价值都会产生负面作用。

4. 单一树种种植必将会破坏森林资源多样性

流转出去的林地大多种植了杉树、桉树等在短期内能实现经济效益的树种，但这些树种有些具有毒性，长期种植会破坏土壤有机质含量。同时，南华集团所承包的林地主要种植纸竹，单一树种的大面积种植，短期内的经济效益可能会很高，但从长远来看，森林资源的多样性遭到了破坏，生态系统平衡被打破。眼前的经济利益必将会损害长远的生态和社会效益。

5. 地处偏远，信息闭塞

由于芒回村地处边境，据县城较远，加上交通不便，村民很少主动和外界接触去寻求市场信息。自身的产业发展主要是被动迎合外界市场的需求，由此造成村民的市场经验比较缺乏，信息掌握不全，市场视野也不够开阔，缺乏林地升值的预见性。因此，大多是为追求短期经济效益或解决资金紧张的目的而将林地贱价流转出去。由于交通闭塞，他们几乎无法掌握市场信息，价格主动权往往掌握在受让方手里，最终导致自身经济利益受损。

6. 基础设施建设开阔森林经营前景，村民后悔流转太盲目

于2012年10月正式启动的从沧源县城勐董镇到班老乡全长

130 公里的国防巡逻路，该道路贯穿芒回村主干道，全程为柏油路面，历时一年完成。这条柏油路修通之后，将彻底改善芒回村的对外交通条件，改变历史以来因交通不便导致的“走不出去，请不进来”的局面，使森林资源与外界对接变得更加顺畅，为芒回森林经营开拓广阔的市场空间。过去因交通条件限制难以发展的产业会因道路建设得到改善，村民对未来的生活充满了期望。村民所期望的不仅是出行方便，更重要的是可以把自家富余的农、林产品卖出去，同时又从外面买进当地没有的生活所需。而道路建设对于村里的林地流转趋势也产生了很大影响。自从 2010 年得知修路的消息后，村民看到了森林经营前景，逐渐开始不愿意流转林地，打算留下来自己去经营，村民赵叶惹说：“只要柏油路修通，自己也可以拉木头出去卖，价格就不是别人想给多少就给多少。”而已经流转了林地的村民大都开始后悔当初盲目将林地贱价流转出去。鲍大叔说：“后悔了，原来是想着自己家不可能将东西拉出去卖钱，所以干脆就流转给老板，我得了钱就行。现在听说要修路了，还是觉得不想给别人，划不着，反正路通了，方便了。山自己留着，找点菌子、木耳、草果这些东西也可以自己拿出去卖了。现在流转了，也只有等我的孙子辈，甚至重孙子辈才能拿回来自己经营了。”

十组的赵大叔家有差不多 5 公顷的林地，2009 年流转给煤厂 1.3 公顷，价格是每年每公顷 195 元，流转期 65 年，一次性付清。煤厂同时还补偿了 1 000 元作为林地中赵大叔已开发出来种包谷的 0.2 公顷。赵大叔说：“当时是觉得那块林地交通不便，拖拉机都到不了，只有人走路进去，即使种了东西在上面，管理也不方便，也拿不出去卖，刚好遇上煤厂来问，就流转了。但是第二年听说村里会通柏油路，路通了意味着种的东西可以方便地拿去县城卖了，想想就觉得后悔。自家的林地自家人去经营肯定是要比拿给别人去经营好得多”。

四、思考与建议

1. 改善公共基础设施条件

首先，芒回村林地大面积流转的原因之一就是林业产业发展受到交通条件的限制，农户依靠自身力量无法对森林资源进行较好的开发和利用。而流转后又没有达到预期的经济和生态效益。因此，应加大通村道路、村间道路等公共基础设施建设力度。公共基础设施的改善，将使芒回村林业资源发展与市场对接更便捷，农林产品的市场可及性大大提高，运输成本都会随之大幅度降低。其次，逐步开展通往林区道路的整治，提高林地可达性。芒回村林地面积较广，森林资源丰富，但多年来村民在森林经营上的受益较低，关键因素是由于山高路险或者直接无路可走造成的，进不去就开发不了，再好的林副产品和木材也拿不出来。因此，村民希望政府能帮助他们解决林区道路开挖的难题。再次，完善供水工程建设。由于供水工程运行不正常，核桃、甘蔗等种植用水供应不足，造成大幅减产。今年种植期间正值百年不遇的大旱，水源流量锐减，不足往年的1/3。

2. 林业部门应尽快核实并发放林权证到农户手中

芒回村全村农户林改后至今未领到林权证，林地流转或抵押贷款时，农户需到镇林业站借出林权证去复印。村民已经多次向村委会反映，村委会也向镇林业站和县林业局反映多次，但一直没有得到解决。因此，县人民政府应严格督促林业有关部门核实林农信息，尽快将林权证发放到农户手中，保障林农的合法利益。

3. 政府及有关部门应加大对受让方的监督

目前芒回村林地流转中最大的问题就是进入南华集团1 820. 0公顷林地的承包费未按合同约定定期兑现。县委、县人民政府应引起高度重视，采取积极措施监督受让方执行合同，支付林地承包费，履行相关条款规定，尽快开展承包林地的开发经营。必要时，应采取法律手段对这一部分林地进行重点监控，维护当地流转农户的利益。

4. 有效规范和监管林地林木流转和林业交易，降低农户损失

长期以来芒回村的木材交易和林地流转都是由老板和农户双方自行商议定价，而且农户往往因不了解市场行情而被对方贱价收购。此外，很多林地因为交通不便，无法进入到现场计算精确的木材数量和质量，都是估算定价，农户往往很吃亏。因此，政府应规范管理整个林业流转和交易过程，积极提供林业交易信息，并对林地林木流转和木材交易等进行有力的监管，充分利用

农业信息网、农村党员远程教育网等，建立农村林地流转信息网络。以乡、村、组为单位，全面统计农村林地资源、农村劳动力、林地流转供需情况等信息，打造功能完善的交易平台，逐步实现林地流转信息的网络化管理，保障农户的利益不受损害。

5. 提高公益林补贴，保证非流转农户的经济利益

由于芒回村三组和四组的林地全部进入了公益林范围，无法进行任何林业经营，与林下种植、林地流转和木材交易等带来的实际效益相比，公益林补贴微乎其微。大多数村民为此都十分苦恼，尤其是连房屋都划进保护区的6户农户，生活也变得十分不便。这部分村民希望公益林补贴能提高一些，至少要与当前的林地流转承包费相当，提高至225～300元/公顷。同时，取消生态公益林补贴县、乡和村逐级提留，补贴应全部支付给林农。管护产生的所有成本应该全部由国家财政单独承担，不应该从给林农的补贴中扣取。

6. 鼓励采取多种方式经营森林资源，促进经济和生态效益两平衡

不管是流转给他人经营还是老百姓自己经营，森林经营的内容应该多样化，不能因追求短期经济效益而盲目种植单一树种。政府及林业部门在日常宣传和指导工作中应有意识地进行关于多样化林地经营的引导，尤其是以发展茶叶、核桃等对老百姓有益的经济林和西南桦、椿树等具有生态效益的速生珍贵树种种植方面要加大技术和资金的扶持力度。

（作者单位：云南省社会科学院农村发展研究所）

林权抵押贷款让林改进发新的活力

——普洱市思茅区林权抵押贷款实践

张云熙

一、思茅区森林资源及林权抵押贷款基本情况

1. 森林资源基本情况

思茅区位于云南南部、普洱市中南部、澜沧江中下游，是普洱市的政治、经济、文化中心。思茅区属低纬高原南亚热带季风气候区，具有低纬、高温、多雨、静风的特点，年均气温17.9℃，年均降雨量1 517.8毫米，因冬无严寒，夏无酷暑，四周群山葱郁，享有“绿海明珠”“林中之城”的盛誉，是全省重点林区之一。全区林地面积32.9万公顷，以思茅松、西南桦为主。森林覆盖率70.28%，活立木蓄积2 100万立方米，年生长量81.5万立方米。全区生态公益林面积7.0万公顷，占21.3%；商品林面积25.9万公顷，占78.7%。全区辖思茅镇、南屏镇、倚象镇、思茅刚镇、六顺乡、龙潭彝族傣族乡、云仙彝族乡，共有人口29.7万人。2011年全区城镇居民可支配收入15 187元，农民人均纯收入4 802元。

2. 林权抵押贷款开展情况

思茅区森林面积广阔、林种资源丰富、森林覆盖率高、活立木蓄积量大，林业产业发展潜力巨大，在社会经济发展中具有举足轻重的地位，可以说是“希望在山、出路在林”。但由于林业产权过于不清，权责不明，农户守着金山银山，却过着穷日子。2007年集体林权制度改革以来，全区应确权集体林面积19.5万公顷，实际确权面积19.3万公顷，确权率为98.73%，确权到户

17.0 万公顷，确权到户率为 92.5%，发放林权证 28 041 本。

随着集体林权制度主体改革的完成，林农资金需求旺盛，对林权抵押贷款要求强烈，越来越多的林农选择向农村信用社等金融机构贷款。为此，思茅区林业部门联合农村信用社，以林业配套改革为契机开展了林权抵押贷款业务。开办之初只是对国有林拍卖取得的国有林权抵押，向林产企业发放贷款。为适应集体林权制度改革后林权交易日益活跃的需要，思茅区按照云南银监局、省林业厅下发的《云南银行业林权抵押贷款管理暂行办法》的要求，结合本区的实际情况，围绕“盘活”和“变现”两项主要内容，积极开展林权抵押贷款工作。截至目前，共有 550 户农户办理了林权抵押贷款，贷款累计金额为 18 093 万元；全区累计发放林业企业林权抵押贷款 35 宗，抵押担保贷款人民币 27 337 万元。林权抵押贷款主要涉及木材加工、经济林木种植、农户建房或生产投入等方面。通过林权抵押贷款，有效地解决了林业经营者“贷款难”的问题，推动了地区林业的规模化经营和可持续发展，增加了农民收入，提高了林农和林业企业营林的积极性。

二、思茅区林权抵押贷款的具体实践

（一）支持农村致富能手再创收——南屏镇整碗村老董寨村民董祖祥

“没有搞林权抵押贷款以前，我们农民哪里能从信用社贷到这么多款？更无法想象我们生产的有机茶能畅销北京和广东等地。”思茅区南屏镇整碗村老董寨的村民董祖祥，2007 年林权制度主体改革完成后，通过林权抵押向银行贷款 700 万元发展林业，展示了新时期农民在灵活利用政策发展产业、增收致富上的气魄和成功经验。

农民贷款难就难在农民“身无长物”，没有什么财产可以抵押，而林改后给农民发放的林权证则有效解决了农民贷款的抵押问题。在开展林权抵押贷款以前，思茅区农村信用社的农户贷款主要以农户联保的小额信用贷款为主。但因为小额信用贷款没有抵押物担保，所以单笔贷款的信用额度有限，高的不过五六万元，而林权证抵押贷款则大大提高了农户的借贷能力。

2003 年，董祖祥从亲戚朋友那里以入股的形式借来了 300 万元资金，租了 333 多公顷林地。林地造好后的几年，董祖祥的处境开始窘迫起来，因为林地要在 10 到 15 年以后才能产生效益，而自己借款比较多，要债的亲戚朋友开始不断找上门。就在这时，思茅开始林权抵押贷款工作，在当地林业部门和村委会的支持下，董祖祥用承包经营的 1 800 公顷森林，向思茅区农村信用社抵押贷款了 700 万元。据老董回忆，当时林业部门派了工作人员到他的林地进行了实际核查，根据树林、树种、林相等确定了林地的经济价值。之后将林权证送到思茅区林业局林业评估中心，他们综合实际的勘察结果和林权证的记录进行了评估，做出《评估报告》，然后将《林权证》和《评估报告》送交思茅区信用社，办理抵押贷款。董祖祥 700 万元的贷款中，500 万元按照林权抵押贷款利率计算利息，另外 200 万元享受国家 5% 的林业贴息。董祖祥感慨："有了林权抵押贷款，林农用钱更方便，更能放开手去做生意。"在信用社的支持下，董祖祥现在已经种植茶地 36. 7 公顷，种植西南桦 33. 3 公顷，种植思茅松 733. 3 公顷，目前种植的树木长势良好，树高已达 3 米。董祖祥介绍，思茅松预计 10 年至 15 年产生效益，20 年起开始自产松香、松子，25 年后每公顷产值可达到 30 万元。到时入股的每户林农年收入至少 1 万元。另外，董祖祥还利用贷款的资金建造了 7 900 平方米的多功能茶厂，购置了茶叶加工设备，解决了当地 533. 3 公顷茶地的茶叶加工制作的问题。董祖祥所生产的茶叶，从种植到产品加工一条线实行全程质量管理，茶园里种植的茶叶不使用农药，不施化肥，确保茶叶无公害、饮用安全。他主营的 1 芽 1 叶"无量雪龙"和"无量翠环"等优质茶叶畅销昆明、北京、广东等地，知名度逐渐扩大。通过种植茶叶的收益还了贷款，又重新用林权抵押贷款循环滚动。董祖祥的林地面积越来越大，还带动周边的农户发展茶产业。不仅仅茶农得到了收益，董祖祥的茶厂年产值在 3 000 万元以上。

长久以来，农民拥有土地、林地资源，但缺乏自身发展所必需的资金支持，广大林农守着"金山银山"却无法创业致富，制约了农村经济和社会发展，人民生活水平相对落后。近年来，随着集体林权制度改革的深入推进，以林权作为抵押物的林权抵押贷款在农村逐渐发展起来，广大农民变“资源”为“资产”，获得了自身发展所必需的资金支持，进一步推进了集体林权制度改革工作，为林业改革发展增添了新的活力。百姓形象地说，现在是“活树变活钱，叶子变票子，青山变‘银行’”。

（二）为林业企业打开“绿色银行”之门——美投林业有限公司速生丰产林基地建设

近年来，随着一系列投资建设政策的出台，思茅区依托优越的自然条件，林业产业资源开发步伐加快，林业企业呈现强劲发展势头。全区目前共有木材加工企业 122 家，2011 年林业产值达 11.18 亿元。但在调查中，企业普遍反映，过去资金不足是影响企业扩大生产经营规模的主要因素。从统计数据看，向银行贷款是林业企业生产经营资金的主要来源之一。对林业企业融资状况进行的调查显示，大多数企业生产经营资金需求都通过银行贷款解决，林业企业在创立初期，企业资金主要是自筹资金，来源于民间投入，当企业步入经营和发展阶段后，间接融资即贷款方式也就成为林业企业融资的主渠道。调查中很多企业反映，由于树木的生长周期十分长，导致经营林业的生产周期较长，要求林业进行长期融资，这就导致其与资金供给者对流动性的偏好相冲突。同时，较长的生产周期也导致了林业生产具有较大风险，进而导致林业经营收益较低，难以承受较高的融资成本。

思茅区的林业企业很多，但很多企业的加工厂房都是租用的。在过去，企业除了用机器设备抵押外，难以完成贷款抵押手续，而且机器设备抵押率较低，很难满足企业发展资金的需求。随着集体林权制度改革的推进，林地使用权和林木所有权得到落实，通过林权抵押贷款，“使森林资源不需砍伐就可以从银行借到钱”，有利于企业按照商业化原则搞活经营机制，实现利益分配，有效增强了社会发展林业的积极性，推动了资金、资本和技术等资源向林业流动，促进了林业生产力进一步提高。

普洱美投林业有限公司就是这一改革的受益者之一。美投林业有限公司，是由香港国银资本策略有限公司独资设立的，目前拥有林地 3 466.7 公顷，主营业务包括森林的种植抚育、原木的采伐以及木材的加工和销售，主要种植的树种为思茅松。为大力推进思茅松速生丰产用材林的产业化经营，2011 年公司建设了 200 公顷思茅松速生丰产用材林基地，该项目建设总投资 3 000 万元。公司用 3 333.3 公顷林权证向农业银行抵押贷款，通过申请，林业部门委托有资产评估资质的公司进行实地踏勘和评估，依照法定程序实施林权抵押贷款，最终达成了 2 000 万元的 11 年长期贷款合同，解决了企业发展的难题。这个项目还享受了 3 年国家贴息 6% 的优惠。“这笔贷款和贴息扶持，给企业解决了大问题。”的确，在没有推行林权抵押贷款前，公司虽然有大量的森林资产，但由于这些资产无法及时变现，只能望林兴叹！对林业经营企业而言，林权抵押贷款提供了急需的资金。调查中，公司负责人表示，“速生丰产用材林基地的建成，利用基地作用把分散的农户集中起来，最终以合约的形式把农户与公司结合起来。”在实际运作过程中，公司利用自身靠近市场信息的优势，通过基地为农户提供统一服务，为农民提供优质管理技术、种植技术及良好的风险保障，降低了农民的市场风险，使农民有了稳定的收入预期，也为公司提供了充足的原料供应，减少了公司的后顾之忧。另一方面，基地在运作过程中，需要组织当地大量的劳动力来抚育、管理苗木，这在一定程度上可以有效地促进当地农业剩余劳动力的转移就业。

通过林权抵押贷款盘活现有森林资源，增强了林业企业的“造血”机能。公司负责人说：“我们把林地抵押给银行，将资金置换出来买另外一块林地，就像滚雪球一样越滚越大，从而做大做强。用林权抵押充分实现了双赢，林木在生长就在增值，贷款用于林木再投资，实现‘滚动发展’。”生产基地的建成，把分散的农户组织起来，发挥各自的长处和特点，农民负责生产，公司负责加工和销售，而基地充当两者的“中介”，提高生产效率；在保证基地生产的基础上，直接组织剩余劳动力有序流动到第二、第三产业中去。村民在和公司合作后有了稳定的收入预期，学习了技术，提高了自身素质，变成了以土地使用权和劳力挣取报酬的农业工人。新的经营模式使得农民平时可以在速生丰产用材林基地做临时工，也可以与公司签订管理协议，参与基地的生产管理以获得管理费。

（三）林权抵押成为改善民生的一大亮点——南屏镇大窝铺村集体建房

林权抵押贷款不光是支持林业发展，林权抵押贷款宽泛的用途正成为农民改善生产、生活条件和新农村建设的新兴力量。思茅区南屏镇南岛河村大窝铺小组 23 户农户就用林权抵押得到贷款 80 万元，用于农户房屋重建。

大窝铺自然村隶属于思茅区南屏镇南岛河村委会，属于半山区，位于南屏镇南边。距离南岛河村委会 2.0 公里，距离南屏镇 23.0 公里。国土面积 6.56 平方公里，有林地 420 公顷，全村有农户 33 户。

林权改革前，当地长期存在林业产权不明晰，利益分配不合理，所有权、经营权、处置权、收益权不落实等问题，林业一直处于“大资源、小产业、低效益”的状况。“以前‘山是国家的，林是集体的’，没有人愿意上山造林。而现在，林地确权到户，我的林地里的一片叶子，别人都轻易拿不得。”

在 2007 年的云南普洱“6·3”地震中，南岛河村处在地震灾区。地震发生后，由于灾区的民房大部分都是土木结构的，很多民房墙体向外倒塌，一些砖混结构的房子，也都有不同程度的开裂受损现象。大窝铺村民小组 24 户村民的住房成了危房，如何解决住房建盖资金短缺，成了困扰村民的一大难题。村民们正在为重建家园一筹莫展时，当地林业部门与农村信用社协调，通过林权抵押贷款，成功补上了建盖住房的资金缺口，成为辖区新农村建设的一个亮点。大窝铺村民小组的副组长杨旗伟回忆，在 2007 年 12 月，他们把林权证送到了思茅区林业局林权评估中心，评估中心经过评估后做出了评估报告，然后把林权证和评估报告送交思茅区信用社，办理了抵押贷款 80 万元，解决了灾后重建的燃眉之急。村民汪乔发说：“我家新盖的房子有 192 平方米，花了 13 万元，其中 8 万元用林权证抵押贷的款，政府还给了 3 万元无息贷款，两层新房就盖起来了。”如今家家都住上了别墅式的新房，昔日的大窝铺村已经旧貌换新颜。可以说，林权抵押贷款在改善民生方面发挥的效用非同凡响，也是其中一大亮点。眼下，林农们正各显神通，充分利用分到户的林地、林木发展森林食品、香料药材、野生动物繁育驯养、生物资源开发等新兴林业产业及林产品加工企业，通过多种经营，发展林业经济，不仅自己增加了收入，也为良好的生态环境和社会效益作出了贡献。

三、存在的主要问题

林权抵押贷款除了是林权改革的配套措施外，还使农民第一次有了真正意义上的抵押物，是农村金融的新突破。它打破了传统观念和传统模式的束缚，引入了林地使用权和林木所有权这一新型抵押物。思茅区林权抵押贷款业务的成功实践，为各地林权抵押业务的开展提供了一个典型范例，对进一步推动林权抵押贷款在全国范围内的展开具有积极意义。但调查也发现几个值得注意的问题。

1. 林权抵押小额贷款成本高、期限短

从林权抵押贷款成本看，以农村信用社为例，发放林权抵押贷款的利率，一般在基准利率基础上上浮20%～40%。此外，抵押的山林多在深山之中，交通不便，造成林权贷款的成本增加。初步测算，小额林权抵押贷款比房产抵押贷款的成本一般高出3～5个百分点，贷款年息多达10%以上。从贷款期限看，小额林权抵押贷款多为一至三年期的短期贷款，三年期以上的基本没有。由于林业生产周期长，周期最短的如桉树到成材也需要三至四年，而其他经济林、用材林的生产周期则更长，林木生产周期与贷款期限不匹配的问题较为突出。

2. 普通林农贷款可获得性不高

总体而言，思茅区林权抵押贷款呈现逐渐增长的趋势，但这其中向林业企业和林业大户的贷款所占比例占60%左右。以2011年为例，向农户贷款7 900万元，户均贷款额为35万元，向企业贷款10 016万元，平均626万元，这与该区林农人数相比，真正面向林农的贷款可谓微乎其微。

由于普通林农经营的林地面积小、贷款额度小等问题，林地抵押会增加银行的管理成本，加大违约风险。因此，金融机构林权抵押贷款业务重心力度向资产雄厚的大客户（特别是企业）倾斜，银行倾向于抵押面积大、贷款期限短的农户。另外，农户普遍反映贷款手续复杂，资产估值成本高，区内缺乏专业评估机

构，评估机构运作不规范，缺乏科学统一的评估手段，肆意压低或提高森林价值；评估费用高，林农难以承担等问题，在很大程度上阻碍了农户贷款。小规模贷款的林农和逐利的金融机构双方在融资成本等方面博弈的过程中，普通农户贷款可获得性较低。

3. 林权作为抵押的风险保障、转移机制较为缺乏

在林权作为抵押物的情形下，林权的消失很多是由于自然原因及不可抗拒因素。普洱全市森林保险投保面积仅为 15 873.3 公顷，占非国有林地面积的 1.8%，且险种单一，均为森林火灾险。① 森林保险的推出可以减少森林资源因遭受各种自然灾害的侵袭而造成的损失，减轻金融机构发放林权抵押贷款的后顾之忧。但目前林业保险还处于萌芽状态，与其他商业保险相比，森林保险具有“低保额、低收入、低保障和高风险、高成本、高赔付”的特点，容易造成森林保险业务经营效益差，亏损严重，使得保险公司对开展森林保险缺少积极性和主动性，一定程度上将增加林业融资成本，加大了林农和金融机构的经营风险，造成抵押物的悬空，成为影响林权抵押推广的因素之一。

4. 林农贷款意识淡薄。许多林农的金融意识淡薄，盲目放大了贷款风险

此外，大多数林农并没有意识到林权证的价值，对贷款业务了解很少，因此，农户参与林权抵押贷款业务的人数很少，且金额较小。

四、对策建议

1. 创新贷款机制，保护普通林农的权益

金融机构在林业发展初期加大对林业发展的配合力度和对林农贷款的支持力度，适当放宽抵押对象范围，大力推进小额金融服务，开发更多适合个体林农和中小企业的信贷产品。一是可以根据林业种植项日的特性对林业小额贷款进行产品创新，把林业抵押贷款确定为以家庭为单位的林业种植项目。二是延长抵押贷款的期限，根据不同的树种制定相应的贷款期限，以满足林农发

① 普洱市人民银行系统联合课题组：《普洱市“林权抵押贷款”的调查与思考》，载《时代金融》2009 年第 9 期。

展林业生产，获取经济效益的需要。三是强化国家政策扶持。考虑到林农的承受能力，应加大财政贴息力度，降低林农承担的贷款利率，把林权抵押贷款与扶持林业产业发展紧紧结合起来；对特色林业贷款、低保户、困难户贷款给予全部财政贴息。四是引导农户联户合作，建立林业合作社，使零星的小农经济模式通过联合发展壮大。同时，也可以尝试“公司＋基地＋农户”的模式，支持和带动林业企业和林农发展壮大。

2. 建立专业评估机构，完善评估机制

一是加强森林资源资产评估队伍建设，确保评估质量。建议国家放宽目前评估机构的准入条件，适度提高丙级以上资质的森林资源调查规划设计、林业科研教学等单位提供评估咨询服务的金额上限；以林业局为主协调各部门加强对森林资源资产评估咨询人员的培训，培养一批能较好掌握森林资源资产评估知识、有较强动手操作能力、具备良好职业道德的评估执业人员。全省力争达到每个林业县有 3～5 个森林资源资产评估人员。二是政府部门应完善林权抵押贷款的森林资源资产评估制度，制定出详细的森林资源资产评估办法；可以根据整个区域现有的林权评估现状，在县域内建立林权抵押价值评估参考库，规范林权抵押贷款评估方法。三是要做好林权证的登记和管理工作。确认林权证的真实性与合法性，承诺在抵押贷款期间所抵押的林木未经抵押权人同意不予发放采伐许可证、不予办理林木所有权转让变更手续等，以保障抵押权人的合法权益。

3. 建立多元化风险担保体系，降低抵押贷款风险

一是积极引导各类担保机构介入林业融资担保业务，大力推行以专业合作组织为主体，由林业企业和林农自愿入会或出资组建的互助性担保体系；通过再担保、联合担保以及担保与保险相结合等多种方式，加大对林业的融资担保服务，逐步将林权抵押贷款担保业务推向市场，实现市场化运作。二是积极开展林业保险以增强林农抵抗风险的能力。拓宽森林保险的险种，如增加森林意外险、森林病虫害险等；加大政府的政策性保险补贴力度。发展以财政性投资为主，林业经营者适当承担的运行模式。同时，政府部门应当在资金上给予森林保险更多的支持，以推动森林保险业务的健康发展。三是加强林业经营者的保险意识。有关部门应加大对森林保险的宣传力度，普及林业保险知识，鼓励林

农积极投保。

4. 加大宣传力度

要广泛宣传林业产业发展的经济意义和社会意义，让农民真正认识到林地、林木也是生产资料，可以抵押融资，弥补生产资金的不足，可以增加收入，提高生活质量；让金融机构充分认识到支持林改的政治意义，改变对传统林业的认识，变山上“死”资源为活资本，拓宽金融业务，促进新农村建设和农民增收，推动林业资源的可持续发展。

（作者单位：云南省社会科学院农村发展研究所）

加快林业专业合作经济组织建设 促进林下经济快速发展

——大姚县林业专业合作组织建设实践

张源洁

大姚县位于楚雄彝族自治州西北部，素有“核桃之乡、滇中铜都、祭孔圣地、教育名县”的美誉。全县辖 3 镇 9 乡，总人口 28 万，居住着汉、彝、回、傣、傈僳、苗等 22 种民族，少数民族人口占总人口的 31.7%。国土总面积 4 146 平方公里，山区面积占全县国土面积的 81.7%。全县属北亚热带季风气候区，年均气温 15℃，年均降雨量 811.8mm，年光照 2 468 小时。由于地处金沙江流域，海拔高差大，立体气候显著，境内呈现亚热带、温带、寒带三种气候特点。境内最高海拔 3 657 米，最低海拔 1 023 米。林业用地面积 30.8 万公顷，活立木总蓄积量 1 483.27 万立方米，全县森林覆盖率 78%。25.6 万农民人均占有林地面积和活立木蓄积量分别为 1.2 公顷和 58 立方米，是一个林业资源大县。经济林果主要有核桃、板栗、油桐和水果——梨；稀有珍贵植物有红豆杉、秃杉、荷木；野生中草药材 500 多种，其中茯苓、黄连、黄芩、防风、苦良姜、珠子参、首乌等十分丰富；动物药材有麝香、碎蛇、穿山甲、龙衣、五灵脂、猴骨等；国家一级重点保护动物有华南虎、云豹、虹雉、红腹角雉、黑颈鹤、赤颈鹤、白鹤、蟒等。

一、林业专业合作组织建设情况

（一）发展背景

2008 年 8 月，大姚县集体林权制度主体改革基本完成，与此同时，配套改革稳步推进。“山定权、树定根、人定心”，明晰产权、承包到户，极大地激发了农民经营林业、发展林业的热情，各种生产要素迅速流入林业，林下经济发展迅猛，充分解放了林业生产力。但是，由于林地资源分散，单家独户的农民发展林业生产缺少必要的资金、技术等生产要素，在生产、经营等环节仍然面临产品购销难、信用贷款难、享受政策难、科技服务难、经营管理难等问题，难以适应市场和产业化的发展要求。同时，县委、县人民政府紧紧抓住“森林云南”建设和“绿色大姚”建设的战略机遇，以兴林富民为宗旨，以提高林产业市场竞争力为核心，以壮大林业龙头企业为抓手，加快转变林业发展方式，积极调整产业结构，突出产业特色，强化科技支撑，培育产业集群，努力把以核桃为主的林下经济建设成为农民增收、山区发展、生态改善的重要产业。在深化集体林权制度配套改革进程中，立足林业资源优势，因势利导，把加快林业农民专业合作经济组织建设作为深化集体林权制度配套改革的重要工作来抓，引导农民组建林业专业合作经济组织 55 个，初步解决了林业生产经营活动中政府“统”不了、部门“包”不了、农户“办”不了或“办起来不合算”的难题。

（二）发展历程

据《中国核桃志》记载，早在 16 世纪末，大姚县内渔泡江流域和百草岭山系就有大量的核桃生长。随着人们对核桃食用价值和生长特性的认识，核桃从野生物种逐步培育为人工种植，继而成为山区群众以物易物的商品。新中国成立后，大姚县核桃种植规模迅速扩大，到 20 世纪 80 年代初期达到 4 000 多公顷，90 年代中期已接近 13 330 公顷。大姚核桃品质优良，具有壳薄、取仁易、出仁率高、仁白、食味香、容易保存等优势，而且不饱和脂肪酸含量较高，成为闻名全国的优良品种，被载入《中国果树志·核桃卷》和中南林学院主编的《经济林栽培学》。1983 年，大姚核桃被外经贸部评为出口优质产品并颁发“薄壳核桃”荣誉证书；2000 年，通过了欧盟有机食品认证；2001 年，大姚县被国家林业局授予“中国核桃之乡”称号；2007 年，大姚被国家林业局确定为全国 100 个“经济林产业示范县”之一；2008 年 9 月，首届中国核桃大会在大姚成功举办。2009 年，“大姚核桃”地理标志证明商标通过国家工商总局批准注册，成为中国第一个核桃地理标志证明商标，同年被国家林业局命名为“全国经济林产业示范县”。同年 6 月，由县林业局牵头成立了大姚三台核桃种苗合作社，当年全县共成立农民林业专业合作经济组织 18 家。从 2010 年开始，县委、县人民政府在全县开展农民专业合作经济组织示范单位创建活动，时任省林业厅副厅长的闫振到大姚县调研核桃产业时，倡导成立了大姚荃玛箐核桃专业合作社。紧接着各产业发展领导小组和各有关部门每年共完成 26 个以上专业合作经济组织创建任务。2011 年 12 月，被国家林业局确定为首批创建全国农民林业专业合作社示范县。2012 年 8 月，被国家林业局确定为全国 28 个林业专业合作社典型示范县之一。9 月 1 日，大姚国家核桃生物产业基地通过专家评审，成为全国第五个、核桃第一个国家林业生物产业基地。

大姚县林业专业合作经济组织目前属于起步阶段，但已粗具规模，在林业经济发展中的作用已初步显现。全县 55 家农民林业专业合作经济组织社员已经达到 4 万余人，经营范围涉及核桃、花椒、板栗、野生食用菌、中药材、松脂采集、林下养殖等主要林下经济，带动 1 万多户林农走上林业合作的新路，其中年销售收入超千万元的林业合作经济组织 2 家，成员达 100 人以上的 4 家，占全县林业合作经济组织社员的 32.8%。“大姚核桃协会”“大姚三台核桃种苗合作社”和“大姚荃玛箐核桃专业合作社”等一批专业合作社已形成品牌效应，有力地促进了全县以核桃为主的林下经济的快速发展。

二、主要做法及成效

（一）主要做法

1. 突出地方优势产业，注重示范带动实效

为深入贯彻党的十七届三中全会精神，提高农民进入市场的组织化程度和农产品市场竞争力，加快发展现代农业和新农村建设步伐，根据《农民专业合作社法》和省州党委、政府关于进一步加快发展农民专业合作经济组织相关文件精神，大姚县委、县人民政府于2009年4月出台了《关于进一步加快发展农民专业合作组织的意见》，对加快全县发展农民专业合作经济组织作出了全面安排部署，重点突出“核桃”这一优势产业，由县林业局于2009年6月牵头成立了大姚三台核桃种苗合作社，当年全县共成立农民林业专业合作经济组织18家。从2010年开始，县委、县人民政府决定在全县开展农民专业合作经济组织（农民专业合作社、农民专业协会）示范单位创建活动。各产业发展领导小组和各有关部门每年完成26个以上的农民专业合作经济组织的创建任务。并要求各乡镇、各有关部门在开展农民专业合作经济组织示范单位创建活动中，坚持“严格标准、突出重点、注重实效”的原则，严格坚持农民专业合作经济组织示范单位建设标准，突出当地优势产业发展这一重点，注重示范带动的实效。

2. 实行奖惩分明的创建制度，强化扶持服务

对推荐申报、积极指导农民专业合作社（或协会）开展创建活动并使农民专业合作社（或协会）获得命名表彰的乡镇及有关部门，其工作成效纳入县委、县人民政府的综合目标考核内容。县委、县人民政府对达标的单位确定为全县的示范单位，实行动态管理，每年对上一年达标的专业合作经济组织进行复查，根据发展情况给予保留和摘牌。验收合格的，由县农民专业合作经济组织协调领导小组统一挂牌并进行表彰奖励，每个给予1 000元的奖金。县有关部门在社（会）员、理事会成员、指导管理人员等培训方面给予扶持，促进农民专业合作经济组织成员提高素质。并把其纳入行业重点扶持范畴，在项目申报、项目扶持、信

用贷款等方面给予倾斜和支持。达不到创建标准的，限期进行整改，限期内仍然整改不合格的，立即取消创建资格。在加快创建的同时，全县把带动力较强、运作较规范的林业专业合作经济组织作为典型示范，并在资金、贷款、税收、项目建设等方面给予政策扶持，为林业合作社提供林业贴息贷款、林权抵押贷款1 500多万元。县乡林业部门积极为农民林业专业合作经济组织提供全方位服务，安排县、乡林业部门懂技术、会管理、善经营的工作人员到大姚核桃协会、大姚三台核桃种苗合作社、大姚苳玛箐核桃专业合作社等县级典型示范社驻社指导工作，指导每一个合作组织按照“有明确的章程、有良好的操作规定、有具体的管理办法、有公认的利益分配机制”的要求进行规范运作，较好地解决了合作经济组织在内部管理、利益分配等方面存在的问题，保障林业合作经济组织成员的合法权益。

3. 调动林农自发性，积极探索科学合理的组织模式

在引导农民发展林业合作经济组织的实践中，大姚县坚持立足本地实际，充分发挥林农自发组织，灵活多样的特点，引导和支持林农积极探索科学合理的发展模式。目前，全县比较成功的农民林业专业合作经济组织模式主要有以下两种：一种是“龙头企业＋合作组织＋林农”型。该类合作社一般由龙头企业牵头组建，联合懂技术、善管理，从事种植、运销、经营的企业、能人组成，通过建立合作经济组织，强化管理，全面提高经济效益。另外一种是林农、经济林果育苗大户、林业营销大户强强联合型。由林产品经营大户牵头组建，联合林农，实行统一收购、统一销售，增强了抗击市场风险的能力，进一步提升林业组织化程度。

4. 重视典型培育，走典型示范发展之路

2012年8月以来，大姚县以开展创建农民林业专业合作社省级示范社活动为契机，从全县55个林业专业合作经济组织中筛选出经营水平高、示范效果明显、带动能力强的大姚三台核桃种苗合作社等14家农民林业专业合作社申报省级示范社，走典型示范、辐射带动、引领发展之路。大姚三台核桃种苗专业合作社现有会员数量76个，其中个人会员73个，团体会员3个，缴纳会费3.1万元，经营种苗面积18.2公顷。该合作社按照“挖大塘、施底肥、适时移栽、覆盖地膜”的要求，着力推广“一块好

地、一个大塘、一棵壮苗、一挑水、一担农家肥、一块地膜”的“六个一”标准，努力提高核桃种植的科技水平。坚持工程治理与生物措施相结合、灌溉施肥与防病防灾同兼顾的原则，积极引导农户开展以“固土培肥、幼树抚育、低产低效林改造、成熟采摘、科学烘烤”为主要内容的集约化经营，从2002年开始逐步推广核桃烘烤房，目前全县已建核桃烘烤房8 792座，烘烤后的核桃，均价提高了1至2元，且有效提高了核桃品质和参与市场竞争的能力，这项核桃烘烤新技术在全省尚无先例，获州科技发明三等奖。大姚三台核桃种苗专业合作社有效带动了全县范围内林业专业合作社的发展。

5. 强化部门联动，共同推进林业专业合作经济组织标准化建设

大姚县加快推进林业专业合作经济组织建设工作领导小组成员单位分别挂点联系14家合作社，县林业、财政、工商、民政、税务、质监、科协等部门齐抓共管，以提高农民进入市场的组织化程度和参与市场竞争的能力，促进林业生产经营的专业化、规模化、集约化为目标，逐步解决农民经营林业技术缺乏、资金短缺、市场对接难等困难和问题，促进农民林业专业合作经济组织的标准化建设。充分发挥乡（镇）林业站的作用，进一步做好政策咨询、业务指导、宣传培训等工作，帮助农民林业专业合作经济组织管理人员掌握好政策和经营管理技术，努力培养造就一支高素质的经营管理队伍，促进农民林业专业合作经济组织健康快速发展。

6. 抓创建，强调服务与发展齐头并进

县委、县人民政府要求每个乡（镇）每年创建农民林业专业合作社不少于2个，以市场需求为导向，以利益共享为纽带，紧紧依托优势产业、特色产品来培育和发展农民专业示范社，总结通过“龙头企业+专业合作社+农户”和“专业合作社+农户”的形式，发展壮大农民林业专业合作社并带动农民增收的典型，不断探索新路子。全力为农民经营林下经济提供产前、产中、产后服务，促进各项优惠政策落到基层、落到实处，在服务中加快发展，在发展中强化服务。三岔河乡三岔河村委会荃玛箐村的村民蔡文光说：“去年我家20多公顷核桃地的3 000多棵核桃，尽管还有部分没有挂果，但已获得近55 000元的收入。过去，我种

核桃都是自己摸索着管理，还要通过人背马驮去城里卖，担心销路不好。现在，村里成立了核桃专业合作社，合作社为我们提供了种、管和卖的各种服务，到收购季节也不用发愁。如今，种植户的核桃不愁销路，收入也得到保障，多亏了我们这里的荃玛箐合作社和城里大公司的帮助。”现在，每到核桃收购时节，位于大姚县城郊的省级林业龙头企业大姚广益发展有限公司一片繁忙，企业采用公司加基地联农户的形式，在部分核桃盛产地建立原料生产基地，并一直以市场保护价收购核桃，通过公司加工，每吨核桃升值 4 000 元。去年，公司加工生产的 2 000 多吨产品在今年 4 月份就销售完毕，产值达到 7 600 多万元。

7. 开展培训，提高林农合作意识

县委、县人民政府利用全县开展新型农民培训的机会，加大对农民林业专业合作经济组织成员进行技术、管理、合作知识培训，不断提高林业合作经济组织生产经营能力和林农产业合作意识。大姚县远近闻名的核桃产业发展示范村——石碓窝村就是一个典型例子。石碓窝村在 20 世纪中期就有了种植核桃的历史，全村 100 年树龄以上的核桃树有 50 多棵，50 年以上树龄的有 100 多棵。但由于村民缺乏联合经营的意识，全村核桃种植仅满足于自家食用，加上交通不便，也无法拿出去卖。随着 2009 年全县倡导建立林业专业合作社，石碓窝村核桃种植也走上了合作社的道路。县林业部门从该村合作社成立前到正式运行，一直十分重视对农民的培训，尤其是在核桃种植技术、管理和合作意识等方面的培训。近年来，这个只有 14 户 57 人的小山村在各级党委、政府大力发展核桃产业政策支持下，加快了核桃种植的步伐，形成了家家户户种植核桃、老老少少管护核桃的氛围，合作社每个月月底都定期组织培训和交流会。目前，全村 14 户农户全部种植了核桃，人均种植核桃树 200 多株，山间地头、房前屋后到处长满了核桃树，种植面积达到了 150 公顷。在村民的互助努力下，村民自愿集资修通了通往山外的公路，现在又着手将公路改建为弹石路。大姚县三年来共举办各类培训班 12 期，直接受训 2 万余人次，让他们了解合作知识，增强合作理念，树立合作意识，为领办或参与合作奠定了坚实的群众基础。

（二）取得的成效

大姚县通过不断加快农民林业专业合作经济组织建设步伐，

有力地促进了全县以核桃为主的林下经济的快速发展。近年来，全县大力发展以核桃为主的林下经济，取得了积极成效，对于增加农民收入、巩固集体林权制度改革和生态建设成果、加快林业产业结构调整步伐发挥了重要作用。主要成效体现在以下六个方面：

1. 林农收入迅速增加，农村面貌明显改观

林业专业合作经济组织把一家一户的分散经营组织起来，实行统一采购种子种苗、统一供应农资肥料、统一技术服务、统一市场开拓、统一包装销售等“五统一”的服务模式，有效地解决了林产品市场流通不畅、产品难卖、林农收入难以提高的问题。大姚县农民林业专业合作经济组织建设和以核桃为主的林下经济的快速发展，加快了农村产业结构调整步伐，增加了农民收入，全县农民增收水平明显提高，增幅连续几年保持在15%以上。农民收入的增加同时促进了农村面貌的改变，逐渐富裕起来的农民已不仅满足于“温饱”，而是追求更高质量的生活。林下经济收入增加后，很多农民主动在住房、饮水、行路、用电、文化、教育、卫生等方面加大投入，农村基础条件不断改善。通过大力发展林下经济，还有效消除了农村一些历史遗留的不稳定因素。许多农民专注于山林经营，生活方式发生了较大变化。如今，大姚县的一些“贫困村”变成了“富裕村”，“上访村”变成了“稳定村”，“赌博村”变成了“文明村”。更为可喜的是，出现了一批“城里有住房、山里有基地、收入有保障”的林下经济大户。以三岔河乡石碓窝村为例，核桃专业合作社着实带动了全村林下经济的发展，使村民走上了脱贫致富的道路。目前，全村已有农用车2辆、摩托车12辆、手机24部、固定电话14部，有3户农户将土木结构房屋改扩建为砖混结构房屋，其余的农户也纷纷准备建新房、搬新家。许多群众满怀喜悦地说：“一个核桃可值一个鸡蛋钱，核桃树就是我们的‘致富树’。我们的生活好了，建新房、开小车已快由梦想变成现实了。”

2. 林农主体作用充分发挥，巩固了集体林权制度改革的成果

林改前，由于集体林权与农民主体的责权不明晰，这样的体制机制，在很大程度上影响了农民参与的积极性，制约了林业产业的发展。就大姚县最具特色和优势的核桃产业来说，林改前，尽管采取了很多措施，财政每公顷给予750元的种植补助，但群

众等靠要的思想还十分突出，全县每年也只能发展1 000公顷左右。通过林改使“公家林”变成了“自家林”，广大群众成了山林的主人，领到了属于自己的林权证，实现了“山定权、树定根、人定心”。从林改全面铺开的2007年起，虽然财政每公顷只给450元的种苗补助，但全县每年都以1万多公顷的速度在发展。过去要通过给补助群众才愿意实施的“幼树抚育、固土培肥、成熟采收、无烟烘烤”等核桃集约化经营措施，现在没有补助也已经被广大林农自觉接受并大力推广。林农“把山当田耕，把树当菜种”，把核桃誉为“绿色银行、养老保险、铁杆庄稼”，“一棵核桃一亩田，一个核桃一度电”成为大姚核桃的真实写照。随着农民林业专业合作经济组织的大力发展，广大林农从林业产业发展、生态效益补偿、政策性保险、林权抵押贷款等方面得到了较多实惠，爱林、护林、造林的积极性空前高涨。一个全社会关注林业、宣传林业、发展林业的氛围基本形成，为全县林业的健康发展注入了强大的动力。

3. 发展模式不断创新，推动林下经济“四化”发展程度

在推进林下经济发展进程中，部分企业采取“公司建基地、基地联农户”的模式，在企业与农民之间建立了稳定、合理的利益联结机制，使企业和农民形成了利益共同体，既解决了企业无土地、无原料的困境，又解决了农民无资金、无技术的难题，实现了林下经济发展的规模化、规范化、集约化、社会化。积极扶持发展核桃专业村和专业大户，目前全县共命名60个核桃专业村、137个核桃专业户和40户核桃营销大户。投资5亿元建设的集核桃文化观光区、核桃博物馆、核桃文化游乐区、核桃生态休闲区、核桃文化饮食区、核桃产品贸易区、核桃食品加工区为一体的大姚核桃文化产业园已竣工投入使用。加强与云南省林业科学院在林业科技方面的合作，即将挂牌成立云南省林业科学院核桃研究所，为核桃产业发展奠定坚实基础。

4. 林业龙头企业壮大，品牌效益不断凸显

在全县33户涉林企业中，已被认定省级林业龙头企业7户，州级林业龙头企业10户，现有粗具规模的核桃初深加工和商贸企业8户，年加工能力1万多吨，加工产值达到了4亿元。广益、亿利丰、家和等加工企业生产的“核桃炒果”“脱衣核桃仁”等核桃产品荣获“云南省著名商标”称号，产品远销香港、

北京、上海等地，产品供不应求。核桃企业的发展对全县核桃产品开发、技术创新、提升“大姚核桃”品牌等方面起到了积极的促进作用，推动核桃生产由散、小、弱的粗放加工方式逐步向集中化、规模化的精深加工方式转变。

5. 满足了林农林权抵押贷款的需求

随着林权制度改革的深化，林权证抵押贷款逐渐成为林农缓解资金短缺的融资方式。以农村信用社为主的金融机构认为其与农户之间的直接信贷行为存在较大的贷款风险，当出现资金短缺时，林农往往借贷无门。为满足林农贷款的需求，专业合作社以存入农村信用社的风险保证金为社员提供信贷担保，降低了农村信用社的贷款风险，从而提高社员申请贷款的成功率。社员以自己的林权证抵押给合作社，为合作社提供反担保。5年来，国家、省、州、县各级累计投入林下经济发展扶持资金达到2 211.2万元，林业贴息贷款规模达到1.1亿元，林权抵押贷款规模达到7 801万元。

6. 加快了林业产业结构调整步伐

农民林业专业合作经济组织的快速发展，大大提高了农民林业生产的组织化程度，有效带动了林业产业结构的调整步伐，使全县林产业发展呈现出蓬勃之势。针对大姚有坡耕地近8万公顷、林地30.7万公顷的实际，县委、县人民政府作出“盘活山地资源、再造‘绿色银行’”的决策，依托林业专业合作经济组织，在高海拔和适宜发展区域主要布局核桃产业，在干热河谷地带主要布局花椒产业，在传统农业种植和适宜区打造蚕桑经济带，充分利用核桃种植基地和林下资源种植中药材，实现不同产业在最能够体现优势的区域全覆盖。

三、存在的主要问题

由于林权制度改革，林业良好发展形势的拉动和各级政府、林业部门的引导，大姚县林业专业合作经济组织无论在数量上还是在质量上都有较大的发展。但是在发展过程中还存在不少问题，主要表现在以下几方面：

1. 资金投入力度不足

虽然千方百计筹措资金，各级政府和林业部门也给予最大限度的资金扶持。但全县林业合作经济组织普遍反映的问题是资金紧张，投入不足，制约了合作经济组织的进一步发展。分析其原因：一是农民家底薄、资金少，小规模生产难以有大的投入。二是农民从农业银行或农村信用社贷款，还有一定的难度，特别是林业方面的贷款扶持更难得到。三是社会资金投入较少。由于林产品生产周期长，价格不稳定，收益率偏低，按照市场经济规律，资金总是流向周期短、见效快的产业，而不愿投向像核桃这样周期长的产业。四是合作经济组织活动经费难以保证，各专业协会的会费收入时有时无，影响了各项业务活动的有效开展。

2. 规模小、管理运行不规范

目前大姚县全县范围内的合作社普遍存在规模小的问题，且大多数经济林是一家一户分散经营，经营管理粗放，专业化程度低，规模优势得不到充分发挥。由于规模与资金的限制，合作经济组织经营活动只停留在信息服务、技术咨询和初级产品包装、销售的层面上，服务层次普遍偏低，适应开拓市场和参与市场竞争的能力不强。另外，合作经济组织大多是依托能人组建的，由于社员参与组织管理的意识比较淡薄，虽然各合作社制定了章程，明确了一人一票制，但由于内部管理机制不健全，使得章程流于形式，理事会、监事会、社员（代表）大会形同虚设。还有少部分只是挂了一个牌子，没有固定的收入来源，内部运作机制不健全，规章制度不完善，缺乏基本的入会和退会手续，很难做到真正的民主管理。因此，尽管赋予了农民表决权和决策权，但对于最终的决策并不能产生根本性的影响，合作经济组织的决策主要还是由几个发起人说了算。

3. 思想认识不到位，家族产业现象突出

首先，多数干部对林业专业合作经济组织缺乏了解甚至很陌生，对已公布实施的《农民专业合作社法》更是知之甚少，对林业专业合作经济组织的地位和作用认识不清，造成工作缺乏主动性。大部分林农群众小农意识强，加上受历史上“合作扩大化、人民公社化”的危害影响，仍习惯于一家一户的生产经营方式，缺乏组织起来共同发展的热情和信心，影响了林业专业合作经济组织的发展。同时，很多专业合作经济组织多为家族产业，吸纳进入合作社的成员大多都是带头人家族内部的亲朋好友，形成了家族垄断。这不仅违背了合作经济组织建立和公平、互助合作原则，还会造成群众之间的矛盾冲突，成为社区不和谐隐患。

4. 缺乏“能人”牵头，经营水平不高

大姚县不少林业专业合作经济组织缺少“能人”牵头，组织管理者大都专业水平不高，市场观念不够强，缺乏林业生产经营和管理经验。他们往往只看重眼前利益，缺乏长期规划，使合作经济组织发展后劲不足，特别是在技术引进、经营管理、市场开拓、信息收集以及经营网点分布等方面，都无法与专业化大公司抗衡，无法在市场竞争中取得竞争优势，很大程度上制约了林业专业合作经济组织的发展壮大。

5. 龙头企业规模小，产品结构单一，产业联动性差

一是大姚的核桃加工企业起步晚，规模小，自我扩大再生产的能力弱；二是产品结构单一，产业链短，市场拓展能力弱；三是产品附加值低，短期内不能增加财政收入。此外，专业协会在引导农户成熟采摘、烘烤加工和建立市场运行机制等方面效果不明显，没有充分发挥应有的引导、规范和网络联动的作用。

四、进一步发展的建议

当前，大姚县正处于由传统林业向现代林业转型的过渡阶段，推进这一转型，必须大力推进林下经济生产规模化、经营产业化、服务社会化，不断提高林产品加工转化率、品牌竞争力和市场占有率。未来林业专业合作经济组织建设应从以下五个方面着手：

1. 加大财政金融政策支持力度

在财政方面要对各级示范合作经济组织给予补助，使其更好地发挥示范带动作用，整合对林业的专项投资、财政支农资金和农业综合开发有偿资金，重点支持合作经济组织开展的林产品生产基地基础设施建设、科研开发能力、技术服务水平、质量检验检测水平和信息网络体系建设；在税收方面，除对林业专业合作经济组织为其成员提供林业生产经营服务免征营业税外，还可以

利用税收政策引导合作社的发展方向；在信贷方面，国家政策性金融机构和商业性金融机构应当采取多种形式，为合作经济组织提供多渠道的资金支持和金融服务。

2. 规范培育合作经济组织，建立健全运行机制

林业部门应加大对合作经济组织的监督力度，督促合作经济组织尽快健全规章制度，依法规范发展。积极引导发展多种形式的农民林业专业合作经济组织，提高农民林业专业合作经济组织的经济社会地位，加强培训和示范，提高合作经济组织的自身素质，强化合作经济组织的社会化服务功能。针对目前涉林企业已经达到63家的实际，依法引导组建成立大姚林产业协会。完善合作社管理机制，尊重社员权利和健全规范社员大会，董事会和监事会要有效运作，实施有效的经营策略和监控，及时披露信息，做到社务公开。做到用制度规范社员的行为，促进合作经济组织协调一致，统筹安排合作经济组织内各种资源，提高合作社的整体竞争力。

3. 加强培训，提高合作意识

通过多层次、多渠道、多形式培训，逐步提高基层领导干部、合作社管理层和参与农民的思想意识和整体素质，提升合作经济组织的经营管理水平，培训要起到引导和教育农民遵守市场经济规则，提高农民的法制观念与合同意识，规范经营行为的作用，提高广大农民参与林业产业化经营的能力。坚持“民办、民管、民受益”的原则。要突出以林农为主体的思想，实行民主决策、民主管理。要认真探索林业规模经营的有效途径，既不改变家庭承包经营的体制，又能把千家万户的小生产者组织起来，既能借助组织的力量发展生产，又能保持林农的生产积极性，形成一个个联系密切的利益共同体，使农民从单户生产走向合作经营，有效克服小农化经营的弊端，避免形成家族垄断企业。

4. 重视带头人培养，聚集“能人优势”

就合作社的组建而言，仍以林农中的能人带动为主，以部分林农的积极参与为辅。要想林业合作经济组织快速健康地发展，就需要有经济头脑、作风清廉和热心服务的带头人牵头才行。针对大姚县林业专业合作经济组织缺乏能人带动的现实，县人民政府及林业部门要专门开展培养带头人的活动。分期分批组织当地热心于合作事业的龙头企业法人、农业大户、社会能人进行合作

经济知识培训，让他们了解农民专业合作经济组织的性质、作用和意义，增强组建和加入专业合作经济组织的积极性，通过引导和扶持，起带头示范作用。

5. 做大龙头企业，搞好核桃产品精深加工

大姚核桃产业化发展的核心问题是核桃的深加工问题。要创造条件，积极争取在大姚创办集核桃加工、交易、销售、仓储、信息、技术服务等为一体的核桃工业园区，通过发展核桃的深加工产业，开发科技含量高的核桃功能性保健食品和各种规格包装的礼品核桃、核桃仁、核桃油、核桃炒果等天然绿色食品，实现产品的增值，创造财政税收。一是要按照“企业＋基地＋农户”的模式，发挥核桃产业办、核桃协会的作用，申报无公害产品，统一质量标准，统一收购价格，避免恶意竞争。二是抓好核桃及其工业品销售网络及信息系统建设，采取委托代理销售、联营销售、设立专卖店等形式，不断扩大大姚核桃及其制成品的市场占有率。三是规划建设以核桃为主的批发交易市场，兼营板栗、花椒等农特产品，为核桃交易流通搭建平台。四是加大对现有核桃加工销售企业的技改扩建，从产品开发、技术创新等环节入手，重点培植一批市场开拓能力强、辐射面广、带动力大、发展前景好的核桃精深加工企业，实现产品的加工升值。

（作者单位：云南省社会科学院农村发展研究所）

依靠民族传统文化
推进森林资源有效管理

——基于维西县塔城镇巴珠村的调查

张云熙

一、巴珠村的基本情况

1. 村庄概况

巴珠村委会隶属于迪庆藏族自治州维西傈僳族自治县塔城镇。塔城镇位于三江并流的中部，在澜沧江和金沙江之间靠金沙江一侧。巴珠村处于金沙江峡谷临江的半山腰地带。全村平均海拔2 850米，年平均气温13℃。巴珠村是一个纯藏族居住的村寨，全村共有21个村民小组，278户，1 377人。藏族人口占全村人口的98%左右。2011年，巴珠村经济总收入为710.89万元，农民人均纯收入5 120元。

2. 森林资源分布状况

巴珠村委会地处世界自然遗产“三江并流”的核心地带，隶属于全国重点林业县，同时也是国家天保工程区和白马雪山自然保护区所在地。这里森林资源丰富，生态区位十分重要。全村森林面积5 787.6公顷，森林覆盖率达到98.2%，其中国家级生态公益林面积2 476.2公顷，省级生态公益林面积150.9公顷，其余均为县级或是社区公益林。全部森林中约20%的为次生林，80%以上是成材林，有些甚至是原始森林。树种以华山松为主，靠近水源的地方以栎树、核桃和其他阔叶林为主，也有少量的红豆杉等珍贵树种。由于生态环境好，黑熊、麂子、雉鸡、滇金丝猴等各种野生动物在此繁衍生息，除此之外，野生菌和野生药材也格外丰富，这成了大自然对巴珠人民馈赠的极为珍贵的礼物，而巴珠人也更加用心地保护和经营着这片他们赖以生存的森林，形成了持续发展的良性循环。

二、巴珠村对森林资源的利用和管理方式

在当地，森林资源不仅仅被人们视为一种经济资源，一种生计手段，而且是一种精神安慰和精神寄托，更是藏族宗教信仰和自然崇拜的对象。巴珠村对森林资源的利用主要表现在自用材的砍伐、薪柴采集、林下产品的采集和放牧等。

1. 敬畏神山，严格自用材的砍伐

从塔城镇去往巴珠的路上，会明显感觉到，越往巴珠方向走，森林越发的茂密。巴珠附近的其宗、启别等村子，大多是近十年生长起来的次生林，而巴珠到处可见成片的原始森林。巴珠森林覆盖率会有如此之高，与当地百姓的精心呵护和严格管护是分不开的。20 世纪 70 年代至 90 年代初，迪庆州依托森林资源丰富的优势，大力发展木材经济，在全州各地成立了多家森工企业。这些森工企业“公路修到哪里，树木砍到哪里”。1987 年，随着巴珠到塔城林区公路的修通，巴珠村也不可避免地成为森工企业“洗劫”的对象。据村民回忆，1997 年的一天，伐木队的人拉着砍伐树木的工具来到村庄，打算第二天开始砍伐树木。当天，以退休老人和贵忠、村医和从宽以及老党员定珠为主的几个老人在当地大多数村民的支持下联合起来站在村委会门口，不让伐木队的人进入，坚决反对砍伐树木。并宣称如果伐木队要强制砍树，他们就要上告州和省里有关部门。在村民的努力抗争下，伐木队不得不离开。之后的一年，长江流域发生了百年不遇的洪灾，此后，国家重视对植被的保护。1999 年，国家启动天然林保护工程，巴珠的森林也得以保护下来。

在巴珠人看来，森林不仅仅是一般意义上的经济来源和生活生产资料，更是当地人民精神信仰的重要载体。按照他们的习俗，神山、风水林、水源林等都是社区村民共同使用的、神圣的、不可侵犯的公共资源，一方面利用她来保护村寨的安全（防

止泥石流和滑坡），另一方面用其开展各项祭祀活动，如果破坏了森林就会触犯山神，山神就会发怒，降祸于人间。在当地流传着这样一个故事，据说有一年，一村民在山上砍了几棵高大的树木去卖，当天晚上村子就突降暴雨，引发小范围泥石流，砍树人的房子也被压倒了，这件事让很多村民都意识到，破坏生态环境会遭到神灵的报应，此后大家都引以为戒。现在，如果自家建房需要用材的话，首先要写申请，并且经村小组户主会议通过，再交由林业部门审批后，才可以采伐自用材。如果违反了此项规定，一经发现，村小组就会取消该户获取村民获得国家和地方给予的各项惠民补贴，以示惩戒。

2. 强调共享，合理开发林下资源

笔者对巴珠的调查发现，对林下资源的采集占农户总收入的近20%，其中野生菌的采集收入占到15%以上。据村民反映，全村每年采摘野生菌的收入都不低于100万元，2011年达130万元，其中以松茸的经济价值最高。据村民介绍，巴珠一年平均的松茸产量在5～10吨左右，按照市场收购均价80元/千克计算，单是松茸的收入每年就可以达到40～80万元。尽管如此，村民对于松茸的采集并没有只顾眼前的、个人的经济利益大肆地采集，而是形成了约定俗成的规矩，让全体村民共享大自然的馈赠。在巴珠，不是所有的山都出菌子，更不是所有的山上都能够采到松茸，比如，白鲁小组的山上出的松茸更多些，而贯农和塔拉各小组的山上却很不长。但白鲁小组的村民并没有将其占为己有，而是让所有村民都可以来采集，因为在他们看来："菌子是上天的馈赠，采菌子看个人的能力和运气，不能因为我们山上长的菌子多就不让其他人来采。"这种财富共享的价值观无不与藏族的文化息息相关。因为在藏族看来，自然的物产归自然，社会的财富归集体。个人无权占有支配自然界与社会中的物产。自然界是万物所共同拥有的，对她的管理也应该由社会统一管理。只有社会的统一管理和使用，才能有效地控制个人由于利欲而对自然资源进行抢占破坏。

虽然松茸的采集不受山林权属的限制，大家都能上山采，但具体的采集行为却有严格的制度和管理。村民对松茸的管理比较注重可持续性，不进行掠夺性采摘。还没冒出土的小松茸（"松童"或"童茸"）是不允许采摘的，一旦被发现，村里面要罚款，每采一个罚款5元，而村里面收菌子的商贩也不收松童。因而，村民也自觉地不采摘松童，等它们长大了再进行采摘。采松茸的时候不得带刀或者是小锄头之类的利器，以防止破坏菌根下面土壤中的菌种。这项规定在巴珠村得到了共识，大家都积极遵守。

在藏文化中，他们认定全面地保护自然环境，是社会持续发展的基础。因此，服从社会组织与社会道德规范，以此来协调人与社会、人与自然的关系，是藏族生态文化的重要内容。

3. 发挥妇女优势，规范薪柴采集

“只许砍干柴，禁止砍湿柴”，在巴珠村的《村规民约》中有这样一条规定：“每年每户只允许砍一棵活松木作为生活用柴。”即除了这棵活树以外，不得再砍其他活着的树木做烧柴。这项规定从1998年实施以来，巴珠的村民一直严格遵守着。据村里老人介绍：之所以提出这项规定，是因为1997年前后，巴珠通往塔城镇的沿河公路刚刚修通，公路穿过巴珠郁郁葱葱的林场，与巴珠相邻的其宗村因为本村没有砍柴的地方，就开车到巴珠村的林场砍柴，眼看着大片的森林被砍伐，巴珠村民和村委会认为：如果不加以制止，这片大自然赋予他们的森林就会消失。于是，就在村规民约中写入了：“所有人不得砍活着的树当柴烧，只能砍死了的树或者是捡干树枝，否则就要罚款。”

村里的森林管护工作主要由村妇女小组负责。巴珠各村民小组的妇女小组长同时兼管本小组的山林，妇女小组长会动员本村妇女在“扒松毛”以及捡菌子的同时观察有没有人违反规定，如果遇到违规行为，妇女会进行劝阻，如果行为严重会根据规定进行罚款，处罚获得的资金作为本小组妇女的活动经费。另外，妇女小组还会定期组织妇女巡山。除了森林管护外，妇女在传统文化的传承中，尤其是一些涉及生计等传统文化方面，更是发挥着不可替代的作用。在日常集体互助的劳作之后，巴珠妇女都会聚在一起聊天、唱歌、诵经，还会给村子里的孩子讲民族历史和教授各种手工制品的做法，通过这些形式使民族传统文化得以传承下来。

村委会还制定了各种奖励制度，比如，每年年终评选“妇女综合先进工作小组”“妇女先进生态保护小组”等等，通过这一系列措施，强化了对森林资源的管护，增强了妇女的交际与沟通能力，提高自身的技能与价值，使她们有机会表达自己的意愿，创造妇女参与森林资源管理决策的机会，从而保护自己应享有的权利与利益，让妇女成为社区各项事务的主要参与者，从而逐渐改变妇女在性别关系中相对于男性不平等的地位，促进农村社区性别发展的平衡。

4. 尊重民意，合理分配生态公益林补偿金

森林资源对于藏族同胞有着特殊的意义，尤其是在巴珠，其森林资源均为生态公益林，如果因此次林改而将这些具有特殊意义的公益林确权到户，并将补偿资金按照各家各户的面积发放，势必会破坏社区的和谐，引发社会问题。因此，在此次林改中，巴珠特别注意充分尊重社区的习惯权属。所有森林尽管确权到户，但均由村小组集体统一管理，不论是对森林的管理还是生态公益林补偿金的发放都由村民小组负责，尤其是在生态公益林补偿金的分配上，更是十分强调民意和重视公平。

按规定，国家级和省级生态公益林补偿金额均为150元/公顷，县级或社区公益林均无补偿。也就是说，巴珠村有约45%的公益林不能获得补偿，如果按照确权到户的面积来领取补偿的话，有些农户尽管划到了森林，花费了时间和精力管理，却不可能获得补偿金。为此，巴珠村委会按照各小组确立的国家和省级公益林的补偿金额，将补偿款分给各小组，各小组通过召开户主会，决定如何分配。户主会由村小组组织召开，每户人家出一个家长（多为男性）参加，是村小组的决策机构，凡村中的各种大事，都由户主会议决定后由村小组长具体落实。在户主会议上村民自由讨论、发表意见，最终达成共识。调查了解到，大部分村民小组，比如，务鲁、大农龙、白公各等15个村民小组都通过召开户主会议决定将生态公益林补助款项平均分配给每户。另外，塔拉各、石家本、下农龙、车江、说主久、阿江等村民小组的补助款则采用划片分的方式。这几个村民小组农户居住的区域比较分散，所管理的森林面积较为悬殊，经户主会议决定，根据农户所处不同区域管理的生态公益林的面积将补助金划分为几个部分，再从每个部分平均分配给该区域的农户。与村民的访谈了解到，几乎所有的村民对此种分配方案都表示赞同，“这个好嘛，开户主会议让我们每个人都可以提意见，都是大家同意的，以后不会吵架”；“个个都管护森林，不能有的有补偿，有的没有补

偿，这种不公平，以后就不会有人管理森林了”。

通过户主会，利用社区的血缘关系、熟人关系，较好地整合了社区利益，迅速地形成了符合村民利益的民主决策。妥善协调了各方面的利益，抑制了贫富差距扩大的趋势，树立“双赢”“共生”和“共同富裕”的观念，采取切实措施保障弱势人群的合法权益，充分尊重社区的习惯权属，加强了社区的凝聚力。

三、巴珠森林资源管理方面的宝贵经验

森林资源在山区社会—经济—生态系统中有着十分重要的作用，是农村居民生存和发展的基础，是整个农村自然资源的重要组成部分。在巴珠，社区在管理森林资源上将民族传统文化与现代管理机制有机结合，使社区管理制度化、组织化、民主化、现代化；因地制宜，激发社区森林资源的经济潜力，实现社区经济、社会与资源环境的协调发展。通过一系列的举措，不仅调动了森林资源所有者培育和保护森林资源的积极性，促进林业产业的良性发展。同时，培养社区村民的认同感、责任感和自豪感，强化社区社会资本，提升社区综合发展意识与能力，从而推进社区森林资源的有效管理。

1. 将民族传统文化与现代管理机制有机结合，确立社区规范

社会共享的价值观与规范是社会资本的主要构成要素。社区居民共同遵守的社会规范，可以促进社区群体内的合作，形成遵守诺言、履行义务和互惠互助的社会风尚。传统乡村社会规范是依赖人们在血缘、地缘等网络关系中基于相互信任而形成的。然而，伴随着市场经济的发展和农村社会的变迁，也造就了如今农村社区多元化的观念和信仰，原有的那种以集体归属为前提，世代相传的民间规则逐渐被瓦解，新型的社会规范难以被多数社区成员接受和适应，如何实现二者的统一是一个需要认真研究的重大现实问题。巴珠在社区管理中将民族传统文化与现代管理机制有效结合，所形成的社会规范在森林资源和社区治理中得以充分展现，从一个侧面给了我们很多思考。

在长期的历史发展过程中，藏族同胞与森林和谐相处，形成了认识和保护森林的独特生态观念和方法，并代代相传。在巴

珠，到处都有神山、神湖、神泉、神河，在他们看来，简单的一棵树、一片森林或是一座山，不仅是生命的自然体，更重要的是，它同样具有自己的权利。对百姓而言，这种文化心理对砍伐者有一种潜在的威慑力量。在国家政策、法规的大环境下，将村民对传统文化的形式与内容的理解，充分灵活运用到自身的经验、知识和方法，形成村规民约，从而使制度具有“生命”依托。这些村规民约既体现了藏族崇拜神山、保护神山的宗教意识，尊重当地社区的传统知识，符合村民的习惯法，更能得到村民的认同和遵守。同时，这些村规民约也涵盖了国家正式制度的精神和具体措施。这样的制度规范，促使人们把自身的社会行为纳入规范的轨道上来，迫使人们自觉履行义务，保证人际间的信任，并有效地维持社会秩序。

2. 赋权于民，增进社区成员的互信

信任是支持社区发展的重要因素。社会环境可信任的程度越高，人们履行义务的可能性就越大。在巴珠的森林管理中，社区基于相信村民掌握适合当地森林资源管理的技巧与能力，相信村民具有有效管护森林资源的能力，相信村民对自然资源、对人类所具有的价值的认知能力，充分鼓励村民参与到社区森林以及社区其他公共事务的管理中去。社区成员在参与管理中，村民之间通过交流、合作，增加了相互之间的感情，由此加深了相互之间的信任，同时也加强了村民对于社区组织的信任，促进多元合作参与网络体系和自治组织的建构，有利于社区集体行动的实现，从而提高社区参与自然资源共管的水平。

3. 发挥社会组织作用，实现社区共管

农村社会是一个熟人社会，社会秩序的维系常常是以自己所特有的社会网络及一定的人际关系为基础的。通过发挥社会组织的作用，将个人嵌入社会组织的网络中，传递社会关系，培育社区社会资本。从这个意义上而言，社区社会资本与社区组织是相辅相成的，前者为后者提供社会网络支持，后者为前者提供组织保障。

在巴珠的森林资源管理中，除了基层党组织以外，还有社区妇女组织、户主会、老年会等社会组织。比如户主会的存在，就利用社区的血缘关系、熟人关系，较好地整合了社区利益，有效形成符合社区利益的民主决策，使村民对山林的保护和管理产生拥有感和责任感，进而使社区由单纯的被动执行者转变为主动、积极的参与者。另外，巴珠村在森林资源管理上还积极调动妇女的社会资本。通过成立妇女小组，在山区森林资源的开发利用和管理中，赋权于妇女，创造妇女参与森林资源管理决策的机会，提高自身的技能与价值，改变过去“妻子的关系网络从属于丈夫的关系网络”的局面，增强妇女自己的外部社会支持网络。

从整体上来看，巴珠的基层社会组织，深入到巴珠人生活的几乎所有领域，从而能把全村人有效地统和起来，实现社区有效的运作和管理。换句话说，社区通过发掘各类社会资源，充分发挥社会组织的作用，一方面社会组织为村民提供持续交往渠道，为各利益相关方搭建沟通、合作平台，提高了社区参与社区管理的广泛性；另一方面，社会组织自身所拥有的社会资本，为社区弱势、边缘群体争取权利，能够让成员共享，满足成员的要求。这不仅大大提高山林管理的效率，也加快社会资本的发育，扩大社会自我管理的范围，让政府、社会及其个人所期望的林地资源的可持续管理成为现实。

4. 因地制宜，激发社区经济潜力

对于山区社区来说，森林不仅是村民至关重要的收入来源，还是农户生产、生活的必要条件。在尚未解决温饱，甚至不能保障基本生存的社区，期望对森林资源具有高度依赖的村民自觉、主动放弃对资源的索取，转而积极主动参与到森林资源的管护中去是不现实的。在巴珠，广大村民和村组干部都认识到，要推进社区广泛参与森林资源管理，首先要解决社区生计问题。因此，社区对森林资源的利用必须充分强调合作、信任、参与等社会资本要素，将资源管理与社区生计有机结合起来，重视生态环境的保护，从而以优美的自然风光、适宜的气候、优越的投资环境，吸引外来资金和投资项目。与此同时，发挥社区“骨干”“精英”的带头作用，扶持林下产品深加工及乡村旅游等高附加值产业，充分实现农户收入来源的多样化，提高农户面对市场、应对风险的能力，从根本上解决农户的生计问题，进而扩大村民的人际交往半径，强化对先赋性血缘、地缘社会资本的认同，提升自致性社会资本的质量。

从巴珠对森林资源管理的实践中可以看出，自然资源除了作为人类生存的载体以外，依赖自然资源谋生的社区居民在与自然资源的互动过程中，不仅在开拓着自己的生计空间，维持着有限资源的可持续利用，同时还实现着个人、社区社会资本的培育与积累。在这个过程中，社区的传统权威、传统规范、传统交往基础等传统社会资本与利益、信任、参与、合作基础上的新型社会资本相互融合，共同作用于社区治理，为社区创造了公平的制度环境，提高了农村社会经济发展的效率，提升了社区综合发展的意识与能力。

（作者单位：云南省社会科学院农村发展研究所）

云南新一轮集体林权制度改革大事记

谢晓洁　张源洁　整理

2003 年

5 月 27 日　省委书记白恩培到林业厅调研，提出“生态建设产业化，产业发展生态化”思路，对林业体制改革、机制创新提出新要求。

6 月 25 日　《中共中央　国务院关于加快林业发展的决定》（中发〔2003〕9 号）出台，明确了“深化林业体制改革，增强林业发展的活力”的任务。

2004 年

2 月 19 日　《中共云南省委　云南省人民政府关于加快林业发展的决定》（云发〔2004〕9 号）出台。

2005 年

4 月 22 日　省委书记白恩培在《福建改革集体林权制度的调查》（《农村要情》第 8 期）上批示：“福建的经验很好，值得我省学习。《加快林业产业的发展决定》下发已有些时候，进展如何请多加过问。我总觉得用传统的方法管理林业不行了，一定要改，要快改。”

9月4日至8日　省委副书记王学仁带队，省委办公厅、省政府办公厅、省委政研室、省林业厅派人赴福建省就林权制度改革情况进行学习考察，对我省集体林权制度改革提出意见和建议。

11月　由省林业厅副厅长张林冲带队，厅机关相关处室及省属有关单位的同志赴福建、江西两省学习考察林权制度改革的具体做法和经验。

11月　省林业厅、省委政研室联合开展《云南省森林资源及林业产权制度变化情况》《云南省林业产权制度改革的成绩和经验》《云南省林业产权制度面临的主要困难和问题》《加快云南林业产权制度政策措施建议》《云南省林业产权制度改革研究》等专题调研。

11月22日　全省森林资源林政管理工作会确定：从明年起，我省启动集体林权制度改革，争取3年实现“山有其主、主有其权、权有其责、责有其利”的目标。

2006年

2月1日　省深化集体林权制度改革领导小组举行第一次会议，认真总结全省深化集体林权制度改革试点工作，研究部署今年集体林权制度改革工作。会议要求，进一步统一思想，提高认识，加强领导，形成合力，积极稳妥地推进集体林权制度改革工作，确保按时按质完成省委、省人民政府确定的改革任务，为加快我省林业发展打好基础。

2月27日　在昆明举行的全省林业局长会议确定了我省今年一揽子林业工作总体目标，其中，今年全省全面展开集体林权制度改革，年底前基本完成主体改革任务，成为今年林业工作的重中之重。9个试点县要在3月底前完成确权发证验收工作，各地要在年底前基本完成林改主体工程任务。

3月13日至18日　以国家林业局林权制度改革领导小组办公室副主任江机生为组长的调研组一行，先后到思茅市翠云、景谷、镇沅等县（区），深入林区，走访林农，对云南省集体林权制度改革情况进行了调研。云南省委、省人民政府与前来我省调研的国家林业局林改调研组举行情况反馈座谈会。调研组认为，云南省集体林权制度改革领导重视，思路清晰，措施得力，改革已经取得初步成效，希望全省进一步总结经验，完善政策措施，保证集体林权制度改革的顺利推进。

4 月 14 日至 16 日　省委、省人民政府在普洱市召开全省深化集体林权制度改革工作现场会，总结交流集体林权制度改革试点经验，研究部署全面深化集体林权制度改革工作，动员全省广大干部群众积极行动起来，以兴林富民为目标，全面推进集体林权制度改革。

5 月　罗平、腾冲、屏边、砚山、景谷、永平、潞西、兰坪、云县等 9 个县（市）作为省级试点启动集体林权制度改革。

5 月　省林业厅厅长白成亮、副厅长王德祥率 9 个省级试点县（市）长、林业局长及所在州（市）林业局长，林业厅试点县林改指导组组长、厅机关相关处室人员赴福建、江西进行集体林权制度改革学习考察。

5 月 12 日　中共中央政治局委员、国务院副总理回良玉在云南考察工作时强调，集体林权制度改革是农村改革和新农村建设的一件大事，务必要高度重视，精心组织，试点先行，完善政策，依法办事，分类指导，充分尊重农民意愿，充分发挥林地效益，积极稳妥地予以推进，确保生态受保护、农民得实惠，促进林业又好又快发展。

7 月 17 日　省委、省人民政府 7 月 16 日召开全省集体林权制度改革座谈会。要求进一步深化对集体林权制度改革重要性和紧迫性的认识；明确改革的方向和重大政策措施；坚定推进改革的信心和决心，以林权制度改革解放和发展林业生产力，促进生态建设和林产业发展，推进全省社会主义新农村建设。

7 月 19 日　省林业厅发出《关于暂停集体林权流转加强资源林政管理工作的紧急通知》（云林机电〔2006〕2 号）。

8 月 29 日　省委副书记李纪恒到林业厅听取集体林权制度改革工作情况汇报，并作出林改工作要做到“思想认识到位、工作指导到位、技术服务到位、领导挂钩到位”的重要指示。

9 月 11 日至 12 日　省委、省人民政府在临沧市召开全省深化集体林权制度改革现场汇报会，总结交流经验，分析存在困难和问题，研究完善政策措施，安排部署下一阶段工作，确保如期完成全省集体林权制度改革任务。

9月14日　《中共云南省委　云南省人民政府关于深化集体林权制度改革的决定》（云发〔2006〕19号）出台。

9月17日至18日　全省林业局长会议在昆明召开。会议提出：要从省情、林情的实际出发，完善发展思路，抓好林业资源保护、产业发展、科技创新等重点工作，以林业的又好又快发展推动全省生态文明建设。

11月1日　省人民政府召开全省深化集体林权制度改革电视电话会议，副省长孔垂柱对全省林改工作进行部署。

11月13日　国家林业局局长贾治邦认为：当前我国林地资源保护管理形势十分严峻，必须采取最为严格的措施，加强对林地的保护管理，形成“总量控制、定额管理、合理供地、节约用地、占补平衡”的林地管理机制。

11月22日　省林业厅、中共云南省委宣传部印发《关于认真做好深化集体林权制度改革宣传工作的通知》（云林联发〔2006〕47号）。

12月11日至30日　省林业厅组成3个督察组，分别到全省集体林权制度改革试点县（市）进行督察，保证2007年春节前正式验收。这次督察组将重点检查各试点县（市）工作进展情况、总结主要做法和经验，研究解决存在的主要问题和困难，并对各试点县（市）下一步工作提出意见和建议。

12月12日　省深化集体林权制度改革领导小组成立（云办通〔2006〕45号），省委副书记李纪恒任组长，省人民政府副省长孔垂柱任第一副组长，省林业厅党组书记、厅长白成亮任常务副组长，涉及22个部门共26个成员，办公室设在省林业厅，厅党组成员、副厅长王德祥任办公室主任。

12月21日　省委、省人民政府日前发布《关于深化集体林权制度改革的决定》，宣布从2006年起，用3年左右的时间，基本完成全省深化集体林权制度及其配套改革任务，实现“山有其主，主有其权，权有其责，责有其利”的目标，建立起“产权归属清晰，经营主体到位，责权划分明确，利益保障严格，流转顺畅规范，监管服务有效”的现代林业产权制度。

2007 年

1 月　国务院副总理回良玉到云南考察，强调我省的林业工作特别是集体林权制度改革工作取得了明显的成效，并于 1 月 19 日在听取国家林业局工作汇报时多次谈到云南林改的情况。

1 月 16 日　省委、省人民政府邀请中共中央党校教育长李兴山教授在“云南省领导干部时代前沿知识讲座”上对集体林权制度改革作了专题讲座。

1 月 28 日　省林改领导小组印发《云南省深化集体林权制度改革试点县确权发证阶段性检查验收办法的通知》（云林改发〔2007〕1 号），省林改办、省委农办共同组织 4 个检查验收组对 9 个试点县的外业勘界确权及发证工作进行阶段性检查验收，并于 3 月底前完成验收工作。

2 月 1 日　省深化集体林权制度改革领导小组召开第一次会议，省委副书记李纪恒、省政协主席王学仁、省人民政府副省长孔垂柱作重要讲话，省林业厅党组书记、厅长白成亮汇报全省林改试点的情况和下一步工作建议。

2 月 14 日　省深化集体林权制度改革领导小组印发《云南省深化集体林权制度改革领导小组成员挂钩联系和成员单位联络员制度》（云林改发〔2007〕3 号）。

2 月 26 日　省林业厅印发《云南省林业厅领导挂钩联系集体林权制度改革工作制度》（云林发〔2007〕11 号）。

3 月 9 日　国家林业局、国家档案局印发《关于加强集体林权制度改革档案工作的意见》（林策发〔2007〕61 号）。

3 月 13 日至 19 日　受国家林业局局长贾治邦的委派，国家林业局林改办副主任江机生一行到普洱市调研。3 月 18 日，省委副书记李纪恒、省人民政府副秘书长何兴泽等领导与调研组进行座谈。

4 月 14 日至 16 日　省委、省人民政府在普洱市召开了全省深化集体林权制度改革现场会。

4 月 15 日　省人民政府宣布在全省范围内全面推开集体林权制度改革，争取到 2009 年基本完成深化集体林权制度及其配套改革的任务。

5月　省委、省人民政府领导指示省委农办、省林改办、省林业厅及时组织开展我省天保工程区、自然保护区、公益林区中集体林改革的调研。

5月28日至6月2日　省人大常委会《森林法》执法检查组到怒江州、普洱市开展执法检查，对深化集体林权制度改革作了重点检查。

6月11日　省人民政府办公厅印发《关于开展扶贫整村推进农居地震安全农村低保制度集体林改等重点工作检查的通知》（云府办明电〔2007〕63号），由省林业厅、省委农办、省扶贫办、省民政厅、省民委、省建设厅、省林改办组成8个联合检查组，对全省16个州（市）的集体林权制度改革工作进行检查。

6月20日至25日　国家林业局在云南举办林改培训班，分2期对云南16个州（市）、129个县（市、区）林业局局长和林改业务技术人员、省林改领导小组成员单位联络员进行了培训。

7月　省委办公厅印发《关于对20项重点工作情况进行督促检查的通知》，由16位省级领导任组长，把深化集体林权制度改革作为20项重点工作中的第5项，定期或不定期地到现场进行督察。

7月9日　省林改办主任、省林业厅副厅长王德祥带领省林改办、厅资源林政处人员按省人民政府领导的要求，到国家林业局进行林改专题汇报，张建龙副局长及相关司局长参加汇报会，国家林业局对我省反映的问题作了书面答复。

7月27日　省林改办在玉溪召开昆明、楚雄、玉溪、红河、普洱5州（市）山林纠纷调处工作协调会。

9月4日至6日　国家林业局局长贾治邦在普洱主持召开集体林权制度改革座谈会，17个省（市、区）的林业厅局长及相关处室领导参加会议，省委副书记李纪恒到会并作重要讲话，省人民政府副省长孔垂柱致辞。

9月7日　省深化集体林权制度改革领导小组召开第二次会议。

9月10日至12日　省委、省人民政府在临沧市召开全省林改现场汇报会。

9月21日　省委副书记李纪恒在昆明会堂向在昆的副厅级以

上离退休老干部通报全省深化集体林权制度改革工作情况，省人民政府副省长孔垂柱主持会议。

11 月 27 日　《中共云南省委办公厅、云南省人民政府办公厅关于进一步加大集体林权制度主体改革力度和稳步推进配套改革的意见》（云办发〔2007〕20 号）出台。

12 月 18 日　中共云南省委宣传部、省林业厅、省林改办联发《云南省深化集体林权制度改革宣传工作方案》（云林联发〔2007〕48 号）。

12 月　《财政部关于下达集体林权制度改革工作经费的通知》（财农〔2007〕359 号）下达我省集体林权制度改革工作补助费 29 116 万元，专项用于外业勘测、林权纠纷调处、内业、档案管理、培训等五个方面的支出。

2008 年

1 月 14 日　国家林业局局长贾治邦在全国林业厅局长会议上说，截至目前，全国承包到户的林地已有大约 6.6 亿亩，占集体林业用地的 27.5%。福建、江西、辽宁等省已基本完成主体改革任务，正在推进配套改革；云南、安徽、河北、湖北 4 省主体改革全面推开；湖南、河南、贵州、海南等 8 省（市）正在总结试点经验，今年将全面推开；其他省份也在积极开展试点、深入调研，进行前期准备。

1 月 17 日　省林业厅、省监察厅、省林改办联发《关于在深化集体林权制度改革中加强农村基层党风廉政建设的通知》（云林联发〔2008〕2 号）。

2 月 15 日　省林业厅、省林改办联合转发《关于进一步加强森林资源管理促进和保障集体林权制度改革文件的通知》（云林联发〔2008〕4 号）。

2 月 17 日至 18 日　省林改领导小组常务副组长白成亮在昆明主持召开全省林改工作座谈会。

2 月 21 日　省委副书记李纪恒在省林改办《关于我省深化集体林权制度改革 2007 年工作总结和 2008 年工作要点的报告》上作重要批示，向奋战在集体林权制度改革的各级各部门表示感谢，对2008年的林改工作提出明确要求。

3月13日　昆明市自集体林权改革试点启动以来，各县（市、区）精心组织，稳步推进，试点工作进展顺利。各县（市、区）均召开了动员培训会议，对技术人员进行了业务技术培训，开展了对集体林权现状，特别是对“两山到户”、出让“四荒”的情况进行深入细致的调查摸底。目前，大部分试点乡（镇）均已先后进入踏山认界、外业勘察阶段工作。据统计，全市共有692个村组完成调查摸底工作，共排查出各种纠纷142起，已调处纠纷25起。核发林权证书19本。

3月13日　根据中央的要求，结合云南实际，省委、省人民政府审时度势，提出云南要加快集体林权制度的改革，省委书记白恩培提出林权“一定要改，要快改”的要求。

3月18日　省农村信用社联合社、省林业厅联合下发《关于农户林权抵押小额信贷业务指导意见的通知》（云农信联〔2008〕38号）。

3月27日　省林改办主任王德祥和省政法委、公安厅、司法厅领导到普洱、孟连县调研集体橡胶林改革问题。

4月15日　省林改办在昆明举办全省集体林权制度改革统计培训班。

4月21日　《中共云南省委　云南省人民政府关于进一步深化改革的决定》（云发〔2008〕6号）第16条进一步明确了全面深化集体林权制度改革的时间要求和内容任务。

5月4日　省林改领导小组常务副组长、省政协副主席、省林业厅党组书记白成亮，省林业厅厅长陈玉侯、副厅长王德祥，省委农办副主任王兴明等领导听取林改办巡视督察情况汇报。

5月7日至18日　省政协副主席白成亮率省政协视察组赴楚雄、怒江、普洱等3州（市）7县（区）视察集体林权制度改革工作。

6月11日至12日　省委、省人民政府在楚雄召开云南省深化集体林权制度改革现场汇报会，传达学习《中共中央　国务院关于全面推进集体林权制度改革的意见》（中发〔2008〕10号）精神，部署全省林改工作。

6月27日　全国集体林权制度改革宣传工作座谈会在北京召开，江西、辽宁、云南、河南等4省介绍了本省集体林权制度改革宣传工作经验。

6 月　省林改领导小组常务副组长、省政协副主席、省林业厅党组书记白成亮到国家林业局汇报我省集体林权制度改革工作。

7 月 14 日至 15 日　全国集体林权制度改革厅局长培训班在昆明开班。国家林业局党组书记、局长贾治邦提出，全面推进林权制度改革的关键是紧紧抓住“明晰产权”这个核心，必须维护林地承包经营权的长期性和稳定性，强调“林地承包期为 70 年，承包期届满，可以按照国家有关规定继续承包”。这是目前我国土地承包政策的最长年限。

7 月 18 日至 21 日　中央 15 家新闻媒体单位派出 23 名记者到大理州永平县集中采访云南林改情况。

8 月 1 日　《中共云南省委办公厅、云南省人民政府办公厅关于调整充实省深化集体林权制度改革领导小组的通知》（云办通〔2008〕32 号），对省林改领导小组进行调整充实，省委副书记李纪恒任组长，省人民政府副省长孔垂柱任第一副组长，省政协副主席、省林业厅党组书记白成亮任常务副组长，省委副秘书长李森、省林业厅厅长陈玉侯、省人民政府副秘书长白建坤任副组长，增补省统计局、省政府金融办、省档案局为成员单位。

8 月 22 日　省委副书记李纪恒到省林业厅调研集体林权制度改革工作，强调要“用心、用情、用力”抓林改，做到“领导加强、队伍充实、工作抓紧、经费落实、督查到位”，省委副秘书长林金宏、省委农办副主任王兴明等领导参加调研。

9 月 7 日　省委、省人民政府在临沧召开的全省山区综合开发现场会上明确：从 2009 年开始对 400 万公顷地方公益林实施补偿，从每公顷 75 元起步，以后逐步提高补偿标准。

9 月 23 日　省林业厅、财政厅在昆明召开了全省地方公益林区划界定工作会议，省政协副主席、省林改领导小组常务副组长、省林业厅党组书记白成亮，省财政厅副厅长刘德强，省林业厅副厅长、省林改办主任王德祥对全省地方公益林区划界定工作进行部署。

10 月 20 日至 22 日　省委理论学习中心组采取依理说事、就事明理的形式对集体林权制度改革等 6 个关系全省科学发展、和谐发展的重大问题开展集中学习讨论。

10月17日至23日　中纪委监察部驻国家林业局纪检组监察局吴兰香副主任、国家林业局林改办邢红到西双版纳、普洱等地调研云南集体林权制度改革与农村基层党风廉政建设工作。

10月23日　省林业厅厅长、省林改领导小组副组长陈玉侯到省林改办传达省委书记白恩培、省长秦光荣、省委副书记李纪恒等省领导在省委理论学习中心组上的指示精神，并就林改工作进行专题部署。

11月1日　省委副书记李纪恒在省林业厅调研学习实践科学发展观活动时要求，要突出实践特色，重在解决问题，把科学发展观的要求转化为推进林业各方面工作的自觉行动，进一步提高我省林业发展的质量和水平。

11月12日　国家林业局联系林业工作实际，切实贯彻落实十七届三中全会和《中共中央　国务院关于全面推进集体林权制度改革的意见》精神，以集体林权制度改革为切入点，开展了一系列以发展现代林业、建设生态文明、推动科学发展为主题的调研和实践活动。

11月20日　省委、省人民政府在纪念改革开放三十周年文艺晚会上宣布，我省林改入选云南改革开放三十年十大风云事件。

11月22日　省林改办发出《关于扎实推进集体林权制度主体改革确保质量的紧急通知》（云林改办发〔2008〕36号），针对林改督察调研中发现的突出问题和薄弱环节提出整改要求。

2009年

1月11日　省委副书记李纪恒在深入学习实践科学发展观活动联系点林业厅调研时强调，整改落实阶段是学习实践活动最为关键的一个阶段，要抓好制定整改落实方案、集中解决突出问题、完善体制机制三个环节，高标准启动，严要求推进，高质量落实，努力在解决实际问题、完善体制机制上取得新突破、新成效。

1月19日　全省林业局长会议在昆明召开。会议提出：要坚定不移地用科学发展观统领林业发展全局，全面深化集体林权制度改革，进一步明晰产权，坚持以“分”为主，“四权”落实，颁发“铁证”，不断完善政策，统筹兼顾，让农民增强发展能力。

1月29日　全省林业建设情况通报会召开。据统计，截至10月30日，云南已投入林改经费9.59亿元，完成集体林权改革勘界确权1 348万公顷。全省15.39万个村民小组完成了林改摸底调查工作，占全省村民小组的96.25%；14.94万个村民小组制订了林改方案，确权面积1 348万公顷，占全省集体林面积的74%；发放林权证213.03万本、255.15万户，发证面积932.87万公顷，占全省集体林面积的50.98%。

2月12日　云南首宗集体林活立木拍卖会在景谷县益智乡成功竞拍。它标志着景谷深化集体林权制度改革取得明显成效，林木林地流转逐渐步入规范轨道。

2月28日　昆明市深化集体林权制度改革暨林业局长会议召开，昆明市将在6月底前完成林权主体改革检查验收，确保林权确权率达到95%以上，林权证发放率达到90%以上，并积极探索和大力推进配套改革。

3月10日　经过三年的努力，昆明市已基本完成110.67万公顷的集体林权主体改革任务。从昨日开始，迎接省级检查验收。市人民政府常务会议研究决定，从2009年起每年从市财政拿出1 500万元对市级10.93万公顷公益林进行补偿。

4月3日　为了全面加快林改步伐，云南省采取开展林权抵押贷款、规范林地林木流转、探索森林林木资源保险等八项措施，强力推进集体林权制度配套改革。一是开展林权抵押贷款。二是规范林地林木流转。三是强化公益林管理。四是加快建设林权流转服务中心。五是探索森林林木资源保险。六是试点开展低产低效林改造。七是大力发展林业专业合作组织。八是编制森林经营方案。

4月5日　省林改办日前举办全省林改培训会议，专题研究林改配套改革工作。省林改办举办这次培训，是为2010年全面完成林改配套改革任务奠定思想、政策和人才基础。

4月14日　省委、省人民政府确定，今年全省将全面完成集体林权主体改革任务，2010年完成林权配套改革任务。为加快林改步伐，全省采取多项措施推进集体林权制度配套改革。开展林权抵押贷款。目前，全省已有8个州（市）的18个县的农村信用社开办林业贷款275笔共21 054.3万元。省农业银行开办林权证抵押贷款54 864万元。省农发行支持林业企业等33个项目，金额达26 670万元。规范林地林木流转，省林业厅出台了《云南省集体林地林木流转管理办法》。

5月底　省委书记白恩培在普洱市的景东、镇沅等县调研时说，要大力推进低产林改造步伐，努力实现林业资源大省向林业经济强省的跨越式发展。经省人民政府同意，省林业厅近日出台了《关于加快推进低产低效林改造工作的意见》，将从2009年起，用5年时间，在全省范围内改造400万公顷低产低效林。

7月23日　省委书记白恩培主持召开省委常委会，听取中央林业工作会议精神和我省贯彻意见的汇报，常委会充分肯定了我省集体林权制度改革取得的显著成绩，指出当前主体改革已接近尾声，迫切需要抓好配套改革，要加快建立集体林权流转与管理体系，建立和完善森林生态效益补偿基金制度，加快建立林业社会化服务体系，完善林改相关法规体系。常委会强调，要加大中低产林改造力度，逐步改善我省“大资源、小产业、低效益”现状，明年将在全省推开中低产林改造工作；要进一步完善集体商品林木采伐管理政策，力争在改革商品林采伐限额管理、实行林木采伐审批公示制度、简化审批程序和提供便捷服务等方面取得重大突破；要进一步完善生态公益林管理政策，合理确定公益林和商品林比例，完善公益林补偿机制，大力开发森林旅游等非木质林产业，实现生态效益、社会效益和经济效益的有机结合。常委会同意制定出台《坚持生态优先　加快建设森林云南的指导意见》，以统领林业改革发展工作，提升云南林业的整体形象和影响，实现林业科学发展、和谐发展。

8月2日至7日　省政协副主席、省林业厅党组书记白成亮率队到普洱市、红河州就中低产林改造进行调研。白成亮指出：实施中低产林改造是深化集体林权制度改革的重要举措。集体林权制度改革只是解决了林业经营的体制制约问题，并未直接解决林业综合生产能力总体低下的问题。中低产林改造对于充分发挥全省的资源优势、发展壮大林产业、优化产业结构、增强农民持续增收后劲、提高云南经济社会可持续发展水平意义十分重大，是对集体林权制度改革的持续和深化，是关系全省经济社会发展的一件大事。

8 月 31 日　全省 16 个州（市）中 15 个州（市）共完成 15.39 万个村民小组、656.34 万户农户的确权工作，确权宗地 1 086.41 万宗，确权面积 1 701.38 万公顷，占集体林面积的 96.96%；发证村民小组 14.79 万个，发证户数 590.31 万户，发证宗地 1 052.61 万宗，占确权宗地的 96.89%；发放林权证 467.97 万本，发证面积 1 646.97 万公顷，占集体林面积的 93.86%，占已确权面积的 96.80%。

9 月 14 日　省深化集体林权制度改革领导小组扩大会议 9 月 13 日在昆明召开。会议传达学习了中央林业工作会议精神，总结了我省集体林权制度改革 3 年来的工作，分析了存在问题，研究部署进一步做好集体林权制度改革的政策措施。会议强调，要用心工作，再接再厉，抓实抓细，坚定不移地推进全省集体林权制度改革。

10 月 23 日　省委常委会充分肯定了我省集体林权制度改革取得的显著成绩，指出当前主体改革已接近尾声，迫切需要抓好配套改革，要加快建立集体林权流转与管理体系，建立和完善森林生态效益补偿基金制度，加快建立林业社会化服务体系，完善林改相关法规体系。

10 月 27 日　省人大常委会组织视察组对全省集体林权制度改革情况进行为期 10 天的视察。视察组由省人大常委会副主任杨建甲带队，将分赴普洱、西双版纳、保山、德宏 4 州（市），对集体林权制度改革主体改革的进展、取得的经验和成效等情况，以及如何推进集体林权制度配套改革、解决森工职工管护集体林等问题进行视察。至 9 月 30 日，全省集体林权制度主体改革完成确权面积 1 709.55 万公顷，占全省集体林面积的 93.2%；发放林权证 471.07 万本，发证林地 1 055.53 万宗；发证面积 1 656.01 万公顷，占全省集体林面积的 90.3%，占已确权面积的 96.9%。

11 月 6 日　省人大常委会视察组就全省集体林权制度改革情况向省人民政府及有关部门进行反馈时提出，巩固主体改革，推进配套改革，坚定不移地深化全省集体林权制度改革。省人大常委会副主任杨建甲、副省长孔垂柱、省政协副主席白成亮出席反馈会。省人大常委会视察组建议：继续加大主体改革力度，提高主体改革工作质量，认真落实林改标准，切实解决林权纠纷，确保改革不违反法律和规定程序，不违背农民意愿，不损害农民利益，不留下隐患。要加快配套改革步伐，通过完善林木采伐管理机制，规范林地、林木流转，建立支持集体林业发展的公共财政制度，推进林业投融资改革，加强林业社会化服务等措施，推进集体林权制度改革深入开展。

11 月 15 日　省委林业工作会议在普洱市召开，这是云南深化林权改革进程的重要一步。本次会议的主要任务是全面贯彻党的十七大、十七届三中和四中全会，胡锦涛总书记考察云南重要讲话，中央林业工作会议和省委八届六次、七次全委会精神，进一步统一思想认识，系统研究新形势下林业改革发展问题，全面部署林业改革发展工作，为推动林业又好又快发展，建设富裕民主文明开放和谐云南作出新贡献。

2010 年

1 月 27 日至 28 日　国务院办公厅林改督察组到保山市开展督察工作。督察组由国务院办公厅督察室主任雷武科带队，省人民政府督察专员安南，省林业厅副厅长、林改办主任王德祥、市委副书记李雄等陪同督察。督察组到腾冲县中和乡、和顺镇与乡、村、组干部及群众代表座谈，了解基层明晰产权情况及林权证到户情况，并察看了农户的林权证及附图宗地区划界线，深入农户家中了解林权证发放情况及林地林木管理情况；并先后到双虹油业有限公司、腾冲县林权交易大厅进行调研。

2 月 1 日　全省林业局长会议在昆明召开。会议提出，以"森林云南"建设为统揽，加大生态建设力度，加快林业产业发展，推进生态文明建设，强化林业科技支撑，完善林业法规体系，调整产业结构，转变发展方式，推进林业大省向林业强省转变。2009 年，我省林业以兴林富民为宗旨，千方百计加快林业发展。全年完成营造林 68.73 万公顷，超计划 25.4 万公顷；新建农村沼气池 35.5 万户、农村节能改灶 18.2 万户，超计划 5.5 万户和 8.2 万户；集体林地确权率、宗地发证率、均山到户率分别达到 98.8%、95% 和 81.9%；林业产业总产值达到 457.6 亿元。林业地位明显提升，资金投入力度加大，各项改革不断深化。会议提出，2010 年要加快“森林云南”建设步伐，全面完成集体林权制度主体改革任务，系统推进配套改革并取得实效；加强生态体系建设和保护，深入推进林业重点工程建设，新增营造林面积 43.33 万公顷以上，改造中低产林 13.3 万公顷，全民义务植树 8 000 万株以上，新建农村沼气池 20 万户、改灶 10 万户；森林火灾受害率和有害生物成灾率控制在 1‰和 8.6‰以内；实现林业综合产值增长 15%左右。

2 月 17 日　省农村信用社联合社近日下发了《云南省农村信用社法人客户林权抵押贷款管理办法（试行）的通知》，要求各地信联社结合实际积极推进林权抵押贷款业务，通过加大对云南发展林业及林产品加工业的信贷支持力度，促进云南林业发展、林农增收，为实现云南经济社会的又好又快发展作贡献。

2 月 20 日　省人民政府第 39 次常务会议决定：云南加快推进中低产林改造，争取用 10 年左右时间完成 400 万公顷中低产林改造任务。此举被认为是 2010 年以来省人民政府建设林业强省的一项重大战略。

4 月 11 日　云南银监局联合省林业厅制定下发了《云南银行业林权抵押贷款管理暂行办法》，标志着云南林权抵押贷款改革取得新突破，而随着银行业配合林改和支持林业发展系统性文件的出台，云南确定了林权抵押贷款重点县 23 个，力争今年新增林权抵押贷款 28 亿元，贷款余额超过 50 亿元。

5 月 11 日　省林改办副主任李伟平带领省林改抽查验收组到丽江市抽查验收深化集体林权制度改革的主体改革工作。验收组认为，在深化集体林权制度改革工作中，丽江各级各有关部门高度重视，采取有力措施，积极应对林情复杂、起步较晚、改革任务重等不利因素影响，林改工作成效显著。各级主要领导熟悉林改工作，各项林改措施落实到位；确权率高，全市集体林地应确权面积 128.77 万公顷，已确权面积 128.31 万公顷，确权率 99.5%；均山到户工作扎实，全市集体林均山到户率 91%，其中已确权的商品林面积 13.73 万公顷，均山到户率 87.5%，已确权公益林面积 22.23 万公顷，均山到户 97.9%；证书发放到位，全市涉及林改农户 21.6 万户，发放林权证 15.5 万本，发放证书宗地数为 24.6 万宗，发证林地面积 126.77 万公顷；纠纷调处有力，全市纠纷起数调处率和面积调处率均超过 95%；宗地勘测到位，此次共抽查玉龙县的 27 块宗地，合格 24 宗，合格率达到 88.9%；林改档案完整、准确、系统，能反映林改过程和痕迹，玉龙县每个乡（镇）都有彩色的宗地现状图，这也是丽江的创新。

7 月 15 日　省中低产林改造工作推进会 15 日至 16 日在曲靖召开。会议提出，要突出重点，强化措施，迅速掀起中低产林改造高潮。会议进一步贯彻落实省委林业工作会议和省人民政府《关于加快推进中低产林改造的意见》精神，总结全省中低产林改造工作，部署安排下一步工作，要求以中低产林改造为突破口和切入点，挖掘山林潜力，进一步巩固和发展集体林权制度主体改革成果，增强林业产业发展活力。

7 月 27 日　省集体林权制度主体改革总结表彰暨林业产业发展大会在昆明召开。会议提出，要总结经验，完善政策，深化集体林权制度配套改革，大力发展现代林业，建设生态文明，全力推进林业资源大省向林业经济强省跨越，走出一条大地增绿、农民增收、企业增效、政府增税的现代林业产业发展道路。会议全面总结了我省自 2005 年以来开展集体林权制度改革的做法和经验。

8 月 20 日　省政协副主席、省林业厅党组书记白成亮在红河哈尼族彝族自治州调研时提出，各级各部门要进一步解放思想，开拓进取，扎实工作，努力开创林业改革发展新局面。并对红河州的林业工作给予了充分肯定。针对今后的林业工作，白成亮提出，要认清形势，明确目标，坚定林业改革发展信心；发挥优势，突出特色，加快林业改革发展步伐；创新机制，完善举措，夯实林业改革发展基础。

9 月 16 日　省人大常委会召开新闻发布会宣布，《云南省林地管理条例》经省十一届人大常委会第十八次会议审议通过，将于 10 月 1 日起正式实施。《条例》中关于林地使用权流转的规定，总结提升了云南省集体林权改革的成功经验。

11 月 6 日　省林业厅通报，全省集体林权制度改革自 2006 年试点至 2007 年全面启动以来，目前主体改革已基本结束，配套改革正稳步推进。截至今年 10 月，全省已发放集体林权证 554.01 万本。目前全省完成林权确权面积占全省集体林面积的 96.6%；发放林权证 554.01 万本，发证户数 543.84 万户；共排查山林纠纷 165 298 起，已调处 163 210 起，未调处 2 088 起，起数调处率为 98.7%，面积调处率为 96.3%。全省林权交易机构已建和在建共计 89 家，其中，已建成 67 家，在建 22 家。成立森林资源资产评估机构 29 家。与此同时，配套改革正稳步推进，全省林权流转、林权抵押贷款、森林保险投保、林农专业合作社建立等都有较大进展。

2011 年

3 月 10 日　“十一五”期间，丽江市通过全力实施以天保、退耕还林、农村能源建设等为重点的林业生态工程建设，使全市森林覆盖率快速提高，达到了 66.15%，为建设国家重要生态安全屏障作出了特殊贡献。

7 月 1 日　昆明举行林权流转推介会。首次集中挂牌林权流转信息。第一批“登陆”泛亚产权交易中心的林权流转信息共有 1 014 宗、1.19 万公顷。推介会现场，10 宗林权流转合同完成签订，涉及面积 188.39 公顷，流转金额 435 万元。

8 月 27 日　省林业厅通报，从 2011 年起，云南省人民政府将省级集体公益林补偿标准从每年每公顷 75 元提高到每年每公顷 150 元；结合天保二期工程启动，天保区集体和个人的国家级公益林将全面启动补偿，新增补偿面积 268.16 万公顷；全省森林生态效益补偿面积达到 884.67 万公顷；中央和省级财政投入补偿资金将达 12.32 亿元。

12 月 9 日　石屏县国家标准化林权管理服务中心挂牌仪式暨红河州林权管理交易系统启动仪式在石屏县举行。这是我省首家成立的国家标准化林权管理服务中心。

12 月 13 日　集体林权制度改革让 800 多万户林农成为 1 800 万公顷林地的主人。云南以加快林权流转服务中心建设、创新森林资源资产评估体系、推进林权抵押贷款等配套改革作为“点金”之笔，将林农的森林资源变成了“活资本”，变成了随时可以取兑的“绿色银行”。

截至 10 月底，全省已建起林权流转服务中心 105 个，林权抵押贷款余额达 63.13 亿元，比上年增加 13.13 亿元，居全国第一位。去年全面完成集体林权制度主体改革后，我省围绕将林农“死”资产变成“活”资本，加大力度推进集体林权制度配套改革，加快林权流转服务中心建设，成立云南省林权管理服务中心，昭通、文山、大理、普洱建立了州（市）级林权流转服务中心，101 个县（市、区）建立了县级林权流转服务中心，为广大林农的林权流转提供信息发布、市场交易、变更登记、政策法律咨询等综合服务。建立云南省林权管理及林产业管理信息系统平台，逐步规范了全省林权、林地流转的管理。创新森林资源资产评估体系，采取“量价分离”评估方式，建立 700 多人的森林资源评估咨询队伍，逐步规范了森林资源资产评估。林农纷纷以林权证抵押贷款，将“活树”变成“活钱”，筹集资金种植橡胶、咖啡、核桃、油茶等特色经济林，实现“山上增绿、农民增收”的林改目标。

2012 年

3 月 1 日　云南省组建了省级林权管理服务中心，建成州（市）、县（市、区）林权管理服务中心 117 家，开通了全省林权管理信息系统，先后依法流转林地 51.93 万公顷，流转金额 24 亿元，成立森林资源资产评估机构 67 家，认证评估咨询人员 700 多名。已成立林农专业合作社 2 024 个，涉及林农 11.4 万户、林地面积 29.11 万公顷，14 个县（市、区）成功申报为国家林业专业合作示范县。按照省人民政府《关于加快推进林权抵押贷款工作的意见》要求，到 2015 年年末，全省林权抵押贷款余额力争突破 300 亿元，覆盖所有县（市、区），其中重点推进县（市、区）贷款余额力争突破 100 亿元。

3 月 2 日　全省集体林权制度改革从 2006 年开展至今，已投入林改资金 13.33 亿元，成立林改组织机构 17.02 万个，全省应确权集体林地面积 1 820 万公顷，已确权 1 800 万公顷，发放林权证 569.91 万本。林业部门表示，下一步将引导银行业金融机构积极稳妥开展以森林资源资产抵押为核心的金融服务创新，解决农村经济发展需要融资、缺乏有效抵押物的困境，促进森林资源管理向资产管理转变，由资产管理向资本管理转变，以信贷带活山林，实现林产业和金融的持续、健康发展。

3 月 11 日　省委、省人民政府在昆明举行森林云南建设推进大会。会议提出，到 2015 年，全省实施新造林 200 万公顷以上，改造中低产林 133.3 万公顷，森林覆盖率达到 55% 以上，森林蓄积量达到 17 亿立方米以上，林业产业总产值超过 1 000 亿元，农民人均林业收入超过 1 200 元，县级以上城市绿化用地超过 30%，绿化率超过 35%。

3 月 29 日　全省林业局长会议瞄准森林云南建设重点，突出抓好落实。今年全省将实施营造林 43.33 万公顷、中低产林改造 26.67 万公顷、陡坡地生态治理 5.33 万公顷、义务植树 8 000 万株，同时进一步提升林产业发展质量，实现林业综合产值增长 15% 以上，掀起森林云南建设新高潮。

10 月 17 日　全国天保工程区公益林管护和森林抚育工作现场会在迪庆藏族自治州召开。会议对公益林管护、森林生态效益补偿资金兑现和森林抚育工作经验进行学习交流，研究分析存在问题，部署下一阶段工作。会议强调，各地要加强政策落实，创新体制机制扎实推进天保工程区公益林管护和森林抚育工作健康发展。2011 年，国家启动天保二期工程后，云南全面贯彻落实全国天然林资源保护工程工作会议精神，省人民政府在迪庆及时召开了全省天然林资源保护工作会议，出台了《关于继续推进天然林资源保护工程的意见》，组织编制了工程建设县级实施方案，进一步细化和完善了有关政策措施，省级财政每年安排管护资金 5 000 多万元，妥善解决了森林资源管护、职工安置等问题。结合天保二期工程的要求，为加大生态保护力度，提高管护成效，统一补偿政策，云南对公益林生态效益补偿实施方案进行了修编，省人民政府决定参照国家做法从 2009 年开始，自筹资金将省级公益林生态效益纳入补偿范围，补助标准也逐步从每公顷 75 元提高到 150 元，省级财政每年投入补偿资金 4.5 亿元，实现了国家和省级公益林生态效益补偿同标准、全覆盖。目前，全省认定公益林 1 253.33 万公顷，实施生态效益补偿的国家和省级公益林达 880.0 万公顷，占 70%。

12 月 7 日　迪庆州集体林权制度改革在州委、州人民政府领导和各级林业部门努力下取得了阶段性成果，推动了森林迪庆建设，促进了林农增收致富。为认真解决前期推进乡（镇）林权数据格式、林改档案整理与后期不一致的问题，迪庆州各级林业部门对全州林权数据、林改档案进行了再检查、再梳理，及时组织查缺补漏，重新补录。截止到11月，全州5.8万宗80.29万公顷集体林地林权数据和林改档案已全部整理完成。

（作者单位：云南省社会科学院农村发展研究所）

图书在版编目（CIP）数据

2012～2013云南农村发展报告：完善集体林权制度改革 推动“森林云南”建设 / 郑宝华主编. —昆明：云南大学出版社，2013
（云南蓝皮书）
ISBN 978-7-5482-1531-8

Ⅰ. ①2… Ⅱ. ①郑… Ⅲ. ①农村经济发展—研究报告—云南省—2012～2013 Ⅳ. ①F327.74

中国版本图书馆CIP数据核字（2013）第089088号

策划编辑：林 艺
责任编辑：李 红
封面设计：刘 雨
和 谐
乐 楠

2012～2013 云南省社会科学院 编
The Blue Book of Yunnan

云南农村发展报告

完善集体林权制度改革 推动“森林云南”建设

主 编 郑宝华

出版发行：云南大学出版社
印 装：昆明市五华区教育委员会印刷厂
开 本：787mm×1092mm 1/16
印 张：15
字 数：286千
版 次：2013年7月第1版
印 次：2013年7月第1次印刷
书 号：ISBN 978-7-5482-1531-8
定 价：42.00元

社 址：昆明市翠湖北路2号云南大学英华园内
邮 编：650091
电 话：（0871）65031071 65033244
网 址：http://www.ynup.com
E-mail：market@ynup.com